시험 직전 기출
시크릿 노트

실전대비 **특별 부록**

| 어휘편 | + | 문형편 |

기출 어휘 & 문형 암기 미션

미션		미션일	미션 완료 체크
미션 1 (p. 4)	최신 기출 동사 ①②+셀프테스트	월 　 일	☐
미션 2 (p. 10)	최신 기출 명사 ① ② + 셀프테스트	월 　 일	☐
미션 3 (p. 16)	최신 기출 명사 ③ ④ + 셀프테스트	월 　 일	☐
미션 4 (p. 22)	최신 기출 な·い형용사 + 셀프테스트	월 　 일	☐
미션 5 (p. 28)	최신 기출 기타 ① ② + 셀프테스트	월 　 일	☐
미션 6 (p. 36)	최신 기출 문형 ① + 셀프테스트	월 　 일	☐
미션 7 (p. 38)	최신 기출 문형 ② + 셀프테스트	월 　 일	☐
미션 8 (p. 40)	최신 기출 문형 ③ + 셀프테스트	월 　 일	☐
미션 9 (p. 42)	최신 기출 문형 ④ + 셀프테스트	월 　 일	☐
미션 10 (p. 44)	최신 기출 문형 ⑤ + 셀프테스트	월 　 일	☐
미션 11 (p. 46)	최신 기출 문형 ⑥ + 셀프테스트	월 　 일	☐
미션 12 (p. 48)	최신 기출 문형 ⑦ + 셀프테스트	월 　 일	☐
미션 13 (p. 50)	최신 기출 문형 ⑧ + 셀프테스트	월 　 일	☐
미션 14 (p. 52)	최신 기출 문형 ⑨ + 셀프테스트	월 　 일	☐
미션 15 (p. 54)	최신 기출 문형 ⑩ + 셀프테스트	월 　 일	☐

쉿!

시험 직전 기출
시크릿 노트

기출 어휘 미션
START

✏ 회독체크　☐1회독　☐2회독　☐3회독　　　　*어휘 옆 숫자는 기출 연도입니다.

어휘	읽기	의미	어휘	읽기	의미
仕舞う ⑩⑲	しまう	간수하다	信じる ⑬	しんじる	믿다
包む ⑩⑲㉒	つつむ	싸다, 포장하다	割れる ⑭	われる	깨뜨리다
当たる ⑱㉑	あたる	맞다	似合う ⑯	にあう	잘 맞다, 어울리다
冷える ⑰㉒	ひえる	차가워지다	畳む ⑬	たたむ	개다, 개키다
覚える ⑭	おぼえる	기억하다	温める ⑫	あたためる	데우다
泊まる ㉑	とまる	숙박하다	汚れる ⑮	よごれる	더러워지다
閉じる ⑬	とじる	(눈을) 감다	濡れる ⑭	ぬれる	젖다
困る ⑰	こまる	곤란하다	追う ⑩	おう	좇다, (뒤)따르다
逃げる ㉑	にげる	도망치다, 피하다	干す ⑮㉒	ほす	말리다
片付ける ⑫⑲	かたづける	정돈하다	折る ⑪	おる	꺾다
交ざる ⑱	まざる	섞이다	返す ⑪	かえす	돌려주다
表す ⑩	あらわす	나타내다	別れる ⑫	わかれる	헤어지다
教える ⑱	おしえる	가르치다	断る ⑯	ことわる	거절하다
泣く ⑳	なく	울다	渡す ⑮	わたす	건네주다
探す ⑫	さがす	찾다	重ねる ⑬㉑	かさねる	겹치다
頼る ⑯	たよる	의지하다	降りる ⑩	おりる	내리다
諦める ㉒	あきらめる	포기하다	転ぶ ⑪⑰	ころぶ	넘어지다
調べる ⑱	しらべる	조사하다	怒る ㉒	おこる	화내다
借りる ⑲	かりる	빌리다	触る ㉑	さわる	만지다
運ぶ ⑫	はこぶ	옮기다	焼く ⑯	やく	굽다

N3 최신 기출 동사 ❷

✏ 회독체크   ☐ 1회독   ☐ 2회독   ☐ 3회독   *어휘 옆 숫자는 기출 연도입니다.

어휘	읽기	의미	어휘	의미
疑う ⑳	うたがう	의심하다	かれる ⑰㉑	마르다, 시들다
破れる ⑮	やぶれる	찢어지다	あわせる ⑪	합치다, 어우르다
疲れる ⑩	つかれる	지치다	なぐる ㉑	세게 때리다
訳す ⑲	やくす	번역하다	かえる ⑱	바꾸다, 교환하다
埋める ⑱	うめる	묻다, 메우다	くわえる ⑱	더하다
勤める ⑮	つとめる	근무하다	かこむ ⑩	둘러싸다
終わらせる ⑲	おわらせる	끝내다	かこまれる ⑳	둘러싸이다
直す ⑲	なおす	고치다	かさねる ⑱	포개다, 쌓아올리다
生える ㉑	はえる	나다	しばる ⑩	묶다
かき混ぜる ⑲	かきまぜる	뒤섞다	うえる ㉑	심다
知り合う ⑱	しりあう	서로 알게 되다	まよう ⑱	헤매다
組み立てる ⑰	くみたてる	구성하다	さけぶ ⑱	외치다
引っ張る ⑰	ひっぱる	잡아당기다	むく ㉒	(껍질을) 까다
引き受ける ⑳	ひきうける	떠맡다, 인수하다	はかる ⑩	재다
取り消す ⑲	とりけす	취소하다	あつめる ⑳	모으다
追いつく ⑱	おいつく	따라붙다	きらう ⑳	싫어하다
追い抜く ㉑	おいぬく	앞지르다	やめる ⑬	그만두다
落ち着く ⑩	おちつく	침착하다	あそぶ ⑱	놀다
呼びかける ⑰	よびかける	호소하다	かわく ⑬㉒	(목이)마르다
投げ捨てる ⑲	なげすてる	내던지다	かかる ⑪	(병에)걸리다

N3 최신 기출 동사 셀프테스트 ①

✨ 기출 단어의 읽는 법을 고르고, 밑줄에 뜻을 써 보세요.

*어휘 옆 숫자는 기출 연도입니다.

예 学生	① がくせい	② がっせい	학생

① 泊まる ㉑	① とまる	② せまる	_____
② 諦める ㉒	① あきらめる	② しめる	_____
③ 転ぶ ⑪⑰	① ころぶ	② はこぶ	_____
④ 追う ⑩	① おう	② あう	_____
⑤ 別れる ⑫	① われる	② わかれる	_____
⑥ 当たる ⑱㉑	① あたる	② わたる	_____
⑦ 割れる ⑭	① おれる	② われる	_____
⑧ 折る ⑪	① おる	② わる	_____
⑨ 返す ⑪	① かす	② かえす	_____
⑩ 運ぶ ⑫	① ころぶ	② はこぶ	_____
⑪ 逃げる ㉑	① とげる	② にげる	_____
⑫ 濡れる ⑭	① ぬれる	② むれる	_____

📝 N3 기출 어휘 동사 정답

① ① 숙박하다 ② ① 포기하다 ③ ① 넘어지다 ④ ① 좇다, (뒤)따르다 ⑤ ② 헤어지다 ⑥ ① 맞다
⑦ ② 깨뜨리다 ⑧ ① 꺾다 ⑨ ② 돌려주다 ⑩ ② 옮기다 ⑪ ② 도망치다, 피하다 ⑫ ① 젖다

N3 최신 기출 동사 셀프테스트 ②

☀️ 기출 단어의 뜻을 찾아 줄을 그어 보세요.　　　　　　*어휘 옆 숫자는 기출 연도입니다.

① さけぶ ⑱　　　　　　•　　　　　　• ① 둘러싸다

② くわえる ⑱　　　　•　　　　　　• ② 더하다

③ むく ㉒　　　　　　•　　　　　　• ③ 심다

④ かれる ⑰㉑　　　　•　　　　　　• ④ 외치다

⑤ かわく ⑬㉒　　　　•　　　　　　• ⑤ 둘러싸이다

⑥ しばる ⑩　　　　　•　　　　　　• ⑥ 묶다

⑦ なぐる ㉑　　　　　•　　　　　　• ⑦ 바꾸다, 교환하다

⑧ きらう ⑳　　　　　•　　　　　　• ⑧ 세게 때리다

⑨ うえる ㉑　　　　　•　　　　　　• ⑨ 싫어하다

⑩ かえる ⑱　　　　　•　　　　　　• ⑩ (목이)마르다

⑪ かこまれる ⑳　　　•　　　　　　• ⑪ (껍질을) 까다

⑫ かこむ ⑩　　　　　•　　　　　　• ⑫ 마르다, 시들다

📝 N3 기출 어휘 동사 정답

① ④　② ②　③ ⑪　④ ⑫　⑤ ⑩　⑥ ⑥
⑦ ⑧　⑧ ⑨　⑨ ③　⑩ ⑦　⑪ ⑤　⑫ ①

N3 최신 기출 동사 셀프테스트 ③

☀ 기출 단어의 뜻을 찾아 줄을 그어 보세요.

*어휘 옆 숫자는 기출 연도입니다.

1 畳む ⑬ ・ ・ ① 말리다

2 覚える ⑭ ・ ・ ② 차가워지다

3 困る ⑰ ・ ・ ③ 곤란하다

4 教える ⑱ ・ ・ ④ 개다, 개키다

5 干す ⑮㉒ ・ ・ ⑤ 기억하다

6 怒る ㉒ ・ ・ ⑥ 데우다

7 交ざる ⑱ ・ ・ ⑦ 간수하다

8 包む ⑩⑲㉒ ・ ・ ⑧ 의지하다

9 仕舞う ⑩⑲ ・ ・ ⑨ 가르치다

10 頼る ⑯ ・ ・ ⑩ 싸다, 포장하다

11 温める ⑫ ・ ・ ⑪ 섞이다

12 冷える ⑰㉒ ・ ・ ⑫ 화내다

📝 N3 기출 어휘 동사 정답

1 ④ 2 ⑤ 3 ③ 4 ⑨ 5 ① 6 ⑫

7 ⑪ 8 ⑩ 9 ⑦ 10 ⑧ 11 ⑥ 12 ②

☀빈칸에 읽는 법과 뜻을 적고, 정답을 확인하세요.   *어휘 옆 숫자는 기출 연도입니다.

단어	읽는법	뜻	정답
訳す ⑲			やくす 번역하다
直す ⑲			なおす 고치다
疑う ⑳			うたがう 의심하다
勤める ⑮			つとめる 근무하다
埋める ⑱			うめる 묻다, 메우다
生える ㉑			はえる 나다
破れる ⑮			やぶれる 찢어지다
引っ張る ⑰			ひっぱる 잡아당기다
引き受ける ⑳			ひきうける 떠맡다, 인수하다
落ち着く ⑩			おちつく 침착하다
追い抜く ㉑			おいぬく 앞지르다
追いつく ⑱			おいつく 따라붙다
かき混ぜる ⑲			かきまぜる 뒤섞다
組み立てる ⑰			くみたてる 구성하다
呼びかける ⑰			よびかける 호소하다
投げ捨てる ⑲			なげすてる 내던지다

✏ 회독체크 ☐1회독 ☐2회독 ☐3회독   *어휘 옆 숫자는 기출 연도입니다.

어휘	읽기	의미	어휘	읽기	의미
現在 ⑪㉒	げんざい	현재	比較 ⑰⑳	ひかく	비교
完成 ⑫	かんせい	완성	呼吸 ㉑	こきゅう	호흡
調査 ⑲	ちょうさ	조사	家賃 ⑩	やちん	집세
計算 ㉒	けいさん	계산	記録 ⑯㉒	きろく	기록
郵便 ⑲	ゆうびん	우편	欠席 ⑭	けっせき	결석
未来 ⑩⑲	みらい	미래	広告 ⑭㉒	こうこく	광고
地球 ⑪	ちきゅう	지구	頭痛 ⑰	ずつう	두통
想像 ⑮⑱	そうぞう	상상	過去 ⑪⑰㉑	かこ	과거
命令 ⑱㉑	めいれい	명령	応募 ⑪⑰	おうぼ	응모
整理 ㉒	せいり	정리	相談 ⑫⑱	そうだん	상담
商品 ⑰	しょうひん	상품	資源 ⑭㉒	しげん	자원
平日 ⑫	へいじつ	평일	動作 ㉑	どうさ	동작
方角 ⑲	ほうがく	방향, 방위	渋滞 ⑬㉑	じゅうたい	정체
早退 ⑰	そうたい	조퇴	通知 ⑬㉑	つうち	통지
首都 ⑪	しゅと	수도	機械 ⑱	きかい	기계
最新 ⑩	さいしん	최신	個人 ⑯	こじん	개인
商業 ⑭	しょうぎょう	상업	下線 ⑰	かせん	밑줄
感動 ⑩	かんどう	감동	情報 ⑪㉒	じょうほう	정보
分類 ⑮⑰	ぶんるい	분류	原因 ⑮	げんいん	원인
卒業 ⑫⑱	そつぎょう	졸업	複雑 ⑱⑳	ふくざつ	복잡
絵画 ㉒	かいが	회화, 그림	大会 ⑭	たいかい	대회
正解 ⑮	せいかい	정답	交流 ⑳	こうりゅう	교류
有名 ㉒	ゆうめい	유명	朝食 ⑮	ちょうしょく	아침 식사

✏ 회독체크 ☐1회독 ☐2회독 ☐3회독　　　　　*어휘 옆 숫자는 기출 연도입니다.

어휘	읽기	의미	어휘	읽기	의미
笑顔 ㉒	えがお	웃는 얼굴	予想 ㉑	よそう	예상
偶然 ⑱⑳㉒	ぐうぜん	우연히, 우연	延期 ⑱㉑	えんき	연기
自然 ㉑	しぜん	자연	血圧 ⑱㉒	けつあつ	혈압
消費 ⑯	しょうひ	소비	不安 ⑬㉒	ふあん	불안
新鮮 ⑮	しんせん	신선	意志 ⑫㉑	いし	의지
制服 ⑱	せいふく	제복, 교복	夕日 ㉒	ゆうひ	석양
発生 ⑬	はっせい	발생	残業 ⑬	ざんぎょう	잔업
平均 ⑰	へいきん	평균	暗記 ⑫	あんき	암기
最近 ⑬	さいきん	최근	主要 ⑰	しゅよう	주요
容器 ⑬㉒	ようき	용기, 그릇	複数 ⑭㉒	ふくすう	복수, 여러 개
退院 ⑱	たいいん	퇴원	翻訳 ⑫	ほんやく	번역
解決 ⑪⑰	かいけつ	해결	通訳 ⑲	つうやく	통역
移動 ⑮	いどう	이동	割合 ⑮	わりあい	비율
反対 ⑰	はんたい	반대	割引 ⑳	わりびき	할인
期限 ⑭	きげん	기한	練習 ⑱	れんしゅう	연습
出勤 ⑱	しゅっきん	출근	両替 ⑪	りょうがえ	환전
出張 ⑪⑬	しゅっちょう	출장	募集 ⑯	ぼしゅう	모집
目標 ⑱	もくひょう	목표	訪問 ⑫	ほうもん	방문
応援 ⑫	おうえん	응원	期待 ⑰⑱	きたい	기대
減少 ⑱	げんしょう	감소	普通 ⑳	ふつう	보통, 대개
印象 ⑭⑲	いんしょう	인상	到着 ⑪	とうちゃく	도착
集中 ⑭	しゅうちゅう	집중	緊張 ⑫	きんちょう	긴장
影響 ⑪	えいきょう	영향	滞在 ⑰⑳	たいざい	체재, 체류

N3 최신 기출 명사 셀프테스트 ①

✨ 기출 단어의 읽는 법을 고르고, 밑줄에 뜻을 써 보세요.

*어휘 옆 숫자는 기출 연도입니다.

예 学生	✓① がくせい	② がっせい	학생

1 現在 ⑪㉒　　① けんざい　　② げんざい　　_____

2 呼吸 ㉑　　① こきゅう　　② こきゅ　　_____

3 欠席 ⑭　　① けっしき　　② けっせき　　_____

4 資源 ⑭㉒　　① しげん　　② しえん　　_____

5 方角 ⑲　　① ほうがく　　② ほうかく　　_____

6 有名 ㉒　　① ゆめい　　② ゆうめい　　_____

7 応募 ⑪⑰　　① おうも　　② おうぼ　　_____

8 家賃 ⑩　　① やちん　　② かちん　　_____

9 頭痛 ⑰　　① とうつう　　② ずつう　　_____

10 地球 ⑪　　① ちきゅう　　② じきゅう　　_____

11 平日 ⑫　　① へいにち　　② へいじつ　　_____

12 下線 ⑰　　① かせん　　② げせん　　_____

📝 N3 최신 기출 명사 정답

1 ② 현재　2 ① 호흡　3 ② 결석　4 ① 자원　5 ① 방향, 방위　6 ② 유명
7 ② 응모　8 ① 집세　9 ② 두통　10 ① 지구　11 ② 평일　12 ① 밑줄

☀️ 기출 단어의 읽는 법을 고르고, 밑줄에 뜻을 써 보세요.　*어휘 옆 숫자는 기출 연도입니다.

㉘ 学生	✓① がくせい	② がっせい	학생

1 笑顔 ㉒　① えがお　② えかお　＿＿＿＿＿＿＿

2 消費 ⑯　① そひ　② しょうひ　＿＿＿＿＿＿＿

3 意志 ⑫㉑　① いじ　② いし　＿＿＿＿＿＿＿

4 発生 ⑬　① はっしょう　② はっせい　＿＿＿＿＿＿＿

5 期限 ⑭　① きげん　② きはん　＿＿＿＿＿＿＿

6 通訳 ⑲　① とうやく　② つうやく　＿＿＿＿＿＿＿

7 募集 ⑯　① もしゅう　② ぼしゅう　＿＿＿＿＿＿＿

8 印象 ⑭⑲　① いんぞう　② いんしょう　＿＿＿＿＿＿＿

9 出勤 ⑱　① しゅきん　② しゅっきん　＿＿＿＿＿＿＿

10 主要 ⑰　① しゅよう　② じゅよう　＿＿＿＿＿＿＿

11 容器 ⑬㉒　① ようき　② よんき　＿＿＿＿＿＿＿

12 偶然 ⑱⑳㉒　① ぐうぜん　② ぐぜん　＿＿＿＿＿＿＿

✍️ N3 최신 기출 명사 정답

1 ① 웃는 얼굴　2 ② 소비　3 ② 의지　4 ② 발생　5 ① 기한　6 ② 통역
7 ② 모집　8 ② 인상　9 ② 출근　10 ① 주요　11 ① 용기　12 ① 우연히, 우연

N3 최신 기출 명사 셀프테스트 ③

☀️빈칸에 읽는 법과 뜻을 적고, 정답을 확인하세요.

*어휘 옆 숫자는 기출 연도입니다.

단어	읽는 법	뜻	정답
計算 ㉒			けいさん 계산
動作 ㉑			どうさ 동작
原因 ⑮			げんいん 원인
比較 ⑰			ひかく 비교
記録 ⑯㉒			きろく 기록
整理 ㉒			せいり 정리
完成 ⑫			かんせい 완성
複雑 ⑱⑳			ふくざつ 복잡
通知 ⑬㉑			つうち 통지
情報 ⑪㉒			じょうほう 정보
分類 ⑮⑰			ぶんるい 분류
交流 ⑳			こうりゅう 교류
命令 ⑱㉑			めいれい 명령
広告 ⑭㉒			こうこく 광고
渋滞 ⑬㉑			じゅうたい 정체
首都 ⑪			しゅと 수도

N3 최신 기출 명사 셀프테스트 ④

☀️빈칸에 읽는 법과 뜻을 적고, 정답을 확인하세요.

*어휘 옆 숫자는 기출 연도입니다.

단어	읽는 법	뜻	정답
夕日 ㉒			ゆうひ 석양
割合 ⑮			わりあい 비율
割引 ⑳			わりびき 할인
血圧 ⑱㉒			けつあつ 혈압
解決 ⑪⑰			かいけつ 해결
目標 ⑱			もくひょう 목표
滞在 ⑰⑳			たいざい 체재, 체류
減少 ⑱			げんしょう 감소
自然 ㉑			しぜん 자연
複数 ⑭㉒			ふくすう 복수, 여러 개
到着 ⑪			とうちゃく 도착
期待 ⑰⑱			きたい 기대
両替 ⑪			りょうがえ 환전
平均 ⑰			へいきん 평균
延期 ⑱㉑			えんき 연기
予想 ㉑			よそう 예상

✏️ 회독체크 ☐1회독 ☐2회독 ☐3회독   *어휘 옆 숫자는 기출 연도입니다.

어휘	읽기	의미	어휘	읽기	의미
実力 ⑬	じつりょく	실력	翌日 ㉑	よくじつ	익일, 다음날
努力 ⑩⑯㉑	どりょく	노력	記念 ⑭⑲	きねん	기념
希望 ㉒	きぼう	희망	乗車 ⑯	じょうしゃ	승차
冗談 ⑪	じょうだん	농담	発展 ⑱㉒	はってん	발전
予定 ㉒	よてい	예정	関心 ⑮	かんしん	관심
栄養 ⑮⑳	えいよう	영양	方法 ⑭	ほうほう	방법
横断 ㉒	おうだん	횡단	方向 ⑯	ほうこう	방향
全部 ⑮	ぜんぶ	전부	土地 ㉑	とち	토지, 땅
自信 ⑫⑯	じしん	자신	性格 ⑯㉑	せいかく	성격
成績 ⑯	せいせき	성적	理由 ⑪⑲	りゆう	이유
建設 ⑬	けんせつ	건설	値段 ⑪	ねだん	가격
観光 ⑪	かんこう	관광	文句 ⑮⑳	もんく	불평
交換 ⑬	こうかん	교환	原料 ⑫⑱㉒	げんりょう	원료
経由 ⑰	けいゆ	경유	規則 ⑮⑯㉑	きそく	규칙
事情 ⑬	じじょう	사정	見本 ㉑	みほん	견본
外食 ⑫	がいしょく	외식	予約 ⑲	よやく	예약
熱心 ⑱	ねっしん	열심	参加 ⑲㉒	さんか	참가
身長 ⑩	しんちょう	신장	距離 ⑱	きょり	거리
秘密 ⑲	ひみつ	비밀	制限	せいげん	제한
検査 ⑯㉒	けんさ	검사	休日 ⑱	きゅうじつ	휴일
指示 ⑪	しじ	지시	清潔 ⑪⑮⑲	せいけつ	청결
部分 ⑱	ぶぶん	부분	集合 ㉑	しゅうごう	집합
選手 ⑬	せんしゅ	선수	重大 ⑱	じゅうだい	중대

시험 직전 기출 시크릿 노트
N3 최신 기출 명사 ④

✏ 회독체크　☐1회독　☐2회독　☐3회독　　　　*어휘 옆 숫자는 기출 연도입니다.

어휘	읽기	의미	어휘	읽기	의미
発表 ⑪⑮	はっぴょう	발표	角 ㉒	かど	귀퉁이, 구석
健康 ⑪⑲	けんこう	건강	傷 ⑯	きず	상처
内容 ⑬	ないよう	내용	線 ⑲	せん	선
相手 ⑭	あいて	상대	岩 ⑩⑳	いわ	바위
就職 ⑲	しゅうしょく	취직	塩 ⑱	しお	소금
登場 ⑳㉒	とうじょう	등장	涙 ⑪	なみだ	눈물
区別 ⑱	くべつ	구별	汗 ⑫	あせ	땀
疲れ ⑱	つかれ	피로	裏 ㉑	うら	뒷면, 안
流れ ⑫	ながれ	흐름	首 ⑮	くび	목
感じ ⑩	かんじ	느낌, 기분	腰 ⑲	こし	허리
向き ⑩	むき	방향	胃 ㉒	い	위
続き ⑱	つづき	연결, 계속	娘 ㉑	むすめ	딸
終わり ⑰㉑	おわり	끝	席 ⑬	せき	자리
大きさ ⑬	おおきさ	크기	件 ⑩㉒	けん	건, 사항
ご自由 ⑪	ごじゆう	자유	カーブ ⑪⑭		커브
お祝い ⑭	おいわい	축하	ユーモア ⑩⑳		유머
やり方 ⑮⑱	やりかた	짓, 하는 법	リサイクル ⑬		재활용
申込書 ⑪	もうしこみしょ	신청서	アナウンス ㉒		방송함
経営学 ⑮	けいえいがく	경영학	チャンス ㉑		찬스, 기회
週刊誌 ⑫⑱	しゅうかんし	주간지	パンフレット ⑭		팸플릿
積極的 ⑭	せっきょくてき	적극적	カタログ ⑩		카탈로그
一般的 ⑲㉒	いっぱんてき	일반적	キャンセル ⑩⑮㉒		캔슬, 취소
運動場 ㉒	うんどうじょう	운동장	チャレンジ ⑯㉑		챌린지, 도전

N3 최신 기출 명사 셀프테스트 ①

☀ 기출 단어의 읽는 법을 고르고, 밑줄에 뜻을 써 보세요.　　　*어휘 옆 숫자는 기출 연도입니다.

예 学生	① がくせい ✓	② がっせい	학생

1 努力 ⑩⑯㉑　　① どりょく　　② のりょく　　_____

2 文句 ⑮⑳　　① もんく　　② もんぐ　　_____

3 見本 ㉑　　① めほん　　② みほん　　_____

4 経由 ⑰　　① けゆ　　② けいゆ　　_____

5 集合 ㉑　　① しゅうごう　　② しゅうこう　　_____

6 理由 ⑪⑲　　① りゆう　　② いゆう　　_____

7 予約 ⑲　　① よく　　② よやく　　_____

8 指示 ⑪　　① いじ　　② しじ　　_____

9 規則 ⑮⑯㉑　　① きちく　　② きそく　　_____

10 土地 ㉑　　① とち　　② とじ　　_____

11 発展 ⑱㉒　　① はってん　　② はつてん　　_____

12 制限 ⑱　　① せいはん　　② せいげん　　_____

📝 N3 최신 기출 명사 정답

1 ① 노력　2 ① 불평　3 ② 견본　4 ② 경유　5 ① 집합　6 ① 이유
7 ② 예약　8 ② 지시　9 ② 규칙　10 ① 토지, 땅　11 ① 발전　12 ② 제한

시험 직전 기출 시크릿 노트
N3 최신 기출 명사 셀프테스트 ②

⚡기출 단어의 뜻을 찾아 줄을 그어 보세요.   *어휘 옆 숫자는 기출 연도입니다.

1 塩^{しお} ⑱ •   • ① 바위

2 線^{せん} ⑲ •   • ② 허리

3 裏^{うら} ㉑ •   • ③ 뒷면, 안

4 娘^{むすめ} ㉑ •   • ④ 소금

5 角^{かど} ㉒ •   • ⑤ 목

6 涙^{なみだ} ⑪ •   • ⑥ 선

7 胃^い ㉒ •   • ⑦ 상처

8 腰^{こし} ⑲ •   • ⑧ 땀

9 岩^{いわ} ⑩⑳ •   • ⑨ 딸

10 汗^{あせ} ⑫ •   • ⑩ 위

11 首^{くび} ⑮ •   • ⑪ 귀퉁이, 구석

12 傷^{きず} ⑯ •   • ⑫ 눈물

📝 N3 최신 기출 명사 정답

1 ④   2 ⑥   3 ③   4 ⑨   5 ⑪   6 ⑫
7 ⑩   8 ②   9 ①   10 ⑧   11 ⑤   12 ⑦

N3 최신 기출 명사 셀프테스트 ③

☀️ 기출 단어의 뜻을 찾아 줄을 그어 보세요.

*어휘 옆 숫자는 기출 연도입니다.

1 横断 (22)　　　　　　　　　　　　① 방향

2 建設 (13)　　　　　　　　　　　　② 청결

3 方向 (16)　　　　　　　　　　　　③ 비밀

4 清潔 (11)(15)(19)　　　　　　　　④ 횡단

5 距離 (18)　　　　　　　　　　　　⑤ 거리

6 秘密 (19)　　　　　　　　　　　　⑥ 영양

7 値段 (11)　　　　　　　　　　　　⑦ 교환

8 翌日 (21)　　　　　　　　　　　　⑧ 검사

9 冗談 (11)　　　　　　　　　　　　⑨ 가격

10 栄養 (15)(20)　　　　　　　　　　⑩ 익일, 다음날

11 交換 (13)　　　　　　　　　　　　⑪ 농담

12 検査 (16)(22)　　　　　　　　　　⑫ 건설

📝 N3 최신 기출 명사 정답

1 ④　2 ⑫　3 ①　4 ②　5 ⑤　6 ③
7 ⑨　8 ⑩　9 ⑪　10 ⑥　11 ⑦　12 ⑧

☀️빈칸에 읽는 법과 뜻을 적고, 정답을 확인하세요.　　*어휘 옆 숫자는 기출 연도입니다.

단어	읽는 법	뜻	정답
登場 ⑳㉒			とうじょう 등장
健康 ⑪⑲			けんこう 건강
発表 ⑪⑮			はっぴょう 발표
就職 ⑲			しゅうしょく 취직
区別 ⑱			くべつ 구별
流れ ⑫			ながれ 흐름
疲れ ⑱			つかれ 피로
向き ⑩			むき 방향
続き ⑱			つづき 연결, 계속
感じ ⑩			かんじ 느낌, 기분
お祝い ⑭			おいわい 축하
一般的 ⑲㉒			いっぱんてき 일반적
経営学 ⑮			けいえいがく 경영학
運動場 ㉒			うんどうじょう 운동장
申込書 ⑪			もうしこみしょ 신청서
週刊誌 ⑫⑱			しゅうかんし 주간지

N3 최신 기출 な형용사

🖊 회독체크　☐1회독　☐2회독　☐3회독　　　　*어휘 옆 숫자는 기출 연도입니다.

어휘	읽기	의미	어휘	읽기	의미
楽な ⑪⑲	らくな	편한, 손쉬운	盛んな ⑩⑯㉒	さかんな	왕성한
心配な ⑯⑲	しんぱいな	걱정되는	単純な ⑩	たんじゅんな	단순한
不安な ⑯⑲	ふあんな	불안한	短気な ⑮㉒	たんきな	성질 급한
立派な ⑩	りっぱな	훌륭한	得意な ⑮	とくいな	자신이 있는, 잘하는
簡単な ⑪⑰⑳	かんたんな	간단한	退屈な ⑱㉑	たいくつな	따분한
複雑な ⑱⑳	ふくざつな	복잡한	無駄な ㉑	むだな	쓸데없는
自然な ㉑	しぜんな	자연스러운	重大な ⑱	じゅうだいな	중대한
危険な ⑯⑲	きけんな	위험한	実用的な ⑮	じつようてきな	실용적인
安全な ⑩	あんぜんな	안전한	代表的な ⑮	だいひょうてきな	대표적인
大事な ⑪	たいじな	소중한, 중요한	効果的な ⑮⑲	こうかてきな	효과적인
大変な ⑩⑭㉑	たいへんな	힘든	感情的な ⑲	かんじょうてきな	감정적인
派手な ⑯	はでな	화려한	積極的な ⑮⑲	せっきょくてきな	적극적인
新鮮な ⑩	しんせんな	신선한	おかしな ⑭⑲		이상한, 웃긴
静かな ⑫	しずかな	조용한	いろいろな ㉑		다양한

N3 최신 기출 い형용사

✏️ 회독체크　☐ 1회독　☐ 2회독　☐ 3회독　　　　*어휘 옆 숫자는 기출 연도입니다.

어휘	읽기	의미	어휘	읽기	의미
浅い ⑲	あさい	얕다	苦しい ⑬	くるしい	괴롭다
深い ⑪	ふかい	깊다	恋しい ⑱㉑	こいしい	그립다
丸い ⑯㉒	まるい	둥글다	難しい ㉒	むずかしい	어렵다, 곤란하다
厚い ⑱	あつい	두껍다, 두텁다	暖かい ㉑	あたたかい	따뜻하다, 훈훈하다
固い ⑫	かたい	단단하다, 딱딱하다	楽しい ⑪	たのしい	즐겁다
短い ㉒	みじかい	짧다	親しい ⑲㉑	したしい	친하다
若い ⑭	わかい	젊다, 어리다	美しい ⑮	うつくしい	아름답다
軽い ㉒	かるい	가볍다	細かい ⑭㉒	こまかい	잘다, 까다롭다
遅い ⑲	おそい	느리다, 더디다	かゆい ⑲		가렵다, 간지럽다
低い ⑳	ひくい	낮다, 작다	きつい ⑱㉑		심하다, 과격하다
汚い ⑰	きたない	더럽다, 불결하다	だるい ⑬㉑		나른하다
痛い ⑪	いたい	아프다	おかしい ⑬		이상하다
惜しい ⑯	おしい	아깝다, 아쉽다	もったいない ㉑		아깝다, 과분하다
上手い ⑯	うまい	솜씨가 뛰어나다, 잘하다	めんどうくさい ⑲		아주 귀찮다

☀️ 기출 단어의 읽는 법을 고르고, 밑줄에 뜻을 써 보세요.   *어휘 옆 숫자는 기출 연도입니다.

	例 学生	✓① がくせい	② がっせい	학생

1 立派な ⑩	① りっぱな	② りつぱな	_____
2 派手な ⑯	① はてな	② はでな	_____
3 単純な ⑩	① だんじゅんな	② たんじゅんな	_____
4 楽な ⑪⑲	① らくな	② がくな	_____
5 退屈な ⑱㉑	① たいくつな	② たいぐつな	_____
6 不安な ⑯⑲	① ふあんな	② ぶあんな	_____
7 新鮮な ⑩	① しんそんな	② しんせんな	_____
8 心配な ⑯⑲	① しんはいな	② しんぱいな	_____
9 大変な ⑩⑭㉑	① だいへんな	② たいへんな	_____
10 得意な ⑮	① とくぎな	② とくいな	_____
11 安全な ⑩	① かんぜんな	② あんぜんな	_____
12 危険な ⑯⑲	① きけんな	② きへんな	_____

📝 N3 최신 기출 형용사 정답

1 ① 훌륭한   2 ② 화려한   3 ② 단순한   4 ① 편한, 손쉬운   5 ① 따분한   6 ① 불안한
7 ② 신선한   8 ② 걱정되는   9 ② 힘든   10 ② 자신이 있는, 잘하는   11 ② 안전한   12 ① 위험한

☀️ 기출 단어의 뜻을 찾아 줄을 그어 보세요.

*어휘 옆 숫자는 기출 연도입니다.

1 難しい㉒ ・　　　　　　　　　　　　　・ ① 그립다

2 上手い⑯ ・　　　　　　　　　　　　　・ ② 솜씨가 뛰어나다, 잘하다

3 暖かい㉑ ・　　　　　　　　　　　　　・ ③ 따뜻하다, 훈훈하다

4 美しい⑮ ・　　　　　　　　　　　　　・ ④ 어렵다, 곤란하다

5 恋しい⑱㉑ ・　　　　　　　　　　　　　・ ⑤ 이상하다

6 細かい⑭㉒ ・　　　　　　　　　　　　　・ ⑥ 아깝다, 과분하다

7 親しい⑲㉑ ・　　　　　　　　　　　　　・ ⑦ 친하다

8 もったいない㉑ ・　　　　　　　　　　・ ⑧ 나른하다

9 だるい⑬㉑ ・　　　　　　　　　　　　　・ ⑨ 심하다, 과격하다

10 きつい⑱㉑ ・　　　　　　　　　　　　・ ⑩ 아름답다

11 おかしい⑬ ・　　　　　　　　　　　　・ ⑪ 잘다, 까다롭다

12 めんどうくさい⑲・　　　　　　　　・ ⑫ 아주 귀찮다

✏️ N3 최신 기출 형용사 정답

| 1 ④ | 2 ② | 3 ③ | 4 ⑩ | 5 ① | 6 ⑪ |
| 7 ⑦ | 8 ⑥ | 9 ⑧ | 10 ⑨ | 11 ⑤ | 12 ⑫ |

N3 최신 기출 형용사 셀프테스트 ③

☀️기출 단어의 뜻을 찾아 줄을 그어 보세요.

*어휘 옆 숫자는 기출 연도입니다.

1 盛んな ⑩⑯㉒ •
• ① 조용한

2 静かな ⑫ •
• ② 성질 급한

3 大事な ⑪ •
• ③ 간단한

4 短気な ⑮ •
• ④ 왕성한

5 簡単な ⑪⑰⑳ •
• ⑤ 적극적인

6 実用的な ⑮ •
• ⑥ 효과적인

7 積極的な ⑮⑲ •
• ⑦ 다양한

8 感情的な ⑲ •
• ⑧ 감정적인

9 代表的な ⑮ •
• ⑨ 이상한, 웃긴

10 効果的な ⑮⑲ •
• ⑩ 대표적인

11 おかしな ⑭⑲ •
• ⑪ 소중한, 중요한

12 いろいろな ㉑ •
• ⑫ 실용적인

📝 N3 최신 기출 형용사 정답

| 1 ④ | 2 ① | 3 ⑪ | 4 ② | 5 ③ | 6 ⑫ |
| 7 ⑤ | 8 ⑧ | 9 ⑩ | 10 ⑥ | 11 ⑨ | 12 ⑦ |

N3 최신 기출 형용사 셀프테스트 ④

🔆 빈칸에 읽는 법과 뜻을 적고, 정답을 확인하세요.   *어휘 옆 숫자는 기출 연도입니다.

단어	읽는 법	뜻	정답
痛い ⑪			いたい 아프다
低い ⑳			ひくい 낮다, 작다
短い ㉒			みじかい 짧다
丸い ⑯㉒			まるい 둥글다
厚い ⑱			あつい 두껍다, 두텁다
浅い ⑲			あさい 얕다
固い ⑫			かたい 단단하다, 딱딱하다
深い ⑪			ふかい 깊다
汚い ⑰			きたない 더럽다, 불결하다
若い ⑭			わかい 젊다, 어리다
遅い ⑲			おそい 느리다, 더디다
苦しい ⑬			くるしい 괴롭다
楽しい ⑪			たのしい 즐겁다
惜しい ⑯			おしい 아깝다, 아쉽다

✏ 회독체크 ☐ 1회독 ☐ 2회독 ☐ 3회독　　　　　*어휘 옆 숫자는 기출 연도입니다.

어휘	읽기	의미	어휘	의미
確か ㉒	たしか	확실히, 틀림없이	ただ ㉑	그저, 단지
偶然 ⑱⑳㉒	ぐうぜん	우연히, 우연	さっき ⑭	아까, 조금 전
突然 ⑲	とつぜん	돌연, 갑자기	いつも ㉒	언제나, 늘
全然 ⑯	ぜんぜん	전혀	ちっとも ⑳㉒	조금도, 잠시도
絶対 ⑰	ぜったい	절대, 무조건	やっと ⑱	겨우, 가까스로
別々 ㉒	べつべつ	각각, 따로따로	そっと ⑰	살짝, 가만히
結局 ⑰	けっきょく	결국	ちょっと ⑱	조금, 좀, 약간
結構 ⑲	けっこう	제법, 충분히	ずいぶん ⑲㉒	꽤, 무척
早速 ⑲㉑	さっそく	곧, 바로, 빨리	やはり ㉑	역시
何度も ⑱	なんども	몇 번이나	ぴったり ⑳㉒	딱, 꼭
少しも ⑯	すこしも	조금도	しっかり ⑪⑱	단단히, 꼭, 꽉
必ず ⑰⑲㉑	かならず	반드시, 꼭	そっくり ⑩⑮	꼭 닮음
非常に ⑭㉒	ひじょうに	매우, 상당히	はっきり ⑱⑳㉒	확실히, 똑똑히
意外に ⑱	いがいに	의외로	うっかり ⑩⑯⑱	무심코, 깜박
一方で ㉒	いっぽうで	한편으로	しばらく ㉑	잠깐, 당분간
少しずつ ⑮	すこしずつ	조금씩	なるべく ⑬⑲㉑	가능한, 되도록
お互いに ⑲	おたがいに	서로, 상호간	さっそく ⑪⑲	즉시
いつの間にか ⑩	いつのまにか	어느 새인가	せっかく ⑱	모처럼, 애써서

　　　　　*어휘 옆 숫자는 기출 연도입니다.

어휘	의미	어휘	의미
ずきずき ㉒	욱신욱신, 지끈지끈	コマーシャル ⑭	커머셜, 광고
どきどき ⑰⑲㉒	두근두근, 울렁울렁	アイディア ⑮⑰㉑	아이디어, 생각
とんとん ⑰⑲㉒	척척, 똑똑	マナー ⑰	매너, 예의
こんこん ⑲	(눈이)펑펑, 콜록콜록	チェンジ ⑬	교체, 변화
さらさら ㉑	찰랑찰랑, 보송보송	ノック ⑲㉑	노크, 두드림
ざあざあ ㉒	콸콸, 쏴쏴	デザイン ⑲	디자인
ばらばら ㉑	뿔뿔이, 제각기	サンプル ⑭	샘플, 견본
からから ⑪㉒	바싹 마른 모양, 칼칼	スピード ⑪⑰	스피드, 속도
がらがら ⑪⑰㉑	텅텅, 걸걸, 드르륵	サイン ⑲㉒	사인, 서명
ぐらぐら ⑪⑲	흔들흔들, 부글부글	オープン ⑮⑯㉑	오픈, 개점
ぺらぺら ⑪⑲㉑	술술, 줄줄	レシピ ⑲㉒	레시피
ぺこぺこ ⑪⑬	(배가)고프다, 굽신굽신	チェックアウト ⑮㉒	체크아웃
ふらふら ⑳	비틀비틀, 흐느적흐느적	カロリー ⑳	칼로리
ぶらぶら ⑪	어슬렁어슬렁	セット ⑫⑯㉑	세트, 두다
うろうろ ⑲	허둥지둥	エネルギー ⑱	에너지
そろそろ ⑩㉑	슬슬	サービス ⑮⑱	서비스
だぶだぶ ⑲㉒	헐렁헐렁, 출렁출렁	カット ⑬⑮㉑	커트, 잘라냄

☀️ 기출 단어의 뜻을 찾아 줄을 그어 보세요.   *어휘 옆 숫자는 기출 연도입니다.

1 やはり ㉑ •   • ① 꽤, 무척

2 ぴったり ⑳㉒ •   • ② 가능한, 되도록

3 やっと ⑱ •   • ③ 조금도, 잠시도

4 うっかり ⑩⑯⑱ •   • ④ 역시

5 なるべく ⑬⑲㉑ •   • ⑤ 겨우, 가까스로

6 さっき ⑭ •   • ⑥ 아까, 조금 전

7 ただ ㉑ •   • ⑦ 딱, 꽉

8 せっかく ⑱ •   • ⑧ 즉시

9 ちっとも ⑳㉒ •   • ⑨ 모처럼, 애써서

10 ずいぶん ⑲㉒ •   • ⑩ 무심코, 깜박

11 はっきり ⑱⑳㉒ •   • ⑪ 확실히, 똑똑히

12 さっそく ⑪⑲ •   • ⑫ 그저, 단지

📝 N3 최신 기출 기타 정답

| 1 ④ | 2 ⑦ | 3 ⑤ | 4 ⑩ | 5 ② | 6 ⑥ |
| 7 ⑫ | 8 ⑨ | 9 ③ | 10 ① | 11 ⑪ | 12 ⑧ |

⭐ 기출 단어의 뜻을 찾아 줄을 그어 보세요.

*어휘 옆 숫자는 기출 연도입니다.

① ぺこぺこ ⑪⑬ •

• ① 비틀비틀, 흐느적흐느적

② ふらふら ⑳ •

• ② 두근두근. 울렁울렁

③ そろそろ ⑩㉑ •

• ③ 슬슬

④ どきどき ⑰⑲㉒ •

• ④ (배가)고프다, 굽신굽신

⑤ さらさら ㉑ •

• ⑤ 어슬렁어슬렁

⑥ ぶらぶら ⑪ •

• ⑥ 콸콸, 쏴쏴

⑦ がらがら ⑪⑰㉑ •

• ⑦ 욱신욱신, 지끈지끈

⑧ ばらばら ㉑ •

• ⑧ 바싹 마른 모양, 칼칼

⑨ こんこん ⑲ •

• ⑨ 찰랑찰랑, 보송보송

⑩ からから ⑪㉒ •

• ⑩ 텅텅, 걸걸, 드르륵

⑪ ざあざあ ㉒ •

• ⑪ (눈이)펑펑, 콜록콜록

⑫ ずきずき ㉒ •

• ⑫ 뿔뿔히, 제각기

📝 N3 최신 기출 기타 정답

1 ④　　2 ①　　3 ③　　4 ②　　5 ⑨　　6 ⑤

7 ⑩　　8 ⑫　　9 ⑪　　10 ⑧　　11 ⑥　　12 ⑦

☀️빈칸에 읽는 법과 뜻을 적고, 정답을 확인하세요.

*어휘 옆 숫자는 기출 연도입니다.

단어	읽는 법	뜻	정답
絶対 ⑰			ぜったい 절대
結構 ⑲			けっこう 제법, 충분히
偶然 ⑱⑳㉒			ぐうぜん 우연히, 우연
突然 ⑲			とつぜん 돌연, 갑자기
結局 ⑰			けっきょく 결국
早速 ⑲㉑			さっそく 곧, 바로, 빨리
全然 ⑯			ぜんぜん 전혀
必ず ⑰⑲㉑			かならず 반드시, 꼭
別々 ㉒			べつべつ 각각, 따로따로
一方で ㉒			いっぽうで 한편으로
非常に ⑭㉒			ひじょうに 매우, 상당히
意外に ⑱			いがいに 의외로
お互いに ⑲			おたがいに 서로, 상호간
何度も ⑱			なんども 몇 번이나
少しずつ ⑮			すこしずつ 조금씩
いつの間にか ⑩			いつのまにか 어느 새인가

N3 최신 기출 기타 셀프테스트 ④

☀ 기출 단어의 뜻을 찾아 줄을 그어 보세요.

*어휘 옆 숫자는 기출 연도입니다.

1 カット ⑬⑮㉑ •　　　　　　　　　• ① 레시피

2 レシピ ⑲㉒ •　　　　　　　　　• ② 교체, 변화

3 マナー ⑰ •　　　　　　　　　• ③ 샘플, 견본

4 コマーシャル ⑭ •　　　　　　　　　• ④ 커트, 잘라냄

5 チェンジ ⑬ •　　　　　　　　　• ⑤ 매너, 예의

6 サンプル ⑭ •　　　　　　　　　• ⑥ 커머셜, 광고

7 カロリー ⑳ •　　　　　　　　　• ⑦ 노크, 두드림

8 エネルギー ⑱ •　　　　　　　　　• ⑧ 아이디어, 생각

9 アイディア ⑮⑰㉑ •　　　　　　　　• ⑨ 서비스

10 ノック ⑲㉑ •　　　　　　　　　• ⑩ 세트, 두다

11 サービス ⑮⑱ •　　　　　　　　　• ⑪ 칼로리

12 セット ⑫⑯㉑ •　　　　　　　　　• ⑫ 에너지

📝 N3 최신 기출 기타 정답

1 ④　　2 ①　　3 ⑤　　4 ⑥　　5 ②　　6 ③

7 ⑪　　8 ⑫　　9 ⑧　　10 ⑦　　11 ⑨　　12 ⑩

MEMO

쉿!

시험 직전 기출
시크릿 노트

기출 문형 미션
START

✏ 회독체크　☐1회독　☐2회독　☐3회독　　　　　*어휘 옆 숫자는 기출 연도입니다.

기출 문형	의미
たくさんの人に見に来てほしい ⑫⑯	많은 사람들이 보러 오면 좋겠다
すしにカレーにラーメン、なんでもあります ⑫	초밥에 카레에 라멘, 뭐든지 있습니다
シャンプーか何かわからないが ⑰⑳	샴푸인지 무엇인지 모르겠지만
何時間もおしゃべりする ⑲	몇 시간이나 수다를 떤다
日本で夏休みを過ごす ⑬⑱⑲㉑	일본에서 여름방학을 보낸다
人生で一番大切なものは ⑰⑱㉑	인생에서 가장 소중한 것은
母になら話せる ⑮	엄마에게 라면 말할 수 있다
列車の写真を撮るためなら ⑭	열차 사진을 찍기 위해서라면
会議の資料だけなら ⑳	회의 자료뿐이라면
9時過ぎるようなら、迎えに行くよ ⑪	9시 넘을 것 같으면 마중 갈게

☀️주요 표현을 우리말로 적어 봅시다.

*어휘 옆 숫자는 기출 연도입니다.

기출 문형	의미
たくさんの人に見に来てほしい ⑫⑯	
すしにカレーにラーメン、なんでもあります ⑫	
シャンプーか何かわからないが ⑰⑳	
何時間もおしゃべりする ⑲	
日本で夏休みを過ごす ⑬⑱⑲㉑	
人生で一番大切なものは ⑰⑱㉑	
母になら話せる ⑮	
列車の写真を撮るためなら ⑭	
会議の資料だけなら ⑳	
9時過ぎるようなら、迎えに行くよ ⑪	

🖉 회독체크　☐1회독　☐2회독　☐3회독　　　　　*어휘 옆 숫자는 기출 연도입니다.

기출 문형	의미
「大<small>おお</small>きな家<small>いえ</small>」って絵本<small>えほん</small>　⑮⑲㉒	'큰 집'이라는 그림책
私<small>わたし</small>には難<small>むずか</small>しかった　⑬⑮㉒	나에게는 어려웠다
お隣<small>となり</small>にまて聞<small>き</small>こえるよ　⑫	옆집에까지 들려
私<small>わたし</small>にとってこれは大<small>おお</small>きな問題<small>もんだい</small>だ　⑫⑬㉑	나에게 있어 이것은 중요한 문제다
効果<small>こうか</small>があるのかについて　⑩⑫	효과가 있는 지에 대해서
音楽会<small>おんがっかい</small>は広場<small>ひろば</small>において開<small>ひら</small>かれる　㉑	음악회는 광장에서 열린다
天気<small>てんき</small>や場所<small>ばしょ</small>によってレンズを替<small>か</small>える　⑭	날씨나 장소에 따라 렌즈를 바꾼다
仕事<small>しごと</small>に慣<small>な</small>れるにしたがって　⑰	일에 익숙해짐에 따라
今<small>いま</small>までのものに比<small>くら</small>べて　⑪	지금까지의 것에 비해
留学生<small>りゅうがくせい</small>に対<small>たい</small>して奨学金<small>しょうがくきん</small>を支給<small>しきゅう</small>する　⑯⑱	유학생에게 장학금을 지급한다

☀ 주요 표현을 우리말로 적어 봅시다.

*어휘 옆 숫자는 기출 연도입니다.

기출 문형	의미
「大きな家」って絵本 ⑮⑲㉒	
私には難しかった ⑬⑮㉒	
お隣にまで聞こえるよ ⑫	
私にとってこれは大きな問題だ ⑫⑬㉑	
効果があるのかについて ⑩⑫	
音楽会は広場において開かれる ㉑	
天気や場所によってレンズを替える ⑭	
仕事に慣れるにしたがって ⑰	
今までのものに比べて ⑪	
留学生に対して奨学金を支給する ⑯⑱	

✏회독체크　☐1회독　☐2회독　☐3회독　　　　　*어휘 옆 숫자는 기출 연도입니다.

기출 문형	의미
銀座という場所　⑬	긴자라고 하는 곳
話し相手が誰もいないのは　⑮	말할 상대가 아무도 없다는 것은
電車の遅れのため　⑲	전철의 지연 때문에
一年中売っているパンのほかに　⑲⑳	일 년 내내 팔고 있는 빵 외에
1か月ぐらいしか使っていない　⑳	1개월 정도밖에 사용하지 않았다
次のバス停までしか　⑲	다음 버스정류장까지 밖에
まだ一人からしか返事が来ない　⑯	아직 한 명에게서 밖에 답장이 오지 않는다
動物が好きな田村さんらしい　⑭	동물을 좋아하는 다무라 씨답다
新しいケーキ屋さんができるみたいだね　⑲㉑	새로운 케이크 가게가 생기는 것 같아
例が多くて使いやすそうだ　⑲㉑	예가 많아서 사용하기 쉬울 것 같다

☀ 주요 표현을 우리말로 적어 봅시다.

*어휘 옆 숫자는 기출 연도입니다.

기출 문형	의미
<ruby>銀<rt>ぎん</rt>座<rt>ざ</rt></ruby>という<ruby>場<rt>ば</rt>所<rt>しょ</rt></ruby> ⑬	
<ruby>話<rt>はな</rt></ruby>し<ruby>相<rt>あい</rt>手<rt>て</rt></ruby>が<ruby>誰<rt>だれ</rt></ruby>もいないのは ⑮	
<ruby>電<rt>でん</rt>車<rt>しゃ</rt></ruby>の<ruby>遅<rt>おく</rt></ruby>れのため ⑲	
<ruby>一<rt>いち</rt>年<rt>ねん</rt>中<rt>じゅう</rt></ruby><ruby>売<rt>う</rt></ruby>っているパンのほかに ⑲㉒	
1か<ruby>月<rt>げつ</rt></ruby>ぐらいしか<ruby>使<rt>つか</rt></ruby>っていない ㉒	
<ruby>次<rt>つぎ</rt></ruby>のバス<ruby>停<rt>てい</rt></ruby>までしか ⑲	
まだ<ruby>一<rt>ひとり</rt>人</ruby>からしか<ruby>返<rt>へん</rt>事<rt>じ</rt></ruby>が<ruby>来<rt>こ</rt></ruby>ない ⑯	
<ruby>動<rt>どう</rt>物<rt>ぶつ</rt></ruby>が<ruby>好<rt>す</rt></ruby>きな<ruby>田<rt>た</rt>村<rt>むら</rt></ruby>さんらしい ⑭	
<ruby>新<rt>あたら</rt></ruby>しいケーキ<ruby>屋<rt>や</rt></ruby>さんができるみたいだね ⑲㉑	
<ruby>例<rt>れい</rt></ruby>が<ruby>多<rt>おお</rt></ruby>くて<ruby>使<rt>つか</rt></ruby>いやすそうだ ⑲㉑	

✏ 회독체크　☐1회독　☐2회독　☐3회독　　　　　　*어휘 옆 숫자는 기출 연도입니다.

기출 문형	의미
今年の夏は去年ほど暑くない　⑳㉑㉒	올해 여름은 작년만큼 덥지 않다
音楽を聞いたりテレビを見たりする　⑫⑭	음악을 듣거나 TV를 보거나 한다
本を一冊買うことにした　⑲	책을 한 권 사기로 했다
今はどれも使っていないけれども　⑭	지금은 어느 것도 사용하지 않지만
練習をしたら上手になれるのだろうか　⑲⑳	연습을 하면 잘하게 되는 것일까
この暑さは、今週末ぐらいまで続く　⑭	이 더위는 이번 주말 정도까지 계속된다
心配ばかりしていてもしかたない　⑳	걱정만 하고 있어도 소용없다
暗くならないうちに帰ろう　⑬	어두워지기 전에 돌아가자
あなたがやりたいようにやりなさい　⑮	네가 하고 싶은 대로 해라
仕事を見つけることができるまで　⑯	일을 찾는 것이 될 때까지

☆ 주요 표현을 우리말로 적어 봅시다.

*어휘 옆 숫자는 기출 연도입니다.

기출 문형	의미
今年の夏は去年ほど暑くない ⑳㉑㉒	
音楽を聞いたりテレビを見たりする ⑫⑭	
本を一冊買うことにした ⑲	
今はどれも使っていないけれども ⑭	
練習をしたら上手になれるのだろうか ⑲⑳	
この暑さは、今週末ぐらいまで続く ⑭	
心配ばかりしていてもしかたない ⑳	
暗くならないうちに帰ろう ⑬	
あなたがやりたいようにやりなさい ⑮	
仕事を見つけることができるまで ⑯	

✏️ 회독체크　☐ 1회독　☐ 2회독　☐ 3회독　　　*어휘 옆 숫자는 기출 연도입니다.

기출 문형	의미
急_{いそ}がないと出発_{しゅっぱつ}しちゃう ⑲㉑	서두르지 않으면 출발해버린다
３年_{ねん}以内_{いない}にやめてしまう ⑮⑰	3년 안에 그만둬버린다
あと３分_{ぶん}しかないです ⑳	앞으로 3분밖에 없습니다
留学_{りゅうがく}することにしたんです ㉒	유학 가기로 했거든요
スーパーで卵_{たまご}を買_かってきてくれない? ⑯㉒	마트에서 계란을 사다 주지 않을래?
元気_{げんき}で長生_{ながい}きしてほしい ⑫⑭⑲	건강하게 오래 살아주었으면 좋겠다
誰_{だれ}が優勝_{ゆうしょう}しても不思議_{ふしぎ}ではない ⑯㉑	누가 우승해도 이상하지 않다
駅_{えき}に近_{ちか}いほうがよければ ⑯	역에 가까운 편이 좋다면
練習_{れんしゅう}に遅刻_{ちこく}するな ⑪⑰	연습에 지각하지 마라
予約_{よやく}をキャンセルさせてください ⑮	예약을 취소시켜 주세요

N3 기출 문형 셀프테스트 ⑤

☀ 주요 표현을 우리말로 적어 봅시다.

*어휘 옆 숫자는 기출 연도입니다.

기출 문형	의미
急^{いそ}がないと出発^{しゅっぱつ}しちゃう ⑲㉑	
３年以内^{ねんいない}にやめてしまう ⑮⑰	
あと3分^{ぶん}しかないです ⑳	
留学^{りゅうがく}することにしたんです ㉒	
スーパーで卵^{たまご}を買^かってきてくれない? ⑯㉒	
元気^{げんき}で長生^{ながい}きしてほしい ⑫⑭⑲	
誰^{だれ}が優勝^{ゆうしょう}しても不思議^{ふしぎ}ではない ⑯㉑	
駅^{えき}に近^{ちか}いほうがよければ ⑯	
練習^{れんしゅう}に遅刻^{ちこく}するな ⑪⑰	
予約^{よやく}をキャンセルさせてください ⑮	

🖊회독체크　☐1회독　☐2회독　☐3회독　　　　*어휘 옆 숫자는 기출 연도입니다.

기출 문형	의미
お席にご案内いたします ⑭	자리로 안내하겠습니다
5階にございます ⑩⑭	5층에 있습니다, 5층입니다
大切に使わせていただきます ⑪⑯	소중하게 쓰겠습니다
パーティーで先生にお目にかかる ⑪	파티에서 선생님을 만나 뵙다
すみません、ちょっと伺いたいんですが ⑬	실례합니다, 잠시 여쭤보고 싶은데요
楽しくご覧になりましたか ⑫	재미있게 보셨나요?
ご両親は何とおっしゃいましたか ⑲	부모님은 뭐라고 말씀하셨습니까?
おみやげをくださいます ⑲	기념품을 주십니다
森先生はいらっしゃいますか ⑮⑳	모리 선생님은 계십니까?
どちらになさいますか ⑱	어느 것으로 하시겠습니까?

☀ 주요 표현을 우리말로 적어 봅시다.

*어휘 옆 숫자는 기출 연도입니다.

기출 문형	의미
お席にご案内いたします ⑭	
5階にございます ⑩⑭	
大切に使わせていただきます ⑪⑯	
パーティーで先生にお目にかかる ⑪	
すみません、ちょっと伺いたいんですが ⑬	
楽しくご覧になりましたか ⑫	
ご両親は何とおっしゃいましたか ⑲	
おみやげをくださいます ⑲	
森先生はいらっしゃいますか ⑮⑳	
どちらになさいますか ⑱	

🖉 회독체크　☐1회독　☐2회독　☐3회독　　　　*어휘 옆 숫자는 기출 연도입니다.

기출 문형	의미
技術の進歩のおかげで ⑱⑳㉒	기술의 진보 덕분에
本屋や美容院などいろいろな店がある ㉒	서점이나 미용실 등 여러 가게가 있다
なんてきれいなんだろう ㉑	이 얼마나 아름다운가
会うたびにすてきな人だと思う ⑩㉑	만날 때 마다 멋진 사람이라고 생각한다
雨がいつ降ってもおかしくない ⑭⑮⑰	비가 언제 내려도 이상하지 않다
やわらかくなるまで煮ます ⑲	부드러워질 때까지 익힙니다
家を出たほうがいいかもしれない ⑫⑯㉑	집을 나가는 편이 좋을지도 모른다
コーヒーだけでなく料理もおいしい ⑫⑳	커피뿐만 아니라 음식도 맛있다
駅前の本屋に行ったら友達に会った ⑬㉑	역 앞 서점에 갔더니 친구를 만났다
昨夜、遅く寝たせいで眠い ⑮⑱	어젯밤 늦게 잔 바람에 졸리다

N3 기출 문형 셀프테스트 ⑦

☀️ 주요 표현을 우리말로 적어 봅시다.

*어휘 옆 숫자는 기출 연도입니다.

기출 문형	의미
技術の進歩のおかげで ⑱⑳㉒	
本屋や美容院などいろいろな店がある ㉒	
なんてきれいなんだろう ㉑	
会うたびにすてきな人だと思う ⑩㉑	
雨がいつ降ってもおかしくない ⑭⑮⑰	
やわらかくなるまで煮ます ⑲	
家を出たほうがいいかもしれない ⑫⑯㉑	
コーヒーだけでなく料理もおいしい ⑫⑳	
駅前の本屋に行ったら友達に会った ⑬㉑	
昨夜、遅く寝たせいで眠い ⑮⑱	

🖊회독체크　☐1회독　☐2회독　☐3회독　　　　*어휘 옆 숫자는 기출 연도입니다.

기출 문형	의미
運動をやめてから、１年がたつ ⑩⑬⑳	운동을 그만두고 나서 1년이 지났다
いのちだけでも助けてください ⑲	목숨만이라도 살려주세요
生まれたばかりのライオンの赤ちゃん ⑩⑲	태어난 지 얼마 안 된 사자의 새끼, 갓 태어난 사자의 새끼
開会式が行われるところです ⑪⑫㉑	개회식이 열릴 참이에요
来年、結婚するつもりです ⑬⑮㉒	내년에 결혼할 생각입니다
ギター教室に通ってみたことがある ⑲	기타 교실에 다녀본 적이 있다
「早く寝ろ」と怒られた ⑭	'빨리 자라'라고 혼났다
立ったまま話をする ⑭⑮	선 채로 이야기를 하다
いつでもかまいません ⑮	언제라도 상관없습니다
もし雨が降ったとしても ⑫⑳	만약 비가 내린다고 하더라도

☆주요 표현을 우리말로 적어 봅시다.

*어휘 옆 숫자는 기출 연도입니다.

기출 문형	의미
運動をやめてから、１年がたつ ⑩⑬⑳	
いのちだけでも助けてください ⑲	
生まれたばかりのライオンの赤ちゃん ⑩⑲	
開会式が行われるところです ⑪⑫㉑	
来年、結婚するつもりです ⑬⑮㉒	
ギター教室に通ってみたことがある ⑲	
「早く寝ろ」と怒られた ⑭	
立ったまま話をする ⑭⑮	
いつでもかまいません ⑮	
もし雨が降ったとしても ⑫⑳	

🖊 회독체크　☐ 1회독　☐ 2회독　☐ 3회독　　　　*어휘 옆 숫자는 기출 연도입니다.

기출 문형	의미
誕生日_{たんじょうび}だということを忘_{わす}れた ⑫	생일이라는 것을 까먹었다
傘_{かさ}がなくても大丈夫_{だいじょうぶ}だろう ⑩⑫	우산이 없어도 괜찮겠지
駅_{えき}に近_{ちか}ければ近_{ちか}いほど ⑫	역에 가까우면 가까울수록
レシピを見_みずに作_{つく}れる ⑳㉑	레시피를 보지 않고 만들 수 있다
このビルはどこからでも見_みえる ⑬	이 빌딩은 어디서나 보인다
選手_{せんしゅ}として活動_{かつどう}する一方_{いっぽう}で ⑰㉒	선수로서 활약하는 한편으로
一番_{いちばん}行_いきたがっていた大学_{だいがく}に合格_{ごうかく}した ⑪⑲	가장 가고 싶어했던 대학에 합격했다
昨日_{きのう}からピアノを習_{なら}いはじめた ⑮	어제부터 피아노를 배우기 시작했다
無理_{むり}をしないように ⑮	무리하지 않도록
同_{おな}じかばんを使_{つか}い続_{つづ}けている ㉑	같은 가방을 계속 사용하고 있다

☀주요 표현을 우리말로 적어 봅시다.

*어휘 옆 숫자는 기출 연도입니다.

기출 문형	의미
誕生日だということを忘れた ⑫	
傘がなくても大丈夫だろう ⑩⑫	
駅に近ければ近いほど ⑫	
レシピを見ずに作れる ⑳㉑	
このビルはどこからでも見える ⑬	
選手として活動する一方で ⑰㉒	
一番行きたがっていた大学に合格した ⑪⑲	
昨日からピアノを習いはじめた ⑮	
無理をしないように ⑮	
同じかばんを使い続けている ㉑	

✏ 회독체크　☐1회독　☐2회독　☐3회독　　　　*어휘 옆 숫자는 기출 연도입니다.

기출 문형	의미
よくよく考えてみると ⑬	곰곰이 생각해 보니
雪なんか降らない ⑪	눈 같은 건 내리지 않는다
もう半年になるのに ⑮⑱⑲	이제 반 년이 되는데
昼ご飯を食べようと思って ⑮⑲	점심밥을 먹으려고
スマホの利用ができるようになる ⑪⑬⑯	스마트폰 사용이 가능하게 되었다
メモを見ないで話せるようにする ⑰	메모를 보지 않고 말할 수 있게 하다
夏は食べ物が悪くなりやすい ⑯⑲㉑	여름은 음식이 상하기 쉽다
文字が小さくて見にくい ⑬	글자가 작아서 알아보기 어렵다
君のことを考えながら作ったんだ ⑮⑰㉑	너를 생각하면서 만들었어
美味しくないはずかない ⑲	맛이 없을 리가 없다

N3 기출 문형 셀프테스트 ⑩

☆ 주요 표현을 우리말로 적어 봅시다.

*어휘 옆 숫자는 기출 연도입니다.

기출 문형	의미
よくよく考えてみると ⑬	
雪なんか降らない ⑪	
もう半年になるのに ⑮⑱⑲	
昼ご飯を食べようと思って ⑮⑲	
スマホの利用ができるようになる ⑪⑬⑯	
メモを見ないで話せるようにする ⑰	
夏は食べ物が悪くなりやすい ⑯⑲㉑	
文字が小さくて見にくい ⑬	
君のことを考えながら作ったんだ ⑮⑰㉑	
美味しくないはずかない ⑲	

반드시! 다시 출제되는

JLPT
최신기출 ^{유형}
실전모의고사
N3

Aj Online Test 지음

S 시원스쿨닷컴

JLPT
최신기출^유^형
실전모의고사
N3

초판 1쇄 발행 2023년 10월 30일
초판 2쇄 발행 2024년 4월 2일

지은이 에이제이온라인테스트
펴낸곳 (주)에스제이더블유인터내셔널
펴낸이 양홍걸 이시원

홈페이지 www.siwonschool.com
주소 서울시 영등포구 영신로 166 시원스쿨
교재 구입 문의 02)2014-8151
고객센터 02)6409-0878

ISBN 979-11-6150-775-0 13730
Number 1-311111-18120400-06

기술을 통해, 언어의 장벽을 낮추다, AOT

Aj Online Test(이하, AOT)는 독자 개발 AI 기술과 데이터사이언스 경험을 기반으로 고퀄리티의 일본어 교육 콘텐츠를 온라인을 통해 합리적이고 효율적으로 전 세계 언어 학습자에게 제공하고자 탄생한 에듀테크 스타트업입니다. AOT는 언어 교육이 직면하고 있는 정보의 불평등 이슈에 적극적으로 도전하여, 일상에 만연한 언어 교육의 장벽과 격차를 해소하고자 노력하고 있습니다.

일본어능력시험(JLPT)은 여타 공인 어학 시험과 비교하여 응시 기회가 적고 학습을 위한 기회비용이 큰 탓에 많은 학습자들이 어려움을 겪어 왔습니다. 그 결과 많은 일본어 학습자들 사이에서는 온라인을 통해 편리하고 또 저렴하게 모의시험을 응시할 수 있는 서비스에 대한 요구가 적지 않았습니다. 또한 일본어 교사, 학원 등 일본어 교육 기관에게 있어서도 신뢰할 수 있는 일본어능력시험 대비 모의 문항 및 학습 콘텐츠 개발의 어려움은 학습자들의 요구와 기호에 맞는 다양한 학습 교재의 개발과 응용을 어렵게 하는 원인으로 작용하기도 했습니다.

이러한 문제의식 속에서 AOT는 독자 AI 시스템을 활용하여 과거 일본어능력시험 기출문제 빅데이터를 분석하고 학습하여, 실제 시험과 매우 유사한 내용과 난이도 그리고 형식을 가진 문제를 빠르고 정확하게 작성하는 문항 제작 프로세스를 확립했으며, 이를 통해 대규모 일본어능력시험 문제은행을 구축하여 세계 최초로 풀타임 온라인 모의 일본어능력시험 서비스, 「io JLPT」를 출시하여 많은 일본어 학습자에게 사랑받고 있습니다. 또한 AI 학습자 진단 테스트를 통해, 학습자가 단 12문제를 풀어보는 것만으로도 자신의 실력을 정확하게 진단할 수 있는 「무료 진단 테스트」 그리고 유튜브와 블로그 등 다양한 매체를 통해 JLPT 시험 대비 학습 자료, 듣기 평가, 온라인 강의, 일본 문화 정보 등 일본어 학습자를 위한 다양한 오리지널 콘텐츠도 제공하여 학습자 여러분의 일본어 학습을 서포트하고 있습니다.

AOT는 여러분이 「io JLPT」와 같은 실전과 유사한 모의고사에 응시하는 것을 통해 실제 시험의 형식에 익숙해지는 것뿐만 아니라 실제 언어생활에서 만날 수 있는 많은 실수와 오류를 한발 앞서 범할 수 있기를 바랍니다. 완벽하지 않은 상황 속에서 고민하고 틀려보는 것을 통해 여러분은 한 단계 더 성장할 수 있을 것이며 결국에는 스스로 미지와의 조우에 두려움을 갖지 않게 될 것입니다. AOT는 이러한 학습자 여러분의 일본어 학습의 완성으로 가는 여정에 함께하는 동반자가 되고자 합니다.

Aj Online Test, 「io JLPT」

목차

전략 해설집

실전문제 정답&
해설 및 풀이 전략

특별 부록

쉿! 시험 직전
기출 시크릿 노트

시원스쿨어학연구소

AI 기술과 **빅데이터 분석**을 기반으로 하는
고퀄리티 일본어 교육 콘텐츠 AOT와 일본어능력시험의 최신 경향과 변화를 탐구하고 분석하는
JLPT 전문 연구 조직 시원스쿨어학연구소가 만났습니다.

☑ AI 빅데이터 분석

2만 개의 기출 빅데이터를 빠르고 정확하게 분석하여 예상 적중 문제 3회분을 담았습니다.
AI 및 딥러닝 기술에 의한 자동 문항 개발 시스템으로 2010년부터 2023년까지 14년간의 모든 기출 문제를 분석하여
최신 기출 경향에 맞는 양질의 문제를 제공합니다.

☑ 최신 기출 100% 반영

시원스쿨 JLPT 전문 연구진들이 직접 시험에 응시하여 2023년도 7월 기출 문제까지 모두 반영하였습니다. 다양한
실전 문제를 풀면서 최신 출제 유형을 파악하고, 딱 3번의 연습만으로도 실전 대비를 충분히 할 수 있습니다.

☑ 합격, 고득점 그리고 만점

회차가 나아갈수록 조금씩 높아지는 난이도로 구성하였습니다. 1회에서 3회까지 풀어나가면서 자연스럽게 합격에서
고득점, 그리고 만점까지 목표로 하며 학습할 수 있습니다.

☑ 탄탄한 부가 자료

어디서든 간편하게 찍어 바로 들을 수 있는 청해 MP3 QR 코드와 근 13년간 출제된 기출 어휘&문형을 모아둔
시크릿 노트, 더 높은 점수를 획득할 수 있는 고득점 부스터 암기카드 PDF를 제공합니다.
(※연계 유료 강의 제공)

문제집

- 1회분 : 시험 유형을 파악하며 현재 나의 실력 점검하기!
- 2회분 : 시간 배분 트레이닝 하며 고득점 도전하기!
- 3회분 : 최종 점검하며 만점을 목표로 도전하기!

❶ 테스트 전 파이널 체크

실제 시험과 같은 환경에서 응시할 수 있도록 3STEP 을 통해 해답 용지와 필기도구, 청해 음성 등 테스트 전 필요한 것을 다시 한 번 점검할 수 있도록 하였습니다.

❷ 청해 MP3 파일로 실전 감각 끌어올리기

청해 MP3 파일로 실전 감각을 더욱 극대화시켜 시험에 대비할 수 있고, 간편하게 QR 코드로 바로 찍어 들을 수 있습니다.

❸ 고득점 부스터 암기카드 PDF

합격뿐만 아니라 고득점에 도전할 수 있도록 반드시 알아야 하는 핵심 어휘와 문형을 수록하였으며, 언제 어디서든 간편하게 QR 코드로 학습할 수 있습니다.

학습자들을 위한 특별 부가 자료

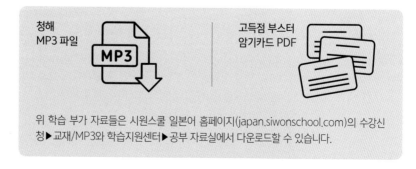

청해 MP3 파일

MP3

고득점 부스터 암기카드 PDF

위 학습 부가 자료들은 시원스쿨 일본어 홈페이지(japan.siwonschool.com)의 수강신 청▶교재/MP3와 학습지원센터▶공부 자료실에서 다운로드할 수 있습니다.

이 책의 100% 활용법

문제 풀이는 실전처럼!

언어지식과 독해에서 문제 풀 때 걸리는 소요시간을 표시해 두었습니다. 시간 내에 모든 문제를 푸는 트레이닝을 하며 실전 감각을 익힐 수 있습니다.

가채점표로 셀프 점검!

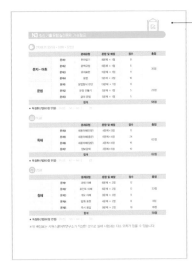

다년간의 시험 배점 분석으로 시원스쿨어학연구소가 제시하는 각 영역별 배점표에 따라 시험 후 가채점하고, 현재 실력을 확인하며 합격을 예측할 수 있습니다.

학습자들을 위한 특별 부록

뒷! 시험 직전 기출 시크릿 노트 [어휘편] [문형편]

최신 2023년 7월 시험까지 모두 반영하여 수록하였습니다. 모든 어휘와 문형에 기출 연도를 표시해 두었고, 셀프테스트를 통해 시험 직전에 꺼내어 빠르게 실전에 대비할 수 있도록 서포트합니다.

전략 해설집

합격부터 만점까지 완벽 커버!

최신 기출 어휘는 물론, 2만여 개의 AI 기반 빅 데이터를 바탕으로 출제가 예상되는 최다 빈출 단어만 뽑아 만점까지 도전할 수 있습니다.

문제 핵심 공략 포인트 제시!

문제에 나온 핵심 문법 포인트를 한 번 더 짚어주고, 오답 해설뿐만 아니라 문제 접근법이 보이는 시원한 공략TIP을 상세히 제시하여 더욱 쉽게 이해할 수 있습니다.

정답이 보이는 친절한 문제 풀이 가이드!

문제를 풀 때 정답의 근거가 되는 부분을 형광펜으로 표시하여 직관적으로 한눈에 찾아볼 수 있으며 지문에 사용된 어휘를 나열하여 더욱 효율적으로 학습할 수 있습니다.

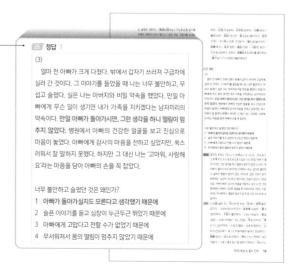

⊘ JLPT(日本語能力試験)는 무엇일까요?

일본 국내 및 해외에서 일본어를 모국어로 하지 않는 사람을 대상으로 일본어 능력을 객관적으로 측정하고 인정하는 것을 목적으로 하는 시험입니다. 급수가 없는 JPT와는 달리 JLPT는 N1부터 N5까지 총 다섯 가지 레벨로 나뉘어 있으며 N1이 가장 난이도가 높은 레벨입니다. 시험에 합격하기 위해서는 '득점 구분별 득점'과 '종합 득점' 두 가지의 점수가 필요합니다. 즉 과락 제도가 있으며 '득점 등화'라고 하는 상대 평가의 방식으로 채점이 시행됩니다. 시험은 7월과 12월, 총 연 2회 실시되며, 접수는 각각 4월, 9월부터 진행됩니다.

⊘ N3 출제 유형과 시간 및 득점표

레벨	유형	교시	시간		득점 범위	총점
N3	언어지식 (문자·어휘·문법)	1교시	100분	140분	0~60점	180점
	독해				0~60점	
	청해	2교시	40분		0~60점	

⊘ N3 인정 기준

레벨	유형	인정 기준
N3	언어지식 (문자·어휘·문법) · 독해	일상적인 화제에 구체적인 내용을 나타내는 문장을 읽고 이해할 수 있으며, 신문의 기사 제목 등에서 정보의 개요를 파악할 수 있음. 일상적인 장면에서 난이도가 약간 높은 문장을 바꿔 제시하며 요지를 이해할 수 있음
	청해	자연스러운 속도의 체계적 내용의 회화를 듣고, 이야기의 구체적인 내용을 등장인물의 관계 등과 함께 거의 이해할 수 있음.

언어지식(문자·어휘)

문제1 한자읽기 8문항

출제 유형 : 한자로 쓰인 어휘의 읽는 법을 묻는 문제로, 음독과 훈독으로 올바르게 읽은 것을 고르는 문제가 출제된다.

　예 1 むすめは最近、ゲームに夢中になっている。

　　1　むちゅう　　　2　むうちゅう　　　3　むっちゅう　　　4　むじゅう

📖 시원한 공략 **TIP!**

앞뒤 문장 상관없이 오로지 밑줄 친 어휘 발음 읽기에 주의하여 문제 풀이 시간을 단축하는 것이 중요하다. 발음이 비슷하거나 촉음, 탁음, 장음 등 헷갈릴 수 있는 발음이 선택지에 등장하니 혼동하지 않도록 주의하자.

문제2 표기 6문항

출제 유형 : 히라가나로 쓰인 어휘가 한자로 어떻게 쓰는지 묻는 문제로, 음독과 훈독의 발음을 한자로 올바르게 쓴 것을 고르는 문제가 출제된다.

　예 9 ここから見下ろすけしきは絶景だ。

　　1　風景　　　　2　景色　　　　3　景気　　　　4　風気

📖 시원한 공략 **TIP!**

밑줄 친 어휘의 앞뒤 문맥을 살펴보고 의미를 생각하여, 히라가나의 발음이 한자로 어떻게 쓰는지 훈독, 음독의 동음이의어에 주의해야 한다. 또한, 부수가 헷갈릴 수 있는 한자가 선택지에 등장하니 혼동하지 않도록 주의하자.

출제 유형 : 괄호 안에 들어갈 문장과 어울리는 어휘를 고르는 문제가 출제된다.

예 17 体に異常がないか詳しく( )をする。

1 実験 2 研究 3 検査 4 調査

📖 시원한 공략 TIP!

문장을 읽고 앞뒤 문맥을 파악하여 괄호 안에 들어갈 힌트가 되는 단어를 찾는 것이 중요하다. 오답 선택지에는 의미가 비슷하거나 서로 반대되는 뜻이 나오기도 하는데, 관용 표현을 알고 있으면 쉽게 정답을 찾을 수 있으니 관용 표현을 정리해 두자.

출제 유형 : 밑줄 친 어휘나 표현과 가장 의미가 가까운 것을 고르는 문제가 출제된다.

예 28 バスケ部の練習は毎日きつそうだ。

1 大変そうだ 2 忙しそうだ 3 簡単そうだ 4 楽そうだ

📖 시원한 공략 TIP!

밑줄 친 어휘와 바꿔 쓸 수 있는 유의 표현을 고르면 된다. 어떤 뜻인지 모를 경우, 문장을 읽고 힌트가 되는 표현을 찾아 정확히 뜻을 알고 있는 선택지를 소거하며 문제를 풀면 된다.

출제 유형 : 주어진 어휘가 올바르게 사용된 문장을 고르는 문제가 출제된다.

(예) 33 むかい

1 夕方に海の近くを散歩したら、海の<u>むかい</u>に沈んでいく太陽が見えた。

2 食事は<u>むかい</u>についてからすることにしましょうか。

3 優しい母とは<u>むかい</u>に父は厳しい人だった。

4 同じクラスの山田さんの家はうちの<u>むかい</u>にある。

📖 시원한 공략 TIP!

선택지의 모든 문장을 읽으며 밑줄 친 어휘가 문장에서 자연스럽게 해석되는지 확인해야 한다. 문장이 자연스럽게 해석되지 않을 경우, 밑줄 친 부분에 어떤 표현이 들어가야 자연스럽게 연결되는지 연상하며 푸는 연습을 하도록 하자.

문제1 문법형식 판단 13문항

출제 유형 : 문장 전체를 읽고, 문맥에 맞춰 괄호 안에 들어갈 알맞은 문형을 고르는 문제가 출제된다.

예 **2** まだ見ていないなら、あの映画は絶対に見に(　　　)ですよ。

　　1　行くばかり　　　　2　行くはず　　　　3　行くつもり　　　　4　行くべき

📖 시원한 공략 TIP!

문장을 읽고 각 선택지를 괄호 안에 넣어가며 자연스럽게 해석되는 표현을 고른 후, 괄호 앞뒤에 쓰인 문법의 접속 형태를 확인하여, 들어갈 수 있는 선택지를 고르면 된다.

문제2 문장만들기 5문항

출제 유형 : 나열된 단어를 재배열하여 문장을 완성시키고, ___★___ 안에 들어갈 알맞은 것을 고르는 문제가 출제된다.

예 **15** 留学については、＿＿＿＿ ＿＿＿＿ ＿★＿＿ ＿＿＿＿ できません。

　　1　相談して　　　　　　　　　　2　決めることは

　　3　親に　　　　　　　　　　　　4　からでないと

📖 시원한 공략 TIP!

문장을 읽고 앞뒤 문맥을 파악하여, 먼저 문법적으로 확실하게 연결해야 하는 선택지들을 나열하고, 그 후 해석상 자연스럽게 연결되는 표현을 재배열하며 문장을 완성시킨다.

출제 유형 : 글을 읽고 문장과 문장 사이의 앞뒤 연결이 자연스럽게 연결되는 표현을 찾는 문제가 출제된다.

> 예 両親とは、中学校に入学した頃からけんか 21 でまともな会話をしたことがない。それ
> に、両親と口を利きたくなかった私は家の手伝いもまったくしなかった。
>
> 1　ところ　　　　　　　　　　　　2　だけ
>
> 3　ばかり　　　　　　　　　　　　4　だらけ

📖 시원한 공략 **TIP!**

전체 지문을 읽고, 앞뒤 문장 사이의 빈칸에는 선택지들을 하나씩 넣어 해석하며, 가장 자연스럽게 연결되는 것을 찾으면 된다. 각 빈칸에는
접속사, 부사, 문법, 문장 등 다양하게 나올 수 있으며, 내용의 흐름에 맞춰 가장 적절한 것을 고르면 된다.

독해

문제4 내용이해(단문) 4문항

출제 유형 : 200자 정도의 글을 읽고, 내용을 이해하였는지 묻는 문제가 출제된다. 짧은 설명문이나 지시문, 공지,
문의와 같은 다양한 형식과 일이나 일상생활 주제의 지문이 출제된다.

> 예　　経済協力開発機構(OECD)が2018年に実施した国際学習到達度調査(PISA)によると、日
> 本は「読解力」「数学的応用力」「科学的応用力」の3分野で順位が落ちたことが分かっ
> た。特に読解力に関しては前回15年には8位だったが、15位まで落ち込んだ。今回の調
> 査では３分野のトップは中国であった。読解力が落ち込んだのは、スマートフォンなど
> を使った短文のやり取りが増えたことや、読書など子どもたちの長文を見る機会が少な
> くなったことが一因なのではないかと考えられている。

25 前回15年には8位だったが、15位まで落ち込んだとあるが、なぜか。

1　中国などほかの国の読解力が上がったため

2　読書好きな子どもが少なくなったため

3　スマートフォンで様々なアプリで遊ぶ機会が増えたため

4　短文のコミュニケーションの機会が増えたため

📖 시원한 공략 **TIP!**

먼저 질문과 선택지를 읽고, 찾아야 하는 내용이 무엇인지 파악하는 것이 중요하다. 그리고 나서 전체 지문을 읽으며 선택지에서 말하고 있는 내용을 체크하며 풀면 된다. 주로 글쓴이가 말하고자 하는 내용은 초반과 후반에 나오며, 반복해서 나오는 키워드는 결정적 힌트이므로 꼭 체크해 두자.

문제5 내용이해(중문) 6문항

출제 유형 : 500자 정도의 글을 읽고, 인과 관계 또는 이유 등을 이해하였는지 묻는 문제가 출제된다. 한 주제의 지문당 3개의 문제를 푸는 문제이다.

例 政府は、成人年齢を20歳から18歳にするのは若者が何事も自分で自由に決定する権利を 尊重するため、と言っている。そして、これが若者の積極的な社会参加を進めると考え ている。また結婚する年齢は、女性は16歳から18歳になり、男女で同じとなる。

29 これが指している内容は、何か。

1　18歳を大人にしたこと

2　20歳が大人であること

3　18歳で選挙に参加すること

4　18歳で結婚できること

📖 시원한 공략 **TIP!**

중문은 한 지문당 3문제를 풀어야 하므로, 먼저 질문을 읽고 각각 찾아야 하는 내용이 무엇인지 체크해 두자. 그러고 나서 한 단락씩 나눠 읽으며 핵심이 되는 키워드를 체크하고, 한 단락이 끝났을 때 해당 단락에서 질문의 근거가 나왔는지 확인하며 풀어야 한다. 한 단락을 읽었을 때 문제를 다 풀지 못하였을 경우에는 뒤 단락에서 근거가 나올 수도 있기 때문에 전체 지문을 다 읽고 다시 한번 내용과 선택지를 대조하며 근거가 되는 내용을 좁혀가는 방식으로 풀면 된다.

출제 유형 : 900자 정도의 글을 읽고, 사설이나 논설문 등 추상적이고 논리적인 주제의 지문을 전체적으로 전달하고자 하는 주장이나 의견을 찾는 묻는 문제가 출제된다.

예 「①自主返納」という言葉を知っているだろうか。近年日本では期限が残っている運転免許を自分から警察署、または免許センターに持っていき返却する高齢ドライバーが増えている。高齢ドライバーによる交通事故がニュースに取り上げられることが多く、運転する機会が少なくなった高齢者、年齢による体調の変化で運転に不安を感じる人が返納するケースが多いと考えられる。

34 「①自主返納」とあるが、どういう意味か。

1   使わなくなった免許を家族が返却すること

2   期限が残っている免許を市役所に返却すること

3   免許を自分から警察署等に返すこと

4   期限が切れた免許を自分で免許センター等に返却すること

시원한 공략 **TIP!**

먼저 4개의 질문을 읽고 각각 찾아야 하는 내용이 무엇인지 체크해 두자. 장문의 경우 지문이 길기 때문에 내용의 흐름을 놓치지 않도록 한 단락씩 끊어 읽으며, 중요한 키워드나 화제 전환이 되는 접속사에 표시를 하며 푸는 것이 좋다. 글쓴이의 주장은 보통 지문의 중후반에 나오는 경우가 대부분이지만, 장문의 경우 내용 전체에서 일관되게 주장하기도 하므로 말하고자 하는 내용의 흐름을 파악하는 것이 중요하며, 한 단락씩 나눠 읽으며 핵심이 되는 키워드를 체크하며 풀도록 하자.

출제 유형 : 700자 정도의 광고, 팸플릿, 비즈니스 서류, 잡지 등과 같이 정보가 담긴 글 안에서 필요한 정보를 찾을 수 있는지 묻는 문제가 출제된다.

日本で働きたい外国人のみなさんのためのオンライン就職相談

・はじめての人はホームページの会員登録という画面から、会員になってください。会員になるためには、在留カードのコピー（PDF）が必要です。

・会員になった方が相談の予約をすることができます。相談の予約はホームページからしてください。

・相談は1人、1回30分です。1週間に2回まで相談予約をすることができます。キャンセルする場合は、必ず前日までにキャンセルしてください。相談の日にキャンセルした場合は、その日から2週間新しい予約をすることができませんので注意してください。

・相談は無料です。予約する時は相談内容を決めてから予約してください。予約した時と相談内容が変わる場合は、キャンセルをしてから、新しく予約をとってください。

・キャンセルはホームページからすることができます。

※混雑を避けるため、予約可能件数を、1日に一回にします。

※金曜日は隔週で相談を休みます。

39 相談予約をしたが、前日の木曜日、別の会社の履歴書の書き方を相談したくなった。どうしたらいいか。

1 同じ日にもう一つ予約し、予約時間にそのままいく。

2 相談をキャンセルし、2週間後新しく相談予約をする。

3 ホームページで面接の練習をキャンセルし、新しい予約を取る。

4 来週の金曜日に、新しい予約を取って、相談内容を決めてから行く。

📖 시원한 공략 **TIP!**

먼저 질문을 읽고, 필요한 정보가 무엇인지 확인하여 지문을 전체 다 읽지 않고도 내용을 빠르게 파악해야 한다. 조건과 부합하는 것을 고르는 문제가 많으며, 정보 검색 문제는 표가 나오는 경우가 많고, ※ 표시에 결정적 힌트가 나와 있는 경우가 많으니 표 안의 내용과 ※의 내용을 빠르게 훑는 것이 중요하다.

문제1 과제이해 6문항

출제 유형 : 두 사람의 이야기를 듣고, 대화가 끝난 후 과제 해결에 필요한 정보를 듣고 앞으로 할 일 또는 가장 먼저 어떤 일을 해야 하는지 등을 묻는 문제가 출제된다.

예 家で女の人と男の人が話しています。チーズケーキはいつ届きますか。

F : ねえ、あなた、この前ネットで頼んだチーズケーキって、いつ届くの?

M : ええっと、ちょっと待って。注文完了メールに書いてあると思うんだけど。あったあった。来週の水曜日到着予定だって。

F : そうなの?まだ結構あるね。火曜日に友達が来るから、一緒に食べたかったんだけど。残念。

M : サイトで配送状況を確認してみようか。もしかしたら早く届くかもしれないし。

F : うん、お願い。

M : えっと、配送番号を入力して。おっ、もう発送はされていて。やった。予定より二日早く受け取れるよ。

F : 本当? よかった。

チーズケーキはいつ届きますか。

1 月曜日

2 火曜日

3 水曜日

4 木曜日

📖 시원한 공략 **TIP!**

음성이 나오기 전에 먼저 빠르게 선택지의 내용을 훑고 중요한 핵심 키워드가 무엇인지 체크해야 한다. 그리고 나서 남자와 여자의 대화를 잘 들으며 내용의 흐름을 파악하고, 대화에 등장하는 상황을 순서대로 정리하면서 풀도록 하자. 또한, 결국 화자가 해야 할 일이 무엇인지 핵심 키워드 내용은 마지막 대사에 나오는 경우가 많으므로 끝까지 놓치지 않도록 주의하자.

출제 유형 : 이야기를 듣고 화자가 말하고자 하는 이유나 문제점의 포인트를 찾을 수 있는지 묻는 문제가 출제된다.

예　留守番電話のメッセージを聞いています。女の人はどうしてメッセージを残しましたか。

F：田中先生、ゼミの山本です。本日の午後3時の就職相談の件でご連絡しました。実は朝から体調が悪く、病院へ行ったのですが、薬を飲んでもまだよくなりません。そのため、急で申し訳ありませんが、本日はお休みいたします。今朝、先生にメールもお送りしたのですが、念のためメッセージも残します。ご迷惑をおかけし、大変申し訳ありません。前回の課題は次回お会いするときに必ず持っていきます。どうぞよろしくお願いいたします。

女の人はどうしてメッセージを残しましたか。

1　病院に行かなければならないため

2　約束をキャンセルするため

3　メールを送り忘れたため

4　かだいをていしゅつする日をつたえるため

📖 시원한 공략 **TIP!**

먼저 빠르게 선택지의 내용을 훑고 중요한 핵심 키워드가 무엇인지 체크해야 한다. 그리고 나서 질문을 듣고 등장인물 간의 대화 또는 한 사람의 이야기 속 근거가 되는 내용을 메모로 적으며 풀도록 하자.

출제 유형 : 대화문, 연설문, 강연 등에서 화자가 말하고자 하는 의도와 주장을 정확하게 이해하였는지 묻는 문제가
출제된다.

예 駅でアナウンスが流れています。

M：本日はさくら駅をご利用いただきまして、ありがとうございます。電車をご利用のお
客様にご連絡いたします。天気予報によると、明日の早朝に大型の台風が来る予定で
す。皆様の安全を守るため、明日の午前10時まで電車の運行を中止します。朝に駅を
ご利用のお客様には大変ご迷惑をおかけいたしますが、ご理解、ご協力のほどお願い
いたします。なお、明日10時以降は電車の混雑が予想されます。いつもより電車の本
数を多く運行する予定ですので、よろしくお願いいたします。

何についてのアナウンスですか。

1　明日の天気のお知らせ

2　明日の朝の電車の予定

3　台風で駅が使えなくなること

4　台風のせいで電車が遅れること

📖 시원한 공략 TIP!

질문을 먼저 들려주지 않기 때문에 선택지의 내용을 더욱 꼼꼼하게 훑으며 중요한 핵심 키워드를 체크하고 어떤 내용이 나올지 예측해 보자.
문제 3에서는 주로 한 사람이 이야기하는 경우가 많으며, 전체적인 내용의 흐름을 따라가며 이야기 속 주제가 무엇인지 잘 파악해야 한다.

출제 유형 : 제시된 그림을 보며, 그림의 화살표가 가리키는 사람이 할 대화로서 가장 적절한 것을 고르는 문제이다.

예) 会議の日時を決めたいです。部長に何と言いますか。

F : 1　今日の調子を確認しにまいりました。

2　来週のご都合はいかがでしょうか。

3　この日の具合を聞きたいんですか。

📖 시원한 공략 **TIP!**

일상생활이나, 학교, 회사 등 다양한 장면에서 발화되는 감사, 사과, 위로 등의 인사말과, 의뢰, 권유, 요청, 허가, 허락 등의 표현이 출제된다. 존경어와 겸양어 표현도 자주 출제되니 기억해 두면 좋다.

출제 유형 : 출제 유형 : 짧은 질문과 3개의 선택지를 듣고, 대답으로 가장 적절한 것을 고르는 문제이다.

예) F : 荷物、今日届くんじゃなかったっけ？

M : 1　山田さんがやるらしいよ。

2　雪のせいで遅れているらしいよ。

3　けっこう重かったらしいよ。

📖 시원한 공략 **TIP!**

짧은 질문이 나왔을 때 어떤 의도로 말하는지 빠르게 캐치하고, 3개 선택지의 대답을 들으며 적절하지 않은 것을 하나씩 제외하며 소거법으로 풀면 된다. 또한 질문에 나오는 발음을 선택지에서도 비슷한 발음을 들려주거나, 연상되는 대답을 말하며 오답을 유도하기 때문에 함정에 빠지지 않도록 주의하자.

최신 기출 유형 N3 실전문제 제1회

1교시 언어지식(문자·어휘·문법)·독해

2교시 청해

테스트 전 확인 사항

□ 해답 용지 준비하셨나요?　　　□ 연필과 지우개 챙기셨나요?　　　□ 청해 음성 들을 준비하셨나요?

제1회 청해 전체 음성 MP3

시원스쿨 일본어 홈페이지
(japan.siwonschool.com)의
수강신청>교재/MP3에서 무료 다운로드

고득점 부스터 암기카드 PDF

시원스쿨 일본어 홈페이지
(japan.siwonschool.com)의
수강신청>교재/MP3에서 무료 다운로드

시험 시간: 1교시 100분 ｜ 2교시 40분

목표 점수:	점			
시작 시간:	시	분 ~ 종료 시간:	시	분

언어지식 (문자 · 어휘 · 문법)

		문제유형	문항 및 배점	점수	총점
문자 · 어휘	문제1	한자읽기	8문제 × 1점	8	35점
	문제2	문맥규정	6문제 × 1점	6	
	문제3	유의표현	11문제 × 1점	11	
	문제4	용법	5문제 × 2점	10	
문법	문제1	문법형식 판단	13문제 × 1점	13	23점
	문제2	문장 만들기	5문제 × 1점	5	
	문제3	글의 문법	5문제 × 1점	5	
		합계			58점

★ 득점환산법(60점 만점) [득점] ÷ 58 × 60=[　　　]점

독해

		문제유형	문항 및 배점	점수	총점
독해	문제4	내용이해(단문)	4문제×3점	12	62점
	문제5	내용이해(중문)	6문제×4점	24	
	문제6	내용이해(장문)	4문제×4점	16	
	문제7	정보검색	2문제×5점	10	
		합계			62점

★ 득점환산법(60점 만점) [득점] ÷ 62 × 60=[　　　]점

청해

		문제유형	문항 및 배점	점수	총점
청해	문제1	과제 이해	6문제 × 2점	12	33점
	문제2	포인트 이해	6문제 × 2점	12	
	문제3	개요 이해	3문제 × 3점	9	
	문제4	발화 표현	4문제 × 2점	8	8점
	문제5	즉시 응답	9문제 × 2점	18	18점
		합계			59점

★ 득점환산법(60점 만점) [득점] ÷ 59 × 60=[　　　]점

※ 위 배점표는 시원스쿨어학연구소가 작성한 것으로 실제 시험과는 다소 오차가 있을 수 있습니다.

N3
げんごちしき(もじ・ごい)
(30ぷん)

ちゅうい
Notes

1. しけんが はじまるまで、この もんだいようしを あけな いで ください。

    Do not open this question booklet until the test begins.

2. このもんだいようしを もって かえる ことはできません。

    Do not take this question booklet with you after the test.

3. じゅけんばんごうと なまえを したの らんに、じゅけん ひょうと おなじように かいて ください。

    Write your examinee registration number and name clearly in each box below as written on your test voucher.

4. この もんだいようしは、ぜんぶで 5ページ あります。

    This question booklet has 5 pages.

5. もんだいには かいとうばんごうのこの ①、②、③… が ついて います。かいとうは、かいとうようしに ある おな じ ばんごうの ところに マークしいて ください。

    One of the row numbrs ①, ②, ③… is given for each question. Mark your answer in the same row of the answer sheet.

じゅけんばんごう Examinee Registration Number	
なまえ Name	

問題 1 ＿＿＿＿のことばの読み方として最もよいものを、1・2・3・4から一つえらびなさい。

소요시간 2분

1 来月、会社が郊外へ移転することになった。

1 いでん　　　2 いってん　　　3 いっでん　　　4 いてん

2 昨日から胃の調子が悪く学校を休むことにした。

1 かた　　　2 い　　　3 あたま　　　4 うで

3 駅から歩いて5分以内のところにあるアパートを借りた。

1 いぜん　　　2 いがい　　　3 いだい　　　4 いない

4 この資料は、細かい文字で印刷してあります。

1 こまかい　　　2 ちかい　　　3 ふかい　　　4 みじかい

5 未成年者には、お酒を販売できません。

1 はくばい　　　2 はんばい　　　3 ばいばい　　　4 はつばい

6 入院生活が2週間も続いている。

1 うごいて　　　2 ひらいて　　　3 つづいて　　　4 かわいて

7 会場内では係員の指示にしたがってください。

1 やくいん　　　2 かかりいん　　　3 しょくいん　　　4 てんいん

8 道を横断するときは、周りをよく見た方がいい。

1 おうたん　　　2 よこだん　　　3 おたん　　　4 おうだん

問題 2　＿＿のことばを漢字で書くとき、最もよいものを、1・2・3・4から一つ えらびなさい。

9　ここから見下ろす<u>けしき</u>は絶景だ。

　　1　風景　　　　　2　景色　　　　　3　景気　　　　　4　風気

10　うちの犬はとても<u>かしこい</u>。

　　1　良い　　　　　2　賢い　　　　　3　速い　　　　　4　親い

11　彼女は、幼い頃からピアノの<u>さいのう</u>があった。

　　1　才能　　　　　2　才脳　　　　　3　歳能　　　　　4　歳脳

12　これから<u>しゅうまつ</u>には家の近くを散歩することにした。

　　1　周末　　　　　2　週末　　　　　3　周未　　　　　4　週未

13　チーズから変な<u>あじ</u>がした。

　　1　臭　　　　　　2　味　　　　　　3　涙　　　　　　4　色

14　さくらの花が<u>さく</u>と春を感じます。

　　1　吹く　　　　　2　欠く　　　　　3　朕く　　　　　4　咲く

問題3 （　　　　）に入れるのに最もよいものを、1・2・3・4から一つえらびなさい。

소요시간
2분

15　彼女は毎朝シャツにアイロンを（　　　）。

　　1　かけます　　　　2　つけます　　　　3　します　　　　4　とります

16　夫が家の掃除を手伝ってくれなくて、（　　　　）する。

　　1　わくわく　　　　2　いらいら　　　　3　うきうき　　　　4　どきどき

17　体に異常がないか詳しく（　　　　）をする。

　　1　実験　　　　　　2　研究　　　　　　3　検査　　　　　　4　調査

18　授業に遅刻すると思ったが（　　　　）間に合った。

　　1　のろのろ　　　　2　じろじろ　　　　3　ぎりぎり　　　　4　ぐらぐら

19　今年のクリスマスは誰と（　　　　）か。

　　1　おこないます　　2　すごします　　　3　あたります　　　4　くりかえします

20　彼女の（　　　　）科目は数学です。

　　1　芸能　　　　　　2　得意　　　　　　3　満足　　　　　　4　才能

21　僕の（　　　　）は人の意見に流されやすいところです。

　　1　長所　　　　　　2　欠点　　　　　　3　具合　　　　　　4　最低

22　私は小学生の時初めてピアノの（　　　　）に出ました。

　　1　コンクール　　　2　ストーリー　　　3　プロ　　　　　　4　チーム

23　健康のためにも栄養バランスの良い食事を（　　　　）ようにしましょう。

　　1　ひく　　　　　　2　とる　　　　　　3　ながす　　　　　4　あつかう

24　東海地方の（　　　　）ニュースをお届けします。

　　1　新品　　　　　　2　十分　　　　　　3　最新　　　　　　4　新鮮

25　クリスマスケーキの事前予約が（　　　　）始まる。

　　1　まさか　　　　　2　しばらく　　　　3　どうしても　　　4　いよいよ

問題4 _____に入れるのに最も近いものを、1・2・3・4から一つえらびなさい。

소요시간
6분

26 私はカレーを作る時、野菜とお肉を<u>たっぷり</u>入れます。

1 すべて 　　　 2 たくさん 　　　 3 少々 　　　 4 ぎっしり

27 暑すぎて、喉が<u>からから</u>です。

1 いたいです 　　 2 ぺこぺこです 　 3 かわきます 　 4 かゆいです

28 バスケ部の練習は毎日<u>きつ</u>そうだ。

1 大変そうだ 　　 2 忙しそうだ 　　 3 簡単そうだ 　　 4 楽そうだ

29 僕はこの文章を<u>暗記する</u>のに2日もかかった。

1 覚える 　　　 2 忘れる 　　　 3 書く 　　　 4 読む

30 田中さんが<u>わけ</u>もなく怒るはずがないでしょ。

1 感覚 　　　 2 理解 　　　 3 感情 　　　 4 理由

つぎのことばの使い方として最もよいものを、1・2・3・4から一つえらびなさい。

31 当たる

1 その話は二度と当たらないようにしてください。

2 予想が当たって彼は今回も満点を取った。

3 彼はずっと新しいアイデアを当たっています。

4 会議の流れについて二人で当たっている。

32 さっぱり

1 新しくできたスーパーにめずらしい食品がさっぱりならんでいる。

2 親子で行くのにさっぱりな博物館が市役所の近くにできた。

3 さっぱり夜遅くまで頑張った宿題を家においてきてしまった。

4 聞いてはいるが、先生の言っていることがさっぱり分からない。

33 むかい

1 夕方に海の近くを散歩したら、海のむかいに沈んでいく太陽が見えた。

2 食事はむかいについてからすることにしましょうか。

3 優しい母とはむかいに父は厳しい人だった。

4 同じクラスの山田さんの家はうちのむかいにある。

34 決行

1 今年の運動会は雨が降っても決行するそうだ。

2 みんなの意見が同じだったので、次のリーダーは田中さんに決行した。

3 私は、将来はパイロットになろうと決行した。

4 この問題はいつになったら決行するのだろうか。

35 正直

1 彼は本当のことを正直に私に話した。

2 電話で話すより正直に会って話したほうがいい。

3 木下さんから遠くに引っ越すって聞いたけど、正直なの？

4 ゲームばかりしてないで正直に勉強しなさい。

N3

言語知識 (文法)・読解
(70分)

ちゅうい
Notes

1. 試験が始まるまで、この問題用紙を開けないでください。
   Do not open this question booklet until the test begins.

2. この問題用紙を持って帰ることはできません。
   Do not take this question booklet with you after the test.

3. 受験番号と名前を下の欄に、受験票と同じように書いてください。
   Write your examinee registration number and name clearly in each box below as written on your test voucher.

4. この問題用紙は、全部で 19 ページあります。
   This question booklet has 19 pages.

5. 問題には解答番号この 1 、 2 、 3 … が付いています。解答は、解答用紙にある同じ番号のところにマークしてください。
   One of the row numbers 1 , 2 , 3 … is given for each question. Mark your answer in the same row of the answer sheet.

じゅけんばんごう　Examinee Registration Number	
なまえ　Name	

問題1 つぎの文の（　　　）に入れるのに最もよいものを、1・2・3・4から一つ えらびなさい。

소요시간 6분

1 あの歌を聞くと、いつも子供時代（　　　）思い出す。

1　が　　　　　　　2　を　　　　　　　3　に　　　　　　　4　へ

2 まだ見ていないなら、あの映画は絶対に見に（　　　）ですよ。

1　行くばかり　　　2　行くはず　　　3　行くつもり　　　4　行くべき

3 （会社で）

田中「今日は母の誕生日なので（　　　）もらえませんか。」

部長「わかりました。楽しい時間を。」

1　休んで　　　　　2　休まないで　　　3　休ませて　　　4　休まれて

4 第一希望の大学に合格して、涙が出る（　　　）嬉しかった。

1　反面　　　　　　2　ほど　　　　　　3　かわりに　　　4　一方で

5 空港行きのバスは40分（　　　）出ている。

1　たびに　　　　　2　おきに　　　　　3　ほどに　　　　4　以上に

6 100円ショップの食器は、見た目の（　　　）、安っぽく見える

1　おかげで　　　　2　ほどで　　　　　3　せいで　　　　4　くらいで

7 リー「今日の晩御飯は何が食べたい？」

花子「そうね。久しぶりにイタリアンが食べたい気分、ピザ（　　　）。」

1　だけ　　　　　　2　のみ　　　　　　3　しか　　　　　4　とか

8　ゆい「いつも満点だった佐々木くんが、テストで満点を逃すとは、信じられない。」

　　佐々木「僕（　　　　）、勉強しなかったら満点なんかとれないさ。」

　　1　だって　　　　　　2　なんて　　　　　3　って　　　　　　4　だけ

9　ヤン「ひろし君、けがして半年も入院していたんだってさ。」

　　花子「そうだったの。（　　　　）、最近見かけないなと思っていたところよ。」

　　1　なぜなら　　　　　2　それなら　　　　3　そういえば　　　4　あるいは

10　子供の進学の（　　　　）悩んでいて、話を聞いてもらえますか。

　　1　ことが　　　　　　2　ことで　　　　　3　もので　　　　　4　ものが

11　（電話で）

　　秘書「もしもし、山田社長様、今日はこちらに何時ごろお見えになりますか。」

　　山田「そうですね。4時ごろ（　　　　）が、よろしいですか。」

　　1　うかがいます　　　　　　　　　2　いらっしゃいます

　　3　おっしゃいます　　　　　　　　4　もうします

12　山田「プレゼンの資料、ちゃんと準備してきた？」

　　内田「あれ、今朝までここにあったんだけど、私どこに（　　　　）っけ。」

　　1　置く　　　　　　　2　置いて　　　　　3　置いた　　　　　4　置かない

13 太田「最近、遅くまでお父さんの仕事を手伝っているんですって？大変ですね。」

谷田「いいえ。手伝いを（　　　）というよりは、私が好きでやっているので大丈夫です。」

1　させている　　　2　させられている　3　させようとする　4　させられようとする

問題 2　つぎの文の ★ に入る最もよいものを、1・2・3・4から一つえらびなさい。

소요시간
5분

(問題例)

つくえの ＿＿＿ ＿＿＿ ★ ＿＿＿ あります。

　　　　　 1　が　　　　　 2　に　　　　　 3　上　　　　　 4　ぺん

(回答のしかた)

1.　正しい答えはこうなります。

つくえの ＿＿＿ ＿＿＿ ★ ＿＿＿ あります。
3 上　2 に　　4 ぺん　1 が

2.　＿★＿ に入る番号を解答用紙にマークします。

(解答用紙)　| (例) | ① ② ③ ● |

14　田中：＿＿＿ ＿＿＿ ★ ＿＿＿方法があれば教えてください。

　　山田：寝る前に温かい飲み物を飲むといいですよ。

　　1　眠れるように　　 2　ぐっすり　　 3　簡単に　　 4　なる

15　留学については、＿＿＿ ＿＿＿ ★ ＿＿＿できません。

　　1　相談して　　 2　決めることは　　 3　親に　　 4　からでないと

16　自分の＿＿＿ ＿＿＿ ★ ＿＿＿、私はまわりの人に相談することにしています。

　　1　何も解決しないので　　　　　 2　将来について

　　3　ばかりいても　　　　　　　　 4　悩んで

[17] 日曜日に「自分らしく生きるとは」＿＿＿＿ ＿＿＿＿ ＿★＿ ＿＿＿＿いたします。

1　いう　　　　　　　2　講義を　　　　　　3　テーマで　　　　4　と

[18] 田村：鈴木さんの息子さんたちは、兄弟でも性格が全然違いますね。

鈴木：そうですね。長男は＿＿＿＿ ＿★＿ ＿＿＿＿ ＿＿＿＿誰とでもよく話します。

1　のに対して　　　　2　大人しい　　　　3　次男は　　　　　4　静かで

問題3 つぎの文章を読んで、文章全体の内容を考えて、 19 から 23 中に入る最も
よいものを、1・2・3・4から一つえらびなさい。

　　私は半年前から故郷を離れ東京で一人暮らしを始めた。一人暮らしを始めた理由は、
両親と離れて暮らしたかったからだ。私の家は両親ともに厳しい家庭だった。両親は自
分たちで決めたルールに私を 19 が、私は反発して言うことを聞かなかった。

　 20 、私と両親の仲はとても悪かった。しかし、一人暮らしを始めて両親との仲が
大きく変わり始めた。

　　両親とは、中学校に入学した頃からけんか 21 でまともな会話をしたことがない。
それに、両親と口を利きたくなかった私は家の手伝いもまったくしなかった。中学と高
校の頃は受験 22 ストレスがあったし、勉強も忙しかったので私が家の手伝いをする
必要はないと考えていた。だが、実際に一人暮らしを始めて家事の大変さを思い知り、
手伝いをしなかった自分に後悔した。

　　一人暮らしを始めて1か月経った頃、両親の家に行った。「家事がどれだけ大変なこ
とかわかったよ」と私がぼそりと言うと、母が「あんたも大人になったね」と笑った。
そして、母は私に「洗濯物畳んでちょうだい」と言った。私は母の言葉を初めて 23
に聞き、家の手伝いをした。これからは母の手伝いをたくさんしよう、もっと色んな話
をしようと思った。

19

1　従わせようとした　　　　　　2　従おうとした
3　従わせることになった　　　　4　従うことになった

20

1　そのため　　　　　　　　　　2　なぜなら
3　つまり　　　　　　　　　　　4　ところが

21

1　ところ　　　　　　　　　　　2　だけ
3　ばかり　　　　　　　　　　　4　だらけ

22

1　のためになる　　　　　　　　2　による
3　によって　　　　　　　　　　4　によれば

23

1　素直　　　　　　　　　　　　2　上品
3　満足　　　　　　　　　　　　4　正直

問題4　つぎの（1）から（4）の文章を読んで、質問に答えなさい。答えは、1・2・3・4
から 最もよいものを一つえらびなさい。

（1）以下はサークルの紹介である。

　　国際交流サークル「あおぞら」は、留学生との交流を目的として、パーティーやス
ポーツ交流会などのイベントを通して活動しているサークル（注１）です！どんな活
動をしているのかを知っていただくため、明日（５月１８日）の12時に３１５教室で
メンバー募集説明会を開催します！また、５月２５日（水）の13時半からは、同じく
３１５教室で留学生との交流会を開催しますので、興味のある方は是非お越しください
！英語が話せなくても大丈夫！お花見、ＢＢＱ、ハロウィンパーティなど、自分たちで
楽しいイベントを企画して楽しい大学生活を送りましょう！！

（注１）サークル：関心や趣味を同じくする人の集まり。同好会

24　「あおぞら」の説明で、正しいのはどれか。

　　1　英語が話せる学生は参加資格がない。

　　2　自分で考えたイベント企画書を送らなければならない。

　　3　スポーツのイベントで留学生と交流できる。

　　4　来週の水曜日も募集説明会がある。

（2）

　経済協力開発機構（OECD）が2018年に実施した国際学習到達度調査（PISA）によると、日本は「読解力」「数学的応用力」「科学的応用力」の3分野で順位が落ちたことが分かった。特に読解力に関しては前回15年には8位だったが、15位まで落ち込んだ。今回の調査では3分野のトップは中国であった。読解力が落ち込んだのは、スマートフォンなどを使った短文のやり取りが増えたことや、読書など子どもたちの長文を見る機会が少なくなったことが一因なのではないかと考えられている。

25　前回15年には8位だったが、15位まで落ち込んだとあるが、なぜか。

1　中国などほかの国の読解力が上がったため

2　読書好きな子どもが少なくなったため

3　スマートフォンで様々なアプリで遊ぶ機会が増えたため

4　短文のコミュニケーションの機会が増えたため

（3）

> この前パパが大けがをした。外で突然たおれて救急車に運ばれたのだ。その話を聞いた時僕はとても不安でこわくて悲しかった。実は僕はパパとひみつの約束をしていた。もしパパに何かあったら、僕が家族を守るという男どうしの約束だ。もしパパが死んじゃったら、そんなことを考えていたらふるえが止まらなかった。病院でパパの元気な顔を見て心からほっとした。パパに感謝の気持ちを伝えたかったけど、照れくさくてうまく言えなかった。だから、その代わりに僕は「ありがとう、大好きだよ」の気持ちを込めて、パパの手をぎゅっとにぎった。

26 すごく不安で悲しかったのは、なぜか。

1 パパがいなくなるかもしれないと思ったから。

2 悲しい話を聞いて心臓がどきどきしていたから。

3 パパにありがとうと伝えることができなかったから。

4 こわくなって体のふるえが止まらなかったから。

（４）

最近、自然を守る費用を集めるための税金を作るというニュースを見た。森の中の木や動物を守るために、必要なお金を集めるのがその目的だという。年に１千円だが、これには個々人が国に払う税金が増えることや経済に悪い影響をあたえるかもしれないなどの理由で反対する声もあるという。でも、この税金が本当に木や動物のためだけになるものなのかについては考えてみる必要がある。私たち人間も自然の一部で、木や動物が生きていけなくなるということは、結局、人間も生きていけなくなるということを意味するのではないだろうか。人間は、自分たちがこの地球の主人だと思いがちだが、私たち人間も自然の一部だということを忘れてはいけない。

27　この文章を書いた人が一番伝えたいことは何か。

1　自然を守ることは大事なことなので、いくらかかってもいい。

2　環境を守っていくのは、人間のためになることでもある。

3　地球の主人公である人間が自然を守っていかなければならない。

4　税金を上げることには悪い面もあるということを知っておくべきだ。

問題 5　つぎの（1）と（2）の文章を読んで、質問に答えなさい。答えは、1・2・3・4か
ら 最もよいものを一つえらびなさい。

（1）

　日本の成人年齢は20歳であるが、世界の多くの国々では18歳を成人として、選挙権も18歳
以上に与えられている。日本では2016年に選挙法が変わり、18歳から選挙に参加できるよう
になった。続いて民法という法律の内容も変わり、2022年から他の国々と同様、成人年齢が
18歳となる。わかりやすく言うと日本でも大人は18歳となる。

　携帯電話を買う、ローン契約をする、アパートを借りるなどは、親の賛成がなくても自分の
考えで決めることができる一方で、飲酒・タバコ・競馬などのギャンブルは、今まで通りに
20歳からとなる。政府は、成人年齢を20歳から18歳にするのは若者が何事も自分で自由に決
定する権利を尊重するため、と言っている。そして、これが若者の積極的な社会参加を進める
と考えている。また結婚する年齢は、女性は16歳から18歳になり、男女で同じとなる。

28 　20歳になってからできることは、何か。

　　1　携帯電話を契約する。

　　2　アパートを借りる。

　　3　好きな人と結婚をする。

　　4　競馬をする

29 　これが指している内容は、何か。

　　1　18歳を大人にしたこと

　　2　20歳が大人であること

　　3　18歳で選挙に参加すること

　　4　18歳で結婚できること

30 　成人年齢を18歳にしたのは、なぜか。

　　1　若者も自分の考えで決めることが大事だから

　　2　世界の国々がみんな18歳にしているから

　　3　若者が親の意見を聞かないから

　　4　若者が自由に酒を飲んだりしたいから

（2）

　数年前までもマスクをつけている人は、花粉症（注１）がひどい人か、カゼをひいている人というイメージがあった。つまり、不健康な人と見られていた。しかし、新型コロナ以降、健康に問題があるわけではなくても一年中マスクをつけている人がめずらしくなくなってきた。逆に、マスクをつけている姿の方に慣れているという場合も多い。

　それによってマスクをつける、つまり、<u>不健康というイメージがなくなってきた</u>。さらに、マスクの色の種類が多くなってきたことも、マスクの悪いイメージを変えるのに、役立っている。白や黒だけではなく、きいろや、みどり、ピンクのマスクを服の色に合わせてつける。

　これで、おしゃれ度もアップするし、相手に明るいイメージを与えることができる。最近は口元の部分が透明なマスクもあるという。面接のときやビジネスの場でマスクをつけることはお勧めしないが、ちょっとしたアイデアで人に与えるあなたのイメージがかなり変わるはずだ。

（注１）花粉症：植物の花により起こるアレルギー反応

31 筆者は、マスクに悪いイメージがあった原因はどこにあると考えているのか。

1 マスクの色が限られていたから。

2 体の調子が悪い人がつけていたから。

3 マスクに慣れていなかったから。

4 正式な場面でのマスクは失礼だから。

32 「不健康というイメージがなくなってきた」のはなぜか。

1 以前に比べ、マスクの種類が増えたから。

2 病気の人がマスクをつけなくなったから。

3 いつもマスクをつける人が多くなったから。

4 マスクをつけるよう、法で決められたから。

33 人によい印象を与えるためにはどうすればいいのか。

1 マスクの色をよく考えて、自分に合うものを選ぶ。

2 明るい色の服を着て、相手に口が見えるようなマスクをつける。

3 正式な場面では、マスクをつけないようにする。

4 目立つ色のマスクをつけて、相手の印象に残るようにする。

問題6　つぎの文章を読んで、質問に答えなさい。答えは、1・2・3・4から最も よいも
のを一つえらびなさい。

　「①自主返納」という言葉を知っているだろうか。近年日本では期限(注1)が残っている運転免許を自分から警察署、または免許センターに持っていき返却(注2)する高齢ドライバーが増えている。高齢ドライバーによる交通事故がニュースに取り上げられることが多く、運転する機会が少なくなった高齢者、年齢による体調の変化で運転に不安を感じる人が返納するケースが多いと考えられる。

　2019年は自主返納数が全国で過去最多を記録し、中でも75歳以上の高齢者が約6割を占めた。高齢者に対して自主返納をすすめている地方自治体もあり、免許の自主返納に注目が集まっている。

　しかし、自主返納が話題には上がっているが、実際に自主返納をする人は交通が発達している大都市に多い傾向にあり、交通の便が悪い地方ではなかなか進まないという現実もある。そんな中、高齢ドライバーが自主返納しやすい環境を作るために、全国各地で返納者に対する②様々な支援(注3)も行われている。

　例えば、免許を自主返納した人に渡される運転経歴証明書を利用するサービスがある。バスやタクシーなどの交通機関で運転経歴証明書を提示(注4)すると、料金の割引を受けられたりお店で提示すると特典が受けられる等である。

　高齢化社会が進む中、今後も自主返納がたびたび注目を集めると思うが、周りに運転に不安を感じている高齢者がいたら、③一緒に自主返納について考えてみてほしい。

（注1）期限：決められた一定の期間のこと

（注2）返却：返すこと

（注3）支援：力を貸して助けること

（注4）提示：見せること

34 「①自主返納」とあるが、どういう意味か。

  1　使わなくなった免許を家族が返却すること

  2　期限が残っている免許を市役所に返却すること

  3　免許を自分から警察署等に返すこと

  4　期限が切れた免許を自分で免許センター等に返却すること

35 近年自主返納が増えたのは、なぜか。

  1　高齢ドライバーによる事故と運転に不安を持つ高齢者が増えたから

  2　自主返納できる場所が家から近く、返納すると特典が受けられるから

  3　自主返納しやすい環境が作られ、地方の人の多くが返納しているから

  4　運転する機会が減った高齢者の多くが自主返納しているから

36 ②様々な支援の例としてあっているものは、どれか。

  1　運転経歴証明書を提示すると、バスが無料で乗れる。

  2　自主返納した人が交通機関の割引を受けられるサービスがある。

  3　運転経歴証明書があると、電気料金が安くなる。

  4　自主返納した人はお店とタクシーだけで特典を受けられる。

37 ③一緒に自主返納について考えてみてほしいとあるが、それはなぜか。

  1　高齢者の交通事故が、全体の6割以上を占めているから。

  2　高齢者の免許制度について社会全体で考える必要があるから。

  3　高齢化で高齢ドライバーの事故が増えていくはずだから。

  4　地方では免許を返納したくてもできない場合が多いから。

問題7　**右のページは、カラオケの利用案内である。これを読んで、下の質問に答えなさい。答えは、1・2・3・4から最もよいものを一つえらびなさい。**

소요시간 5분

38　高校生の高橋さんは大学3年生の姉と2人で、水曜日に2時間、カラオケをした。2人共、会員ではない。いくら払ったか。

1　1,800円

2　2,000円

3　2,200円

4　2,400円

39　19歳のミキさんは一歳年下の妹と2人で、金曜日に6時間、カラオケに行く予定だ。ミキさんは当日に会員になるつもりだ。いくらかかるか。

1　6,100円

2　6,700円

3　6,800円

4　7,300円

なんでも歌パーク利用案内
カラオケなら「なんでも歌パーク」！

人気の歌パークが新宿にもオープンしました。ぜひご家族、ご友人と一緒にご利用ください。

<歌パークってどんなところ？>
★ 都内に30店ある今人気のカラオケ店！
★ 一人用の部屋も10部屋、一人でも追加料金は取りません！
★ 会員ならネット予約もできる！
★ 歌パークなら、外国の歌もたくさん！
★ 歌パークなら、自分でCDを作れる！

★ 歌パークなら、ドリンク・アイスクリーム無料
入会金　500円

1名様料金	会員料金（入会金500円）				
時間／年齢	幼稚園児 4歳～6歳	小学生 7歳～12歳	中・高生 13歳～18歳	大人 19歳～64歳	シニア 65歳以上
30分	100円	200円	250円	300円	150円
2時間コース	200円	600円	800円	1,000円	400円
5時間コース	500円	1,500円	2,000円	2,500円	1,000円
8時間コース	800円	2,400円	3,200円	4,000円	1,600円

・土日祝日は各プランの料金にプラス100円
　例）30分大人料金 → 400円，2時間コース大人 → 1,100円
・会員にならない場合は、各プランの料金にプラス100円
　※ 週末の場合は週末料金にプラス100円

・幼稚園児・小学生だけでの利用はできません。
・入会された方には会員証をお渡しします。会員証をなくした場合は、新しく作るため100円がかかります。
・各グループにひとり会員がいる場合、会員料金でご利用いただけます。

お問い合わせはお電話でお願いします。
電話は24時間OK　03-5555-5555

問題用紙

N3
聴解
(40分)

ちゅうい
Notes

1. 試験が始まるまで、この問題用紙を開けないでください。
   Do not open this question booklet until the test begins.

2. この問題用紙を持って帰ることはできません。
   Do not take this question booklet with you after the test.

3. 受験番号と名前を下の欄に、受験票と同じように書いてください。
   Write your examinee registration number and name clearly in each box below as written on your test voucher.

4. この問題用紙は、全部で 14 ページあります。
   This question booklet has 14 pages.

5. この問題用紙にメモをとってもかまいません。
   You may make notes in this question booklet.

じゅけんばんごう　Examinee Registration Number	
なまえ　Name	

問題1

　問題1では、まず質問を聞いてください。それから話を聞いて、問題用紙の1から4の中から、最もよいものを一つえらんでください。

れい

1　明日の11時まで

2　部長がしゅっちょうに行く前まで

3　あさっての11時まで

4　明日中

1ばん

1　ア　イ

2　ア　エ

3　イ　ウ

4　イ　エ

2ばん

1　しりょうをなおす

2　北村<ruby>きたむら</ruby>さんにつたえる

3　女<ruby>おんな</ruby>の人<ruby>ひと</ruby>にしりょうをわたす

4　しりょうをていしゅつする

3ばん

1　こうばんに行<ruby>い</ruby>く

2　女<ruby>おんな</ruby>の人<ruby>ひと</ruby>に道<ruby>みち</ruby>を聞<ruby>き</ruby>く

3　駅<ruby>えき</ruby>に行<ruby>い</ruby>く

4　女<ruby>おんな</ruby>の人<ruby>ひと</ruby>にさいふをわたす

4ばん

1　コピーをしに行^いく

2　せんぱいに本^{ほん}を借^かりに行^いく

3　図書館^{としょかん}に本^{ほん}をかえしに行^いく

4　きょうじゅにレポートをていしゅつする

5ばん

1　月曜日^{げつようび}

2　火曜日^{かようび}

3　水曜日^{すいようび}

4　木曜日^{もくようび}

6 ばん

1

2

3

4

もんだい
問題 2

　問題 2 では、まず質問を聞いてください。そのあと、問題用紙を見てください。読む時間があります。それから話を聞いて、問題用紙の 1 から 4 の中から、最もよいものを一つえらんでください。

れい

1　学校の勉強がたいへんだから

2　じゅけん勉強を始めたから

3　新しいしゅみをもったから

4　ピアノのじゅぎょう料が高くなったから

1ばん

1 きゅうりょうが高いから

2 長い時間はたらくことができるから

3 夜中にはたらくと昼間にねむくなるから

4 一人でゆっくり勉強ができるから

2ばん

1 ひこうきのチケットを買えなかったこと

2 いつも時間におくれること

3 ひこうきに乗りおくれること

4 先生へのおみやげを買っていないこと

3 ばん

1 一回着てしまったから

2 レシートにまちがいがあったから

3 別の店で買った商品だから

4 ほしい商品が売れてしまったから

4 ばん

1 病院に行かなければならないため

2 約束をキャンセルするため

3 メールを送り忘れたため

4 かだいをていしゅつする日をつたえるため

5ばん

1 友人にさそわれたから

2 運動不足だったから

3 スキーに使うどうぐをもらったから

4 杉山さんとスキーがしたいから

6ばん

1 今朝、ミスに気付いたから

2 パソコンのデータの一部がなくなったから

3 お客さんが注文を変更したから

4 今日はタイミングが悪いから

問題3

　問題3では、問題用紙に何もいんさつされていません。この問題は、ぜんたいとしてどんなないようかを聞く問題です。話の前に質問はありません。まず話を聞いてください。それから、質問とせんたくしを聞いて、1から4の中から、最もよいものを一つえらんでください。

－ メモ －

問題4では、えを見ながら質問を聞いてください。やじるし（➡）の人は何と言いますか。1から3の中から、最もよいものを一つえらんでください。

れい

1 ばん

2 ばん

3ばん

4ばん

^{もんだい}
問題 5

　問題 5 では、問題用紙に何もいんさつされていません。まず文を聞いてください。それから、そのへんじを聞いて、1 から 3 の中から、最もよいものを一つえらんでください。

－　メモ　－

최신 기출 유형 N3 실전문제

제2회

1교시 언어지식(문자·어휘·문법)·독해

2교시 청해

테스트 전 확인 사항

☐ 해답 용지 준비하셨나요?　　　☐ 연필과 지우개 챙기셨나요?　　　☐ 청해 음성 들을 준비하셨나요?

제2회 청해 전체 음성 MP3
시원스쿨 일본어 홈페이지
(japan.siwonschool.com)의
수강신청>교재/MP3에서 무료 다운로드

고득점 부스터 암기카드 PDF
시원스쿨 일본어 홈페이지
(japan.siwonschool.com)의
수강신청>교재/MP3에서 무료 다운로드

시험 시간: 1교시 100분　|　2교시 40분

목표 점수: 　　　점	
시작 시간: 　　　시　　　분 ~ 종료 시간: 　　　시　　　분	

언어지식 (문자 • 어휘 • 문법)

		문제유형	문항 및 배점	점수	총점
문자 • 어휘	문제1	한자읽기	8문제 × 1점	8	35점
	문제2	문맥규정	6문제 × 1점	6	
	문제3	유의표현	11문제 × 1점	11	
	문제4	용법	5문제 × 2점	10	
문법	문제1	문법형식 판단	13문제 × 1점	13	23점
	문제2	문장 만들기	5문제 × 1점	5	
	문제3	글의 문법	5문제 × 1점	5	
합계					58점

★ 득점환산법(60점 만점) [득점] ÷ 58 × 60=[   ]점

 독해

		문제유형	문항 및 배점	점수	총점
독해	문제4	내용이해(단문)	4문제×3점	12	62점
	문제5	내용이해(중문)	6문제×4점	24	
	문제6	내용이해(장문)	4문제×4점	16	
	문제7	정보검색	2문제×5점	10	
합계					62점

★ 득점환산법(60점 만점) [득점] ÷ 62 × 60=[   ]점

🎧 청해

		문제유형	문항 및 배점	점수	총점
청해	문제1	과제 이해	6문제 × 2점	12	33점
	문제2	포인트 이해	6문제 × 2점	12	
	문제3	개요 이해	3문제 × 3점	9	
	문제4	발화 표현	4문제 × 2점	8	8점
	문제5	즉시 응답	9문제 × 2점	18	18점
합계					59점

★ 득점환산법(60점 만점) [득점] ÷ 59 × 60=[   ]점

※위 배점표는 시원스쿨어학연구소가 작성한 것으로 실제 시험과는 다소 오차가 있을 수 있습니다.

問題用紙

N3
げんごちしき(もじ・ごい)
(30ぷん)

ちゅうい
Notes

1.　しけんが　はじまるまで、この　もんだいようしを　あけないで　ください。

　　Do not open this question booklet until the test begins.

2.　このもんだいようしを　もって　かえる　ことはできません。

　　Do not take this question booklet with you after the test.

3.　じゅけんばんごうと　なまえを　したの　らんに、じゅけんひょうと　おなじように　かいて　ください。

　　Write your examinee registration number and name clearly in each box below as written on your test voucher.

4.　この　もんだいようしは、ぜんぶで　5ページ　あります。

　　This question booklet has 5 pages.

5.　もんだいには　かいとうばんごうのこの 1 、 2 、 3 … が ついて　います。かいとうは、かいとうようしに　ある　おなじ　ばんごうの　ところに　マークしいて　ください。

　　One of the row numbrs 1 , 2 , 3 … is given for each question. Mark your answer in the same row of the answer sheet.

じゅけんばんごう　Examinee Registration Number	
なまえ　Name	

問題 1 _____のことばの読み方として最もよいものを、1・2・3・4から一つえらびなさい。

1　むすめは最近、ゲームに夢中になっている。

　　1　むちゅう　　　　2　むうちゅう　　　3　むっちゅう　　　4　むじゅう

2　ここに来ると、いつもより豪華なものが食べられる。

　　1　ごか　　　　　　2　ごうか　　　　　3　こうか　　　　　4　こうが

3　彼は大学から奨学金を受けている。

　　1　つづけて　　　　2　さずけて　　　　3　うけて　　　　　4　さけて

4　私は、雲と天気の変化について調べました。

　　1　くも　　　　　　2　あめ　　　　　　3　そら　　　　　　4　ゆき

5　この部分を左右に動かすと、渋滞していないルートが出ます。

　　1　さう　　　　　　2　さゆう　　　　　3　さゆ　　　　　　4　ざゆう

6　今月は先月よりお客さんが減った。

　　1　あまった　　　　2　そった　　　　　3　いたった　　　　4　へった

7　カレーの材料を買ってきました。

　　1　さんりょう　　　2　さいりょう　　　3　ざいりょう　　　4　ざんりょう

8　私は、来月に手術を受ける予定です。

　　1　しゅしゅつ　　　2　しゅじゅつ　　　3　しゅずつ　　　　4　じゅずつ

問題2 　のことばを漢字で書くとき、最もよいものを、１・２・３・４から一つ えらびなさい。

소요시간 3분

9 　この漢字を<u>もちいて</u>文を作ってみてください。

1　導いて　　　　2　率いて　　　　3　使いて　　　　4　用いて

10 　これは外国から<u>ゆにゅう</u>したものですか。

1　論入　　　　2　愉入　　　　3　諭入　　　　4　輸入

11 　私は勉強中によく<u>あまい</u>ものを食べます。

1　塩い　　　　2　苦い　　　　3　辛い　　　　4　甘い

12 　ここのアパートには<u>きょうどう</u>キッチンがあります。

1　共働　　　　2　共同　　　　3　供働　　　　4　供同

13 　彼はひとりで家庭を<u>ささえた</u>。

1　与えた　　　　2　備えた　　　　3　構えた　　　　4　支えた

14 　5年ぶりに家族と会って<u>なみだ</u>が出そうになった。

1　泣　　　　2　涙　　　　3　汗　　　　4　泥

問題3　(　　　)に入れるのに最もよいものを、1・2・3・4から一つえらびなさい。

소요시간
2분

15　やせるために食事の量を(　　　)しています。

1　禁止　　　　　2　規則　　　　　　3　一定　　　　　4　制限

16　好きな人をデートに(　　　)方法を教えてください。

1　断る　　　　　2　破る　　　　　　3　誘う　　　　　4　守る

17　この道は子どもがよく通るので(　　　)を落として運転しましょう。

1　速度　　　　　2　限度　　　　　　3　加速　　　　　4　制限

18　田中さんは東京を(　　　)してくれた。

1　アナウンス　　2　クリック　　　　3　ガイド　　　　4　サポート

19　この服のサイズは私に(　　　)です。

1　しっかり　　　2　ぴったり　　　　3　ぎっしり　　　4　すっかり

20　私は毎日違うネックレスを(　　　)出かけます。

1　おこして　　　2　かくして　　　　3　しばって　　　4　つけて

21　フィリピンでは台風の(　　　)により、多くの被害が出ました。

1　往復　　　　　2　通信　　　　　　3　経由　　　　　4　通過

22　彼は背が高くて派手な服を着ているので遠くからでも(　　　)。

1　目立つ　　　　2　転がる　　　　　3　現れる　　　　4　育つ

23　宮本選手は体力の(　　　)を理由に引退することを決めた。

1　測定　　　　　2　限界　　　　　　3　回復　　　　　4　我慢

24　僕は子どものころから大勢の前で話すのが(　　　)でした。

1　緊張　　　　　2　迷惑　　　　　　3　苦手　　　　　4　悪化

25　抜いても抜いても雑草が(　　　)くるのはどうしてですか。

1　枯れて　　　　2　咲いて　　　　　3　飽きて　　　　4　生えて

問題4 _____ に入れるのに最も近いものを、1・2・3・4から一つえらびなさい

26 子どもにはどなっても、言うことを聞いてくれるわけではない。

1 大きい声で話しても　　　　　　2 怒って声を上げても

3 いっぱい話しても　　　　　　　4 話しで伝えても

27 締め切りは来月ですが、なるべく早く提出してください。

1 しっかり　　　2 できるだけ　　　3 少なくとも　　　4 とにかく

28 やっと梅雨が明けた。

1 切り上げた　　　2 始まった　　　3 止まった　　　4 終わった

29 このお店は開店と同時にほぼ満席になる。

1 ほとんど　　　2 完全に　　　2 主に　　　2 とにかく

30 彼は新しいゲーム機を発明した。

1 思い出した　　　2 見つけ出した　　　3 探し出した　　　4 作り出した

問題5　つぎのことばの使い方として最もよいものを、１・２・３・4から一つえらびなさい。

소요시간 6분

31　違反

1　私の大きな違反は、学生時代に勉強しなかったことだ。

2　もし、書類に違反があったら直しておいて。

3　どんなに小さなことでも、法律違反をしてはならない。

4　このビルでは、屋内での飲食は違反されている。

32　高まる

1　近年、若者たちの間で本への関心が高まっている。

2　産業革命から今日まで、毎年、世界の人口が高まっている。

3　たくさん勉強したおかげで成績が高まった。

4　山の上の寺へと続く階段を高まったらきれいな景色が見えた。

33　楽

1　迷子の子ネコが無事に助かったと聞いて楽した。

2　私は働かなくてもすむような楽な暮らしがしたい。

3　事故はいつ起きるかわからないから、楽に運転しなければならない。

4　日本は結婚したら、夫婦どちらかの姓を選べる楽な国だ。

34　案外

1　台風が近づいたせいで、案外電車が止まった。

2　そのプログラムは、ホスト案外録画できない。

3　ずっと楽しみにしていた弟が、案外昨日生まれた。

4　難しいと言われていた試験に、案外簡単に合格した。

35　感心

1　町内の中学生たちのボランティア活動に感心した。

2　寒すぎて手の感心がなくなった。

3　お世話になった先生に感心の気持ちを伝えた。

4　彼は悲しいという感心を感じたことがないらしい。

N3

言語知識（文法）・読解
（70分）

ちゅうい
Notes

1. 試験が始まるまで、この問題用紙を開けないでください。
   Do not open this question booklet until the test begins.

2. この問題用紙を持って帰ることはできません。
   Do not take this question booklet with you after the test.

3. 受験番号と名前を下の欄に、受験票と同じように書いてください。
   Write your examinee registration number and name clearly in each box below as written on your test voucher.

4. この問題用紙は、全部で 19 ページあります。
   This question booklet has 19 pages.

5. 問題には解答番号この 1 、 2 、 3 … が付いています。解答は、解答用紙にある同じ番号のところにマークしてください。
   One of the row numbers 1 , 2 , 3 … is given for each question. Mark your answer in the same row of the answer sheet.

じゅけんばんごう　Examinee Registration Number	
なまえ　Name	

問題1　つぎの文の(　　　)に入れるのに最もよいものを、1・2・3・4から一つ えらび
なさい。

1　おさななじみに食事(　　　)誘われた。

1　が　　　　　　　2　と　　　　　　　3　に　　　　　　　4　で

2　(会社で)

A「もう12時過ぎている。早くしないと、人気のメニュー終わっ(　　　)!」

B「え、早く行こう！」

1　とく　　　　　　2　ちゃう　　　　　3　てる　　　　　　4　たっけ

3　A：「わー、このクッキーおいしそう。1つ食べてもいい？」

B：「うん、好きな(　　　)食べて。まだ家にたくさんあるから。」

1　まで　　　　　　2　など　　　　　　3　こそ　　　　　　4　だけ

4　この絵の中のトラは(　　　)生きているようだ。

1　まるで　　　　　2　おそらく　　　　3　今にも　　　　　4　全く

5　試験に合格する(　　　)、カラオケには行かないつもりです。

1　までに　　　　　2　あいだ　　　　　3　あいだに　　　　4　まで

6　佐々木「もう、夜の11時だけどホストファミリー心配してない(　　　)？」

ジョン「心配しなくても、大丈夫。さっき、ちゃんと連絡しておいたよ。」

1　とか　　　　　　2　かな　　　　　　3　って　　　　　　4　んだ

7　(会社で)

社員「すみません、課長。ちょっと(　　　)ことがありまして、お時間よろしいでしょ
うか。」

課長「あ、そう。会議の前までなら大丈夫だよ。」

1　お聞きねがう　　2　お聞きもうす　　3　お聞きしたい　　4　お聞きになりたい

8 リー「地下の資料室におばけが出るって聞きました。本当ですか」

　　ゆうこ「え！だれがそんなこと言ったの？おばけ(　　　)出ないよ。」

　　1　なんか　　　　　2　くらい　　　　　3　ばかり　　　　　4　まで

9 宿題をしないでゲームをしている(　　　)お母さんに見られた。

　　1　ところを　　　　2　ところに　　　　3　ところで　　　　4　ところだから

10 プロの選手(　　　)何よりも大切なのは、試合で勝つことだ。

　　1　にとって　　　　2　に対して　　　　3　に比べて　　　　4　ぬきで

11 私は小学生の時、毎日遅くまで、5つもの習い事に(　　　)。

　　1　通わされています　　　　　　　　2　通わせています

　　3　通わされました　　　　　　　　　4　通わせました

12 成績を上げたいなら、いっしょうけんめいに勉強する(　　　)。

　　1　ことだ　　　　　2　ものか　　　　　3　ようだ　　　　　4　ほどだ

13 山田 「坂田さんのお父様は、どんなお仕事を(　　　)いるんでしょうか。」
　　坂田「私の父は小説家です。」

　　1　いたして　　　　2 なさって　　　　3 させられて　　　　4 してさしあげて

問題 2   つぎの文の ★ に入る最もよいものを、1・2・3・4から一つえらびなさい。

（問題例）

つくえの ＿＿＿＿ ＿＿＿＿ ＿★＿ ＿＿＿＿ あります。

　　　　1　が　　　　　2　に　　　　　3　上　　　　　4　ぺん

（回答のしかた ）

1.　正しい答えはこうなります。

┌───┐
│　つくえの ＿＿＿＿ ＿＿＿＿ ＿★＿ ＿＿＿＿ あります。　　　│
│　　　　　3上　2に　　4ぺん　1が　　　　　　　　　　　　　│
└───┘

2.　＿★＿に入る番号を解答用紙にマークします。

（解答用紙）　│（例）　① 　② 　③ 　●　│

14　旅行がすきな先輩は、＿＿＿＿ ＿＿＿＿ ＿★＿ ＿＿＿＿くれる。

　　1　お土産を　　　　2　旅行に　　　　　3　買ってきて　　　4　行くたびに

15　一生懸命に＿＿＿＿ ＿＿＿＿ ＿＿＿＿ ＿★＿のですよ。

　　1　海外旅行にも　　2　からこそ　　　　3　貯金した　　　　4　行ける

16 内田：最近、仕事でストレスがたまって大変ですよ。

石田：それは大変ですね。_____ _____ ___★___ _____、体調を崩してしまうので気
をつけてください。

1　続けると　　　　　　　　　　2　精神的なストレスを

3　緊張や不安など　　　　　　　4　長期的に受け

17 息子：無人島へ一人で行って暮らしてみたいな。

母：無人島で_____ _____ ___★___ _____ほしい。

1　暮らす　　　　　2　バカなことを　　3　なんて　　　　4　言わないで

18 いまさらなぜ_____ _____ ___★___ _____しかたない。

1　成功した　　　　2　彼だけ　　　　3　考えても　　　　4　のか

問題 3　つぎの文章を読んで、文章全体の内容を考えて、 19 から 23 中に入る最もよいものを、1・2・3・4 から一つえらびなさい。

소요시간 5분

　大学四年生の時に、人生で初めて海外旅行に行った。旅行地は前からずっと行ってみたかったアメリカのニューヨークだ。小さいころから恥ずかしがり屋で、何事にも消極的に 19 私は、この性格を直したいと思い、一人で旅行に行く決心をした。大学で英語を専攻していたため、言葉の面での心配はなかったが、一人で旅行を楽しめるか不安 20 。

　ホテルに荷物を置いてすぐに、セントラルパークへ行くことにした。ニューヨークのおしゃれな街をゆっくり散歩するのも 21 と思い、公園へ歩いて向かった。20分ほどで到着する予定だったが、1時間歩いてもなかなか公園が見えない。地図を見ても分からなかったため、勇気を出して通行人に道を聞いてみたところ、公園まで案内してくれると言ってくれた。彼女の名前はマリア。ここの近くの大学に 22 いる大学生とのことだった。

　公園に着くまで、私はマリアと大学の話や就職の話など色んな話をした。マリアは一人で旅行中の私を気にかけてくれ、安くて美味しいレストランの情報も教えてくれた。明るく積極的なマリアを見て、彼女は自分に自信を持っているということに 23 。私は昔から自分に自信を持てずにいたせいで、消極的だったのかもしれない。彼女のおかげで、自分に自信を持つことの大切さを知り、自分を見つめ直すきっかけになったと感じている。

19

　　1　なったつもりの　　　　　　　2　なったとたん
　　3　なりがちだった　　　　　　　4　なったに違いない

20

　　1　とは限らなかった　　　　　　2　でたまらなかった
　　3　なわけではなかった　　　　　4　に違いなかった

21

　　1　悪くない　　　　　　　　　　2　よくないと
　　3　大変だ　　　　　　　　　　　4　いやだ

22

　　1　とおって　　　　　　　　　　2　とおして
　　3　かよわせて　　　　　　　　　4　かよって

23

　　1　気づいた　　　　　　　　　　2　気づかれた
　　3　知った　　　　　　　　　　　4　知らされた

問題4 つぎの(1)から(4)の文章を読んで、質問に答えなさい。答えは、1・2・3・4から 最もよいものを一つえらびなさい。

소요시간 5분

(1) 以下はメールの内容である。

あて先：abctanaka@japan.co.jp

件名：お問い合わせいただいた件について

田中　様

平素より大変お世話になっております。

昨日は弊社ホームページより携帯電話のプラン変更についてお問い合わせいただき、誠にありがありがとうございます。

携帯電話のプラン変更ですが、通常であれば弊社ホームページのマイページからご変更いただけるのですが、現在の田中様のプランは特別プランのため、

変更の際に直接窓口でご署名をいただく必要がございます。

なお、窓口にお越しになる際は、事前にご予約の上、お越しください。

ご迷惑をおかけし申し訳ございませんが、よろしくお願いいたします。

ABC携帯会社

高橋　のぞみ

---

24 田中さんがこのあと、まずしなければいけないことは何か。

1 ホームページのマイページにアクセスすること

2 送られてきた書類に署名すること

3 お店に電話して、プラン変更の予約をすること

4 お店に行って、プラン変更の説明を受けること

（2）

> 　この間、駅で私の前を歩いていた女の人がきっぷを落としたので、私が「きっぷを落としましたよ」と言うと、女の人は「すみません」と言いました。私は思わず「あやまらなくていいです」と言ってしまいました。女の人はすこし変な顔をしましたが、にっこり笑って「ありがとう」と言ってくれました。日本語の「すみません」は「ありがとう」の代わりに使われることが多いと日本語学校で勉強しました。頭では理解していても少し変な気分になるので、私は「ありがとう」と言ってもらうほうがうれしいです。

25　私が変な気分になるのはどうしてか。

1　きっぷを落としたことを教えたのに女の人が変な顔をしたから

2　日本人はお礼を言わないであやまってばかりいるから

3　わかっていても「すみません」はおわびの言葉に聞こえるから

4　日本語に「すみません」と「ありがとう」の区別がないのは変だから

（3）

> 　小学校1年生の妹が入院した。私はとてもショックだった。私は運動が大好きで、よ
> く外で遊んでいたから、妹が外で遊ぶと具合が悪くなったり、少し走ると息が苦しくな
> ったりするのが不思議だった。両親からは妹は病気だから運動できないということを聞
> いた。友達と外で遊んだりすることができない妹の気持ちを考えたら、心がすごく苦し
> くなった。妹のために、これからは家の中でも楽しく遊ぶことができる方法を考えよう。
> そう決めた。

26 　この文を書いた人の気持ちと合っているのは、どれか。

　　1　妹は運動が好きなのに具合が悪くなってかわいそうになった。

　　2　入院の話を聞いて両親のこれからが心配で心が落ち着かなくなった。

　　3　妹とこれから外で一緒に遊べないと知ってがっかりした。

　　4　妹が運動できないことを知り妹の気持ちを考えてショックを受けた。

（4）

　ある会社が新入社員の入社式を水族館で行ったという。シャチ(注1)のショーを見ながら、「新入社員にシャチあれ」と祝ったという。ここでの「シャチ」とは、幸せという意味の「さち」が「シャチ」の音と似ていることから、「新入社員に幸せを」という意味で使ったのだという。「シャチ」と「さち」は同音ではないが、おもしろいことを考えたなと思って笑ってしまった。日本語には同じ音のことばが多いが、ことばとは実におもしろいものだなと改めて実感した。

(注1)シャチ：マイルカ科の動物。

27　「おもしろいこと」とあるが、筆者はどのような点がおもしろいと言っているのか。

　1　日本語に同じ意味の言葉が多いこと。

　2　同じ音の意味の言葉を使っていること。

　3　変わった場所で入社式をしたこと。

　4　近い音の言葉で意味を伝えたこと。

問題5　つぎの (1) と (2) の文章を読んで、質問に答えなさい。答えは、1・2・3・4から 最もよいものを一つえらびなさい。

（1）

　日本は地震の多い国です。特に大きな地震が起こった時に、テレビ、ラジオ、インターネット、携帯電話などを使って人々に危険を知らせます。このお知らせを緊急地震速報といいます。今、日本を旅行する外国人、日本に住んでいる外国人が増えています。外国人の中には地震を経験したことのない人もたくさんいます。地震が起こった時、外国人にも危険を知らせなければなりません。そこで緊急地震速報をいろいろな国の言語で発信 (注1) できるように気象庁が辞書を作りました。辞書の内容は地震が起きた時によく使う単語や文章で、言語は英語、中国語、韓国語、スペイン語、ポルトガル語、やさしい日本語です。この辞書を利用すれば誰もが外国人に危険を知らせるニュースを作ることができます。もし、近所に外国人がいたら、日本人はこの辞書を使って外国人を助けてください。

(注1)発信：はっしん。情報を送ること

28　緊急地震速報に関してただしいのは何か。

1　地震を経験したことのない人のための制度である。

2　外国人に地震の危険を知らせるために作られた制度である。

3　誰もが地震ニュースを知らせられるようにした制度である。

4　多様な媒体を通じて危険を知らせることができる制度である。

29　辞書を作った背景としてただしいのは何か。

1　主に日本に住む外国人が読めるようにするために。

2　地震に関しては他の辞書に載っていないために。

3　地震発生時、テレビなど情報が不足している地域のために。

4　緊急の時に、その情報を外国人に伝えるために。

30　辞書の利用方法で正しいものは、どれか。

1　普通の日本人が利用してよい。

2　テレビ局の人だけが利用してよい。

3　外国人だけが利用してよい。

4　地震が起きたら利用してよい。

（2）

　日本で一度は食べてみたいものがあった。それは納豆である。アメリカでも人気の食品だが、ピザやパスタに入った納豆ではなく、納豆らしい納豆を食べたかった。私は納豆を食べたことがなかった。日本人の友人にすすめられたのは、とろろ納豆そばだった。注文して出てきたのは、そばの上に白くてどろっとしたとろろと納豆がのったものだった。そして生卵の黄身がついていた。なんということだろう。これを全部まぜて食べるというのだ。これは手強い。もう目を閉じて食べるしかない。私は一口食べて「うわっ、気持ち悪い」と思った。でも食べ続けているうちに、だんだん慣れてきて、「おいしい」と思うようになった。あんがい①癖になる食べ物だと思った。納豆だけでなく、とろろや生の卵を食べた私の冒険心を②ほめたくなった。

31 この文を書いた人はとろろ納豆そばを見て、どう思ったか。

1 うれしい

2 気持ち悪い

3 かわいそう

4 こまった

32 ①癖になる食べ物とは、何か。

1 食べはじめるとやめられない食べ物

2 食べはじめると気持ち悪い食べ物

3 食べるのがめずらしい食べ物

4 日本人がふだん食べない食べ物

33 ②ほめたくなったのは、なぜか。

1 外国人が日本まで行ってとろろ納豆そばを注文したから

2 勇気を出して食べたことのないものを食べたから

3 アメリカと日本の納豆料理の違いを実際に確かめたから

4 気持ち悪い食べ物をがまんして食べたから

問題6 つぎの文章を読んで、質問に答えなさい。答えは、1・2・3・4から最も よいものを
一つえらびなさい。

소요시간 5분

　わたしはファッションについてよく知らないため、服はいつも母が買ってきてくれた物を着
ています。そのため、友だちが「オシャレ」の話をする時に、その話に入ることができません
でした。「オシャレ」とは、服装に気をつかうことを言うそうです。流行りを気にすることも
オシャレの一つでしょう。友だちの天野さんに、どうしたらオシャレになれるのか相談しまし
た。すると、「まず、オシャレな服を買ってみよう」と言ったので、天野さんと一緒に服を買
いに行くことにしました。

　3日後、わたしは天野さんといっしょに近くのショッピングモールへ行きました。そこには
様々な服を売る店があり、私はまず自分で服を選んでみました。できるだけきれいに見える服
を選んだつもりでしたが、天野さんはわたしが選んだ服を見て、①少しがっかりした顔をしま
した。そして「ただきれいな服じゃなくて、自分がなりたい姿は何かをよく考え、それに合う
服を選んでみて」と言いました。その言葉を聞き、私は自分がどんな姿になりたいのか想像し、
服を選んでみました。私の選んだ服を見て天野さんは「とても②クールな服だね！」と言って
くれました。オシャレはただきれいな服を買うことではなく、自分に合った自分が思う姿を見
せることが大切なんだなと私はその時、学びました。これからもなりたい自分を考え、服を選
びたいと思います。

（※1）期限：決められた一定の期間のこと
（※2）返却：返すこと
（※3）支援：力を貸して助けること
（※4）提示：見せること

34 「わたし」が友だちとの会話に入ることができなかったのは、なぜか。

　　1　オシャレについて話すのが好きではないから。

　　2　人気があるものばかり買っていたから。

　　3　自分で服を買ったことがないから。

　　4　オシャレになりたいと思わなかったから。

35 天野さんの内容で正しいのは、どれか。

　　1　オシャレについてよく知らない。

　　2　わたしを手伝ってくれた。

　　3　クールな服を買った。

　　4　「わたし」に合う服を選んでくれた。

36 天野さんが①少しがっかりした顔をしたのは、なぜか。

　　1　天野さんはクールな服が好きだから

　　2　きれいなだけの服を選んだから

　　3　値段がとても安い服だったから

　　4　オシャレじゃない服だったから

37 天野さんがいう②クールな服とは何か。

　　1　若者に人気のあるかわいい服。

　　2　周りの人がいいと言う服。

　　3　自分がなりたい姿に近い服。

　　4　天野さんが似合うと言った服。

問題7 **右のページは、写真コンテストの案内である。これを読んで、下の質問に答え**
なさい。答えは、1・2・3・4から最もよいものを一つえらびなさい。

38 ケイさんは就職活動のために初めて相談を利用したい。まずどうしたらいいか。

1 国際交流会の受付に行って、直接申し込む。

2 在留カードのコピーを準備し、相談内容を決めてメールする。

3 相談内容を決めず、とりあえず電話して、予約する。

4 在留カードを準備してから、ホームページで会員登録をする。

39 相談予約をしたが、前日の木曜日、別の会社の履歴書の書き方を相談したくなった。ど
うしたらいいか。

1 同じ日にもう一つ予約し、予約時間にそのままいく。

2 相談をキャンセルし、2週間後新しく相談予約をする。

3 ホームページで面接の練習をキャンセルし、新しい予約を取る。

4 来週の金曜日に、新しい予約を取って、相談内容を決めてから行く。

日本で働きたい外国人のみなさんのためのオンライン就職相談

日本で就職したいけれどどうしたらいいか、日本語でどうやって履歴書を書いたらいいのか、仕事の面接って何を聞かれるのかなど、みなさんが就職で悩んでいることを相談できる窓口を準備しました。ぜひ、みなさん利用してください。

場所
オンライン（ZOOM）

相談方法
・はじめての人はホームページの会員登録という画面から、会員になってください。会員になるためには、在留カードのコピー（PDF）が必要です。

・会員になった方が相談の予約をすることができます。相談の予約はホームページからしてください。

・相談は1人、1回30分です。1週間に2回まで相談予約をすることができます。キャンセルする場合は、必ず前日までにキャンセルしてください。相談の日にキャンセルした場合は、その日から2週間新しい予約をすることができませんので注意してください。

・相談は無料です。予約する時は相談内容を決めてから予約してください。予約した時と相談内容が変わる場合は、キャンセルをしてから、新しく予約をとってください。

・キャンセルはホームページからすることができます。

※混雑を避けるため、予約可能件数を、1日に一回にします。

※金曜日は隔週で相談を休みます。

相談内容
・日本での就職活動の仕方、履歴書の書き方、面接練習、仕事の探し方、今の仕事で悩んでいることの相談

※ビザの相談はしていません。

連絡先
東京都新宿区1丁目　みなみデパート6階　国際交流会

平日は午前9時から午後5時まで、土曜日は午前10時から午後4時まで、日曜・祝日はお休み

TEL：03-1111-5555

問題用紙

N3
聴解
(40分)

ちゅうい
Notes

1. 試験が始まるまで、この問題用紙を開けないでください。
   Do not open this question booklet until the test begins.

2. この問題用紙を持って帰ることはできません。
   Do not take this question booklet with you after the test.

3. 受験番号と名前を下の欄に、受験票と同じように書いてください。
   Write your examinee registration number and name clearly in each box below as written on your test voucher.

4. この問題用紙は、全部で 14 ページあります。
   This question booklet has 14 pages.

5. この問題用紙にメモをとってもかまいません。
   You may make notes in this question booklet.

じゅけんばんごう Examinee Registration Number	
なまえ　Name	

問題 1

問題1では、まず質問を聞いてください。それから話を聞いて、問題用紙の1から4の中から、最もよいものを一つえらんでください。

れい

1　明日の11時まで

2　部長がしゅっちょうに行く前まで

3　あさっての11時まで

4　明日中

1ばん

1

2

3

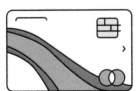

4

2ばん

1 レストランに行く

2 けいたい電話ショップで待つ

3 レストランの電話ばんごうをしらべる

4 レストランで待つ

3ばん

1 よやくするレストランを決める

2 北野さんに好きな食べ物を聞く

3 さんかしゃにきんがくをつたえる

4 飲み物を買いに行く

4ばん

1   1,000円

2   1,100円

3   1,150円

4   2,000円

5ばん

1   せきの料金をはらう

2   500円のチップをわたす

3   注文するメニューを決める

4   お通しを食べる

6ばん

1

2

3

4
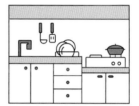

問題 2

問題2では、まず質問を聞いてください。そのあと、問題用紙を見てください。読む時間があります。それから話を聞いて、問題用紙の1から4の中から、最もよいものを一つえらんでください。

れい

1 学校の勉強がたいへんだから

2 じゅけん勉強を始めたから

3 新しいしゅみをもったから

4 ピアノのじゅぎょう料が高くなったから

1ばん

1 駅員がさいふを見つけてくれたこと

2 さいふにお金がそのままあったこと

3 さいふの中が空っぽだったこと

4 運がいいと言われたこと

2ばん

1 ファイルを開く方法を聞くため

2 ファイルのパスワードを聞くため

3 ちがうファイルを送ってしまったため

4 うちあわせをする場所をつたえるため

3ばん

1 若^{わか}く見^みせようとしていること

2 白^{しろ}い運動^{うんどう}ぐつをはくこと

3 白^{しろ}と黒^{くろ}でまとめること

4 シャツの中^{なか}に下着^{したぎ}を着^きること

4ばん

1 2号車^{ごうしゃ}のきつえんルームで吸^すえる

2 3号車^{ごうしゃ}のじゆうせきで吸^すえる

3 7号車^{ごうしゃ}のきつえんルームで吸^すえる

4 この列車^{れっしゃ}の中ではタバコを吸^すえない

5ばん

1 新しく後輩ができたから

2 お客さんにほめられたから

3 後輩から刺激を受けるから

4 きゅうりょうが上がるから

6ばん

1 卵と牛乳といっしょにホットミックスを入れる。

2 ホットケーキミックスを何度もかき混ぜすぎない

3 卵と牛乳を混ぜる前にホットケーキミックスを入れる

4 低い所からホットケーキミックスをフライパンに流し入れる

もんだい
問題 3

　問題 3 では、問題用紙に何もいんさつされていません。この問題は、ぜんたいとしてどんなないようかを聞く問題です。話の前に質問はありません。まず話を聞いてください。それから、質問とせんたくしを聞いて、1 から 4 の中から、最もよいものを一つえらんでください。

－ メモ －

問題4では、えを見ながら質問を聞いてください。やじるし（➡）の人は何と言いますか。1から3の中から、最もよいものを一つえらんでください。

れい

1 ばん

2 ばん

3 ばん

4 ばん

問題 5

　問題 5 では、問題用紙に何もいんさつされていません。まず文を聞いてください。それから、そのへんじを聞いて、1から 3 の中から、最もよいものを一つえらんでください。

－　メモ　－

최신 기출 유형
N3 실전문제
제3회

1교시	언어지식(문자·어휘·문법)·독해
2교시	청해

테스트 전 확인 사항

☐ 해답 용지 준비하셨나요? ☐ 연필과 지우개 챙기셨나요? ☐ 청해 음성 들을 준비하셨나요?

 제3회 청해 전체 음성 MP3
시원스쿨 일본어 홈페이지
(japan.siwonschool.com)의
수강신청>교재/MP3에서 무료 다운로드

 고득점 부스터 암기카드 PDF
시원스쿨 일본어 홈페이지
(japan.siwonschool.com)의
수강신청>교재/MP3에서 무료 다운로드

시험 시간: 1교시 100분 | 2교시 40분

목표 점수:	점			
시작 시간:	시	분 ~ 종료 시간:	시	분

언어지식 (문자 · 어휘 · 문법)

		문제유형	문항 및 배점	점수	총점
문자 · 어휘	문제1	한자읽기	8문제 × 1점	8	35점
	문제2	문맥규정	6문제 × 1점	6	
	문제3	유의표현	11문제 × 1점	11	
	문제4	용법	5문제 × 2점	10	
문법	문제1	문법형식 판단	13문제 × 1점	13	23점
	문제2	문장 만들기	5문제 × 1점	5	
	문제3	글의 문법	5문제 × 1점	5	
합계					58점

★ 득점환산법(60점 만점)　[득점] ÷ 58 × 60=[　　　]점

 독해

		문제유형	문항 및 배점	점수	총점
독해	문제4	내용이해(단문)	4문제×3점	12	62점
	문제5	내용이해(중문)	6문제×4점	24	
	문제6	내용이해(장문)	4문제×4점	16	
	문제7	정보검색	2문제×5점	10	
합계					62점

★ 득점환산법(60점 만점)　[득점] ÷ 62 × 60=[　　　]점

청해

		문제유형	문항 및 배점	점수	총점
청해	문제1	과제 이해	6문제 × 2점	12	33점
	문제2	포인트 이해	6문제 × 2점	12	
	문제3	개요 이해	3문제 × 3점	9	
	문제4	발화 표현	4문제 × 2점	8	8점
	문제5	즉시 응답	9문제 × 2점	18	18점
합계					59점

★ 득점환산법(60점 만점)　[득점] ÷ 59 × 60=[　　　]점

※위 배점표는 시원스쿨어학연구소가 작성한 것으로 실제 시험과는 다소 오차가 있을 수 있습니다.

問題用紙

N3

げんごちしき(もじ・ごい)
(30ぷん)

ちゅうい
Notes

1.　　しけんが　はじまるまで、この　もんだいようしを　あけないで　ください。

　　　Do not open this question booklet until the test begins.

2.　　このもんだいようしを　もって　かえる　ことはできません。

　　　Do not take this question booklet with you after the test.

3.　　じゅけんばんごうと　なまえを　したの　らんに、じゅけんひょうと　おなじように　かいて　ください。

　　　Write your examinee registration number and name clearly in each box below as written on your test voucher.

4.　　この　もんだいようしは、ぜんぶで　5ページ　あります。

　　　This question booklet has 5 pages.

5.　　もんだいには　かいとうばんごうのこの 1 、 2 、 3 … がついて　います。かいとうは、かいとうようしに　ある　おなじ　ばんごうの　ところに　マークしいて　ください。

　　　One of the row numbrs 1 , 2 , 3 … is given for each question. Mark your answer in the same row of the answer sheet.

じゅけんばんごう　Examinee Registration Number	
なまえ　Name	

問題 1 _____ のことばの読み方として最もよいものを、1・2・3・4 から一つ えらびなさい。

소요시간
2분

1 多くの人が映画を見て涙を流した。

1　たらした　　　　2　ながした　　　　3　おとした　　　　4　ぬらした

2 あの店員はいつも親切に応対してくれる。

1　おうたい　　　　2　おうせつ　　　　3　おうえん　　　　4　おうよう

3 この飛行機は午後3時に韓国に到着します。

1　とおちゃく　　　2　とうちゃく　　　3　どうちゃく　　　4　どおちゃく

4 昨日、ネットで注文した服がもう家に届いた。

1　ちゅうもん　　　2　ちゅもん　　　　3　じゅうもん　　　4　じゅもん

5 あの人はうそばかりつくので、信用できない。

1　しんよお　　　　2　じんよお　　　　3　じんよう　　　　4　しんよう

6 私は、通勤時間に本を読むことが好きです。

1　ずうきん　　　　2　ずうぎん　　　　3　つうきん　　　　4　つうぎん

7 駅の近くにSNSで話題のレストランができたので寒い中並んだ。

1　ならんだ　　　　2　うかんだ　　　　3　えらんだ　　　　4　たのんだ

8 娘の得意科目は英語です。

1　とぐい　　　　　2　どくい　　　　　3　どぐい　　　　　4　とくい

問題2　　のことばを漢字で書くとき、最もよいものを、１・２・３・４から一つ えらびなさい。

소요시간
3분

9　約束の時間から30分も<u>またせる</u>なんて、ひどいじゃない。

　　１　持たせる　　　　２　詩たせる　　　　３　侍たせる　　　　４　待たせる

10　病院で体の<u>けんさ</u>をしました。

　　１　検査　　　　　　２　検差　　　　　　３　険査　　　　　　４　険差

11　車のガソリンがもうすぐ<u>から</u>になるので、ガソリンスタンドに寄った。

　　１　宙　　　　　　　２　空　　　　　　　３　無　　　　　　　４　乾

12　毎日仕事に<u>おわれて</u>いて、友達と会う時間がない。

　　１　追われて　　　　２　過われて　　　　３　迷われて　　　　４　通われて

13　すみません。<u>じょうしゃけん</u>を電車の中で無くしてしまいました。

　　１　上車券　　　　　２　上者券　　　　　３　乗車券　　　　　４　乗者券

14　まだ<u>はげしい</u>運動はできません。

　　１　忙しい　　　　　２　激しい　　　　　３　難しい　　　　　４　美しい

問題3 （　　　）に入れるのに最もよいものを、1・2・3・4から一つえらびなさい。

소요시간
2분

15 彼は人に何を言われようが、（　　　）な顔をして全然気にしない。

　　1　安全　　　　　　2　平気　　　　　　3　異常　　　　　　4　十分

16 布団を（　　　）一番大きい理由は、湿気を飛ばすためという。

　　1　迷う　　　　　　2　干す　　　　　　3　掲げる　　　　　4　挙げる

17 パソコンはパフォーマンスなどをよく（　　　）してから買った方がいい。

　　1　比較　　　　　　2　配達　　　　　　3　競争　　　　　　4　区別

18 私は寝る前にアラームを7時に（　　　）します。

　　1　クリアー　　　　2　チェンジ　　　　3　セット　　　　　4　スイッチ

19 学校で地震が起きた場合に適切な（　　　）がとれるようしっかり訓練しましょう。

　　1　主張　　　　　　2　進行　　　　　　3　行動　　　　　　4　運動

20 さっきからあの店員に（　　　）見られている気がする。

　　1　ふらふら　　　　2　じろじろ　　　　3　ごろごろ　　　　4　うきうき

21 日本は（　　　）がはっきりしていると言われています。

　　1　四季　　　　　　2　風景　　　　　　3　変化　　　　　　4　年間

22 この電車は10時55分発の関西空港（　　　）です。

　　1　沿い　　　　　　2　向き　　　　　　3　行き　　　　　　4　付き

23 運動のために（　　　）遠回りをして家に帰る。

　　1　わざと　　　　　2　およそ　　　　　3　まさか　　　　　4　まるで

24 次の画面で、チケットを（　　　）場所を選択してください。

　　1　話し合う　　　　2　飛び出す　　　　3　受け取る　　　　4　引き受ける

25 子どもたちが寝ているからドアは（　　　）閉めてよ。

　　1　じっと　　　　　2　そっと　　　　　3　ほっと　　　　　4　しんと

問題 4 _____ に入れるのに最も近いものを、1・2・3・4 から一つえらびなさい。

26 わたしの兄は<u>短気な</u>性格だ。

1 大人っぽい　　2 怒りっぽい　　3 学生っぽい　　4 忘れっぽい

27 11時40分になったら回答用紙を<u>回収します</u>。

1 集めます　　2 配ります　　3 探します　　4 回します

28 すみません、このスカートを<u>試着しても</u>いいですか。

1 はいても　　2 被っても　　3 作っても　　4 使用しても

29 父の手術は<u>無事に</u>終わりました。

1 事前に　　2 心配もなく　　3 問題なく　　4 安定に

30 お待たせいたしました、<u>まもなく</u>開演いたします。

1 もうすぐ　　2 やっと　　3 実際に　　4 たまに

問題 5　つぎのことばの使い方として最もよいものを、1・2・3・4から一つえらびな
さい。

［ 소요시간 6분 ］

31　単に

1　その事件は、私には単に忘れることができません。

2　海に近いこの町では、夏になると単に人が集まり、にぎやかだ。

3　私は、人の言うことは何でも単に気にしてしまう。

4　心配しないで。単に疲れているだけだよ。'

32　夢中

1　医者になるためにはもっと夢中が必要だろう。

2　彼は、朝から晩まで仕事に夢中になっていた。

3　今日は、朝から勉強に夢中していたから、疲れた。

4　母は読書に夢中して、私が帰ったことにも気づいていない。

33　明らか

1　テストの答えは鉛筆で明らかに書いてください。

2　問題解決のために、知っていることを明らかに言ってほしい。

3　彼女は約束も守らない明らかな性格です。

4　彼が今まで嘘をついていたことは明らかです。

34　頼もしい

1　新しく公開される映画が頼もしくて、チケットを予約して待っている。

2　小さい頃は、ご飯もまともに食べられない頼もしい生活だった。

3　彼は人を見る目があるので、手伝ってもらえるとは頼もしい。

4　観光客のために作られた頼もしい道を歩いてみた。

35　揃える

1　パイを作る時は、りんごを同じ大きさに揃えて切ります。

2　飲み会の前に、お金を揃えるので、よろしくお願いします。

3　村の祭りではみんなで、音楽に揃えて楽しく踊ります。

4　映画を見たあと、彼女は目に涙を揃えていた。

問題用紙

N3

言語知識 (文法) • 読解 (70分)

ちゅうい
Notes

1.　試験が始まるまで、この問題用紙を開けないでください。
Do not open this question booklet until the test begins.

2.　この問題用紙を持って帰ることはできません。
Do not take this question booklet with you after the test.

3.　受験番号と名前を下の欄に、受験票と同じように書いてください。
Write your examinee registration number and name clearly in each box below as written on your test voucher.

4.　この問題用紙は、全部で 19 ページあります。
This question booklet has 19 pages.

5.　問題には解答番号この 1 、 2 、 3 … が付いています。解答は、解答用紙にある同じ番号のところにマークしてください。
One of the row numbers 1 , 2 , 3 … is given for each question. Mark your answer in the same row of the answer sheet.

じゅけんばんごう　Examinee Registration Number	
なまえ　Name	

問題 1 つぎの文の（　　　　）に入れるのに最もよいものを、1・2・3・4から一つ えらび なさい。

1　(電話で)

店員「では、金曜日の同じ時間に予約変更ということ(　　　)よろしいでしょうか。」
お客「はい、よろしくお願いします。」

1　を　　　　　　　2　と　　　　　　　3　で　　　　　　4　に

2　私は、彼氏を薬を買いに(　　　)。

1　行かれた　　　　2　行かせた　　　3　行かせられた　　4　行かされた

3　田村「昨日送っを会議の資料は(　　　)？」
森田「はい。拝見しました。」

1　ご覧になりましたか　　　　　　　2　拝見しましたか
3　見てくれませんか　　　　　　　　4　ご覧くださいませんか

4　今年は、台湾で人気のある大きなからあげ「ジーパイ」が流行する(　　　)。

1　ことがある　　　　　　　　　　　2　ことがわかる
3　と言われている　　　　　　　　　4　と言いそうだ

5　手伝ってくれる人がいないなら、妹(　　　)頼むしかない。

1　からでも　　　　2　にだけ　　　3　にでも　　　4　ごろでも

6　父は私(　　　)は優しいが、兄(　　　)はとても厳しい。

1　に対して　　　　2　のほかに　　　3　について　　　4　のことで

7　(家で)

夫「今年の夏の休暇はどこへ行こうか」

妻「海外旅行に行く(　　　)、国内の高級ホテルでゆっくりしようよ」

1　というより　　　2　一方で　　　3　反面　　　4　かわりに

8　一人暮らしをし(　　　　)、家事のたいへんさがわかりました。

 1　てはじめて   2　てからでないと

 3　ても   4　てまで

9　イベントで僕のマジックを(　　　　)ので、どうぞお楽しみに。

 1　めしあがります   2　なさいます

 3　お目にかけます   4　いらっしゃいます

10　父はキュウリが嫌いだが、味付けされていないものは食べる(　　　　)。

 1　ことになった   2　こともある

 3　こともできない   4　ことにするそうだ

11　バレンタインデーの日に彼女が僕にチョコレートを(　　　　)。

 1　作ってもらった   2　作ってあげた

 3　作ってくれた   4　作っていただいた

12　小学生のころ、よく廊下を(　　　　)先生に叱られた。

 1　走りきって   2　走り通して

 3　走り回って   4　走り出して

13 (テレビのコマシャルで)

こちらが来月から発売される新商品の「もちもちパン」（　　　）。

1　を召し上がります　　　　　　2　でいらっしゃいます

3　でございます　　　　　　　　4　にございます

問題 2　つぎの文の ★ に入る最もよいものを、1・2・3・4から一つえらびなさい。

（問題例）

つくえの ＿＿＿＿ ＿＿＿＿ ★ ＿＿＿＿ あります。

　　　　　1　が　　　　　　2　に　　　　　3　上　　　　　4　ぺん

（回答のしかた）

1.　正しい答えはこうなります。

> つくえの ＿＿＿＿ ＿＿＿＿ ★ ＿＿＿＿ あります。
>
> 　　　　3上　2に　　4ぺん　1が

2.　＿★＿に入る番号を解答用紙にマークします。

（解答用紙）　　| （例） | ① | ② | ③ | ● |

---

14 ちょうど家を ＿＿＿＿、＿＿＿＿ ＿★＿ ＿＿＿＿、電話がかかってきた。

1 ところに　　　　2 いる　　　　　3 として　　　　4 出よう

15 時計屋さん「いらっしゃいませ。どうしましたか。」

小田「あの、母から ＿＿＿＿ ＿＿＿＿ ＿★＿ ＿＿＿＿ほしいんですが…。」

1 直して　　　　　2 もらった　　　3 なんとかして　　4 この時計を

16 うちの ＿＿＿＿ ＿＿＿＿ ＿★＿ ＿＿＿＿乗っていた。

1 息子ぐらいの　　2 一人で　　　　3 男の子が　　　　4 飛行機に

17 外国人 ＿＿＿＿ ＿＿＿＿ ＿★＿ ＿＿＿＿ものでしょう。

1 日本式のトイレは　　　　　　　　2 使いづらい

3 からすると　　　　　　　　　　　4 とても

18 部長「木下君はまだ来てないのか。遅刻をするとは困ったものだ。」

田中「彼のようなまじめな人が、＿＿＿＿ ＿＿＿＿ ＿★＿ ＿＿＿＿ありません。心配なの
　　で連絡してみます。」

1 遅刻をする　　　2 なく　　　　　3 わけが　　　　　4 理由も

問題3　つぎの文章を読んで、文章全体の内容を考えて、 **19** から **23** 中に入る最
もよいものを、1・2・3・4 から一つえらびなさい。

소요시간
5분

禁煙して今年で一年になる。二十歳の頃からたばこを吸い始め、体に悪いとは分かっ
ていたが、いくら周りからやめろと言われても、なかなかやめられなかった。

そんな僕がたばこをやめたのは、父のがんが発覚してからだ。父も **19** 、若いころか
らたばこを吸っていて、ひま **20** たばこに手が伸びる、ヘビースモーカーだった。そ
んな父がある日、健康診断を受けて、食道がんだとわかった。苦しそうに治療を受けて
いる父を見て、はっと **21** 。

禁煙を決心するといっても、最初の一週間は、たばこが吸えないイライラと、眠気
でつらかったが、苦しそうな父の顔を思い出す度に、吸いたい気持ちがなくなった。
22 、禁煙をするにあたって、インターネットで禁煙の方法についてたくさん調べ、
参考にしたりもした。

自分が健康な時には **23** 、実際に自分や周りの人が病気で苦しんでいる姿を見て初
めて健康の大事さに気づくことができる。たばこを吸うことは個人の自由なので、やめ
るべきだと言わないが、健康を悪化させるおそれがあるので、一度考え直してみるのも
いいかもしれない。

19

1 まず 2 おなじく

3 いつも 4 はじめて

20

1 さえあれば 2 というよりも

3 は別として 4 にわたって

21

1 するふりをした 2 するに違いない

3 させられた 4 してもしかたがない

22

1 つまり 2 では

3 やはり 4 また

23

1 分からないが 2 分かるが

3 分かっていても 4 分かるとしても

問題4 つぎの (1) から (4) の文章を読んで、質問に答えなさい。答えは、1・2・3・
소요시간
5분
4 から 最もよいものを一つえらびなさい。

（1） 以下は料金案内である。

県立博物館入場料金の変更について

平素より当博物館をご利用いただき、ありがとうございます。
消費税の増税により、来月から入場料金の変更を行うことになりました。

一般（個人）料金は500円から550円
一般（団体）料金は450円から500円
大学生料金は400円から450円
小学生以上高校生以下は300円から350円
小学生未満は無料
となります。

なお、団体料金は10名様以上の場合のみ適用されます。
ご来館いただく皆様にはご迷惑をおかけし申し訳ございませんが、
何卒よろしくお願い申し上げます。

---

24 幼稚園児1人と小学生1人、大人2人で来月来館する場合、入場料金はいくらか。

1 1,450円

2 1,300円

3 1,800円

4 1,600円

（2）

　国民の余暇生活の調査によると、「国内観光旅行」が 2011 年以来 8 年連続の首位となった。また、「ビデオ鑑賞 (レンタルを含む)」に代わって「動画鑑賞 (レンタル、配信を含む)」が 7 位となったという。順位が上がった項目では 12 位「カラオケ」、15 位「宝くじ」、17 位「音楽会、コンサート」、20 位「テレビゲーム (家庭での)」などがある。参加人口別でみると、特に「外食」は前年より 150 万人、「ウォーキング」は前年より 180 万人の増加となった。

25　この文の内容に合うものは、どれか。

1　2018年、レンタルを含む「ビデオの鑑賞」は昨年より順位が上がった。

2　2011年から2018年まで「国内観光旅行」が一位だった。

3　「カラオケ」や「宝くじ」などは年々順位が落ちている。

4　年々、家でご飯を食べる人が増加している。

（3）

> 　英語学習のやる気がでなくて悩んでいる方・続ける方法が知りたい方は、オーディオ電子書籍<small>でんししょせき</small>の「不思議の国のアリス」をぜひ試してみてください。
>
> 　このオーディオ電子書籍は、どなたでも楽しみながら英語を勉強することができます。みんなが知っている物語なので、次の話しが簡単に予想できます。また、音声つきなので、目からだけではなく、耳からも英語が入ってきます。かわいい挿絵<small>さしえ</small>つきなのでお子様にもおすすめです。物語に出てきた単語をクイズ形式で楽しむことができる構成になっています。しおり要らずで閉じたところからスタートする機能もついています。
>
> 　興味のある方は、無料資料を申請してみてください。

26　この広告がいう楽しみながら英語を勉強することができる理由は何か。

1　ただで必要な資料を申請することができるから。

2　ストーリーが新しくて面白いから。

3　広く知られている内容で、音声もあるから。

4　子どもが好きな絵とクイズがある教材だから。

（4）

総務部長様
　研修の報告書をメールに添付して提出します。この度は貴重な研修に参加させていただき、ありがとうございました。
　今回の研修の内容は個人的にも関心の高いテーマでした。話しあいや実習も多くて勉強になりました。仕事をする時にすぐに使いたいと思います。特にビジネスメールを書く時の注意点を知って、これからの課題がわかりました。参加した人たちといっしょに勉強会をするつもりです。

営業部　藤井

27　藤井がこのメールを書いた理由は何か。

1　研修が仕事に役立つ内容で満足したから。

2　研修に参加できなかったので勉強会を開くため。

3　ビジネスメールを書くことができなかったから。

4　研修後、上司に成果を報告するため。

問題5 つぎの (1) と (2) の文章を読んで、質問に答えなさい。答えは、1・2・3・4
から 最もよいものを一つえらびなさい。

（1）

　話し言葉とも書き言葉とも違う、「打ち言葉」を知っていますか。電子メールやSNSでのコミュニケーションに使われる変わった表現を「話し言葉の部分を多く持つ新しい書き言葉」として「打ち言葉」と呼んでいます。これは2018年に文化庁が発表しました。

　「打ち言葉」の特徴は書き言葉でありながら、話し言葉により近いことと絵文字などの記号がたくさん使われることです。ワープロの普及が進んだ影響から、「OK」は「おk」となり、笑うは「warau」の「w」のように、一文字だけを書きます。

　このようなことから、「意味がわからない」「正しい言葉ではない」と思う人もいるかもしれませんが、「打ち言葉」はインターネットの世界では広く知られています。今では新しいコミュニケーションの表現として考えるのがよいようです。しかし、正しい表現でないことや使われ方には年代によって違いがあることを知っておくのがよいでしょう。

28 「打ち言葉」とは、何か。

1 インターネットで決まった意味で使われる言葉

2 電子メールを書く時に使わなければならない言葉

3 電子メールやSNSで使われる新しい言葉

4 インターネットの世界で使わなければならない言葉

29 「打ち言葉」だけの特徴は何か。

1 記号が使われる言葉である点。

2 電子機器の言葉の打ち方に影響された点。

3 文字で表すことができる言葉である点。

4 口語のような表現が多い点。

30 この文章を書いた人は、「打ち言葉」を、どう考えているか。

1 新しい表現で、知らない人もいるので使う時には注意が必要だ。

2 言葉は時代とともに変わっていくものだから新しい表現として使いたい。

3 正しくない表現が広まるのはよくないので、使わない方がいい。

4 世界で広く使われているので、知らないなら学んでどんどん使うのがよい。

（2）

　日本でよく見かけるカラスは私たち人間にとっては厄介者で、怖い存在というイメージが強い。声が大きくてうるさい、体が大きくて近づけないなどの理由でカラスを嫌がる人が多いことも①問題となっている。しかし、このカラスは相当知能が高く、言葉を使ったり、道具を使ったりすることができるという事実はよく知られている。

　ある実験で、カラスがなき声で仲間に自分の居場所を知らせることが確認されたという。カラスは、すむ地域によって種類も、なき声も違う。雪の上をすべりながら遊ぶカラスの姿が写真にとられて話題になったことがあるが、道路にクルミをおいて、車にひかせてクルミを割って食べていたという②報告もある。

　このカラスが都会に多いのは、人間が生ごみをいっぱい作るからだと言われている。なんでも食べるカラスにとって、食べ物があふれている都会こそ、巣を作って生きていくのにもっとも適している場所かもしれないというわけだ。

　森もカラスが好む野生の果物もなくなっている現在、カラスが都会に集まるのもある意味当たり前ではないかとも思う。

31 ①問題とは何か。

1 日本では都会にカラスが多いこと。

2 悩みの種と思っている人が多いこと。

3 カラスが賢い動物であること。

4 コミュニケーション能力があること。

32 どんな②報告か。

1 人間の食べ物をとるということ。

2 カラスを嫌がる人が多いということ。

3 道具を使うことができるということ。

4 カラスが文化を持っているということ。

33 この文を書いた人は、カラスについてどう考えているか。

1 カラスが都会に多いのは人間のせいでもある。

2 これからはカラスとの共生方法を考えるべきだ。

3 ごみを減らすなど、カラスが増えないようにした方がいい。

4 カラスは何でも食べられるので、どこでも生きられる。

問題6 つぎの文章を読んで、質問に答えなさい。答えは、1・2・3・4から最も よいものを
一つえらびなさい。

소요시간
5분

　ブラックバイトという言葉を知っているだろうか。ブラック企業、ブラック校則、ブラック
バイトなど、最近ブラックがつく言葉をよく見る。ブラックバイトとは、よくない条件で学生
を働かせるアルバイトのことである。社員と同じようにたくさん働かされて勉強ができなくな
る、給料をきちんと払ってもらえなかったなどの問題が起きている。

　学生のアルバイト相談にのっている「ブラックバイトユニオン」は、ブラックバイトが増え
たことにはアルバイトやパートなどに頼る会社が増えてきたことが関係していると言っている。
アルバイトやパートは社員より安く働かせることができるため、彼らにたくさんの仕事をやら
せれば、給料をあまり払わなくてもいいと思うのだ。このような会社の都合で被害を受けてい
る学生が多くなってきた。

　学生もアルバイトを始める前に契約条件などを確認し、始めるべきではあるが、アルバイト
が初めてでよくわからず、まず契約してしまうこともあるだろう。私も、学生のころは、契約
については何も分かっていなかった。働く条件について深く考えるようになったのは、社会人
になってからだ。将来のために希望をもって仕事と勉強をがんばろうとする学生が無理に悪い
条件で働かされてしまうのはとても残念なことだ。働く学生も気を付けるべきだが、社会全体
で変えていかなければならないだろう。

34 ブラックバイトとは、何か。

1 黒い服を着た最近人気のアルバイト

2 今年新しくできたアルバイト

3 最近の学生がよくするアルバイト

4 悪い条件で学生を働かせるアルバイト

35 この文を書いた人が思うブラックバイトが増えた原因は何か。

1 最近、優秀な学生が多くなったから

2 アルバイトをしたい人が以前より多いから

3 安いバイトに働かせようとする会社が増えたから

4 会社が給料を払えなくなったから

36 筆者は、学生にどのような点に注意するように言っているか。

1 事前に、働く会社についてよく調べる。

2 平均的な給料を頭に入れておく。

3 条件をよく確認してから契約する。

4 契約しているアルバイトの数を調べる。

37 この文を書いた人の考えと合っているのは、どれか。

1 働く人が気を付ければブラックバイトは問題ない。

2 ブラックバイトは残念だが、どうしようもないことである。

3 働いている人だけではなく、社会で考えるべき問題である。

4 ブラックバイトはとても恥ずかしい日本社会の問題である。

問題7　右のページは、写真コンテストの案内である。これを読んで、下の質問に答え
なさい。答えは、1・2・3・4から最もよいものを一つえらびなさい。

소요시간
5분

38　中村さんは大学生で小学6年生の弟がいる。家族みんなといっしょに公演を見たいけど、
中村さんの学校は15時に終わる。家族みんなで見ることができる公演は、どれか。

1　ブルーレインズ・アルバム発売記念イベント

2　J-POPコンサート

3　ミュージカル『マスター』

4　スターレンジャーヒーローショー

39　吉野さんは毎日、16時に仕事が終わる。仕事場からあまのホールまで行くには、1時間
30分かかる。吉野さんがチケットを購入し、見ることができる公演はどれか。

1　スターレンジャーヒーローショー

2　ミュージカル『ドッグ』

3　クラシックコンサート

4　ブルーレインズ・アルバム発売記念イベント

あまのホール

2月12日（月）～2月18日（日）の公演のご案内

公演名	日にち	時間	内容	おしらせ
ピアノ コンサート	2月12日	17:00	有名なピアニスト2人による コンサートです。	出演者の都合により、 10日から12日に延期と なりました。
スターレンジャー ヒーローショー	2月17日	14:00	スターレンジャーが世界を救 う、ヒーローショーです。	なし
ブルーレインズ・ アルバム発売記念 イベント	2月15日	15:00	アイドルグループ・ブルーレ インズのファーストアルバム 発売記念イベントです。	小学生以下の お子様はご覧いただけ ません
ミュージカル 『ドッグ』	2月13日	18:00	犬たちの物語です。	なし
クラシック コンサート	2月16日	18:30	クラシック音楽を楽しんでい ただける公演です。	なし
J-POP コンサート	2月18日	19:00	J-POPを楽しんでいただける 公演です。	中学生以下のお子様は ご覧いただけません
ミュージカル 『マスター』	2月17日	17:00	マスターを目指す、大学生の 物語です。	なし

＊すべての公演のチケットは1時間前まで買うことができます。

N3

聴解
(40分)

ちゅうい
Notes

1. 試験が始まるまで、この問題用紙を開けないでください。
   Do not open this question booklet until the test begins.

2. この問題用紙を持って帰ることはできません。
   Do not take this question booklet with you after the test.

3. 受験番号と名前を下の欄に、受験票と同じように書いてください。
   Write your examinee registration number and name clearly in each box below as written on your test voucher.

4. この問題用紙は、全部で 14 ページあります。
   This question booklet has 14 pages.

5. この問題用紙にメモをとってもかまいません。
   You may make notes in this question booklet.

じゅけんばんごう　Examinee Registration Number	
なまえ　Name	

問題1

問題1では、まず質問を聞いてください。それから話を聞いて、問題用紙の1から4の中から、最もよいものを一つえらんでください。

れい

1 明日の11時まで

2 部長がしゅっちょうに行く前まで

3 あさっての11時まで

4 明日中

1ばん

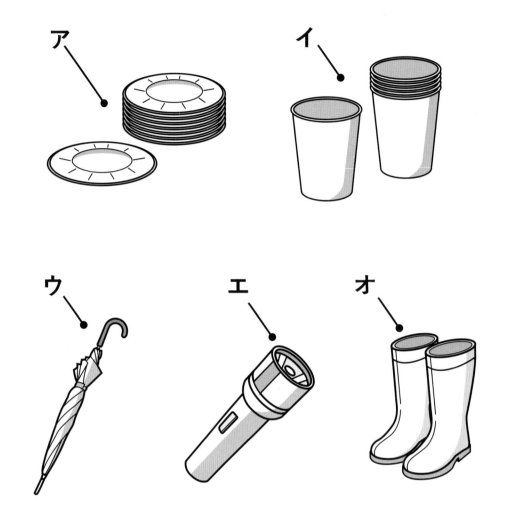

ア
イ
ウ
エ
オ

1 ア イ ウ

2 イ ウ オ

3 ウ エ オ

4 イ ウ エ

2ばん

1　じゅぎょうにさんかする

2　試験をうける

3　外国人とじゆうに話をする

4　お茶を飲みながら待つ

3ばん

1　紙コップと紙ざら

2　飲み物と紙コップ

3　はしとペットボトル

4　飲み物と紙ざら

4ばん

1 せきで仕事の説明を聞く

2 かいぎ室に行く

3 パソコンを取りに行く

4 会社の食堂に行く

5ばん

1 やさい、たまご

2 たまご、ぎゅうにゅう、電池

3 たまご、電池、プリン

4 ぎゅうにゅう、電池

6ばん

1 会場にポスターを持っていく

2 ポスターのたんとう者にかくにんする

3 しりょうに写真と説明をいれる

4 しょうひんを用意する

問題2

　問題2では、まず質問を聞いてください。そのあと、問題用紙を見てください。読む時間があります。それから話を聞いて、問題用紙の1から4の中から、最もよいものを一つえらんでください。

れい

1　学校の勉強がたいへんだから

2　じゅけん勉強を始めたから

3　新しいしゅみをもったから

4　ピアノのじゅぎょう料が高くなったから

1ばん

1 ものが動かないようしておく

2 出かけないようにする

3 水をいっぱい飲む

4 体の調子の変化に注意する

2ばん

1 妻にひみつのパーティーだから

2 おおくの人に見られるのがはずかしいから

3 花とケーキをプレゼントしたいから

4 前の日までに考えて決めたいから

3ばん

1 仕事が早く終わるから

2 こどもが待っているから

3 昼寝をしなくなったから

4 体がしんぱいだから

4ばん

1 先生がそうじを手伝ってくれるから

2 学校が終わったらすぐ帰宅できるから

3 いっしょにそうじをする時間があるから

4 町をきれいにしようという意識が高まるから

5ばん

1 試験をうけること

2 体のちょうしが悪かったこと

3 友だちとショッピングにいくこと

4 家で夕飯を食べないこと

6ばん

1 短期間でめんきょを取りたかったから

2 家から自動車学校まで遠いから

3 料金が安くなるから

4 自分のペースでめんきょが取れるから

_{もんだい}
問題 3

　問題3では、問題用紙に何もいんさつされていません。この問題は、ぜんたいとしてどんなないようかを聞く問題です。話の前に質問はありません。まず話を聞いてください。それから、質問とせんたくしを聞いて、1から4の中から、最もよいものを一つえらんでください。

－ メモ －

<ruby>問題<rt>もんだい</rt></ruby>４

　<ruby>問題<rt>もんだい</rt></ruby>４では、えを<ruby>見<rt>み</rt></ruby>ながら<ruby>質問<rt>しつもん</rt></ruby>を<ruby>聞<rt>き</rt></ruby>いてください。やじるし（➡）の<ruby>人<rt>ひと</rt></ruby>は<ruby>何<rt>なん</rt></ruby>と<ruby>言<rt>い</rt></ruby>いますか。１から３の<ruby>中<rt>なか</rt></ruby>から、<ruby>最<rt>もっと</rt></ruby>もよいものを<ruby>一<rt>ひと</rt></ruby>つえらんでください。

れい

1ばん

2ばん

3ばん

4ばん

もんだい
問題5

　問題5では、問題用紙に何もいんさつされていません。まず文を聞いてください。それから、そのへんじを聞いて、1から3の中から、最もよいものを一つえらんでください。

ー　メモ　ー

JLPT

최신기출^{유형} 실전모의고사

N3

전략 해설집

S 시원스쿨닷컴

목차

언어지식(문자·어휘)

問題1		問題4	
1	4	26	2
2	2	27	3
3	4	28	1
4	1	29	1
5	2	30	4
6	3	**問題5**	
7	2	31	2
8	4	32	4
問題2		33	4
9	2	34	1
10	2	35	1
11	1		
12	2		
13	2		
14	4		
問題3			
15	1		
16	2		
17	3		
18	3		
19	2		
20	2		
21	2		
22	1		
23	2		
24	3		
25	4		

언어지식(문법)·독해

問題1		問題4	
1	2	24	3
2	4	25	4
3	3	26	1
4	4	27	2
5	2	**問題5**	
6	3	28	4
7	4	29	3
8	1	30	1
9	3	31	2
10	2	32	3
11	1	33	1
12	3	**問題6**	
13	2	34	3
問題2		35	1
14	1	36	2
15	4	37	3
16	3	**問題7**	
17	3	38	2
18	2	39	1
問題3			
19	1		
20	1		
21	3		
22	2		
23	1		

청해

問題1		問題4	
例	2	例	1
1	4	1	2
2	2	2	1
3	4	3	2
4	3	4	2
5	1	**問題5**	
6	2	例	2
問題2		1	2
例	3	2	2
1	2	3	1
2	4	4	1
3	3	5	3
4	2	6	1
5	1	7	3
6	2	8	2
問題3		9	3
例	3		
1	2		
2	1		
3	2		

본책 27 페이지

1교시   언어지식(문자·어휘)

問題1 ＿＿＿단어의 읽는 법으로 가장 알맞은 것을 1·2·3·4에서 하나 고르세요.

1 정답 4

다음 달, 회사가 교외로 이전하게 되었다

해설 「移」의 음독은 「い」, 「転」의 음독은 「てん」이므로 「いてん(이전)」이 답이다.

빈출 移る(이동하다) | 移動(이동) | 転ぶ(넘어지다) | 運転(운전)

어휘 郊外(교외) | ～ことになる(~하게 되다)

2 정답 2

어제부터 위가 아파서 학교를 쉬기로 했다.

해설 「胃(위)」는 음독 「い」만 기억하면 된다. 신체를 나타내는 다른 선택지 1 肩(어깨), 3 頭(머리), 4 腕(팔)도 함께 알아 두자.

빈출 胃袋(위)

어휘 調子(상태) | ～ことにする(~하기로 하다)

3 정답 4

역에서 걸어서 5분 이내인 곳에 있는 아파트를 빌렸다.

해설 「以」의 음독은 「い」, 「内」의 음독은 「ない」이므로 「いない(이내)」로 읽는다. 다른 선택지 1 以前(이전), 2 以外(이외)도 함께 알아 두자.

빈출 以上(이상) | 以下(이하) | 以前(이전) | 以後(이후) | 以降(이후) | 以来(이래) | 案内(안내) | 室内(실내) | 内容(내용) | 店内(가게 안)

어휘 借りる(빌리다)

4 정답 1

이 자료는 작은 글자로 인쇄되어 있습니다.

해설 「細」의 훈독에는 「細かい(잘다, 작다, 미세하다, 까다롭다, 세세하다)」와 「細い(가늘다)」가 있다. 다른 선택지 2 近い(가깝다), 3 深い(깊다), 4 短い(짧다)도 함께 알아 두자.

빈출 細い(가늘다) | 些細な(작은, 사소한) | 細火(약불)

어휘 資料(자료) | 文字(글자) | 印刷(인쇄)

5 정답 2

미성년자에게는 술을 판매할 수 없습니다.

해설 「販」의 음독은 「はん」이고 「売」의 음독은 「ばい」로 「はんばい(판매)」가 답이 된다. 다른 선택지 3 売買(매매), 4 発売(발매)도 함께 알아 두자.

빈출 売る(팔다) | 売れる(팔리다) | 商売(장사)

어휘 未成年者(미성년자)

6 정답 3

입원 생활이 2주 동안이나 계속되고 있다.

해설 「続」의 훈독은 「続く(계속되다)」와 「続ける(계속하다)」가 있는데, 음독 「ぞく」도 많이 쓰이니 기억해 두자. 다른 선택지 1 動いて(움직이고, 움직여서), 2 開いて(열고, 열어서), 4 乾いて(마르고, 말라서)도 함께 알아 두자.

빈출 続ける(계속하다) | 相続(상속) | 続々(속속)

어휘 入院(입원) | 生活(생활)

7 정답 2

행사장 안에서는 담당자의 지시에 따라 주세요.

해설 「係」의 훈독은 「係り(담당)」이며 음독 「けい」이다. 「係員(담당자)」에서는 훈독으로 읽으니 기억해 두자. 다른 선택지 1 役員(임원), 3 職員(직원), 4 店員(점원)도 함께 알아 두자.

빈출 関係(관계) | 全員(전원) | 満員(만원)

어휘 会場内(행사장 안) | 指示(지시) | ～にしたがって(~에 따라)

8 정답 4

길을 횡단할 때는, 주위를 잘 보는 편이 좋다.

해설 「横」의 음독은 「おう」이고, 훈독은 「よこ」로 읽는다. 「断」의 음독은 「だん」이고 훈독은 「断る(거절하다)」이다.

빈출 断る(거절하다) | 診断(진단)

問題2 _____ 단어를 한자로 쓸 때, 가장 알맞은 것을 1·2·3·4에서 하나 고르세요.

9 정답 2

여기서 내려다보는 경치는 절경이다.

해설 「けしき」는 「景色」라고 쓰고 '경치'라는 의미이다. 「景」의 음독은 보통 「けい」로 읽고, 「色」의 음독은 보통 「しょく」라고 읽는데, 「景色」는 예외로 「けしき」로 읽으니 주의해서 외워두자. 다른 선택지 1 風景(풍경), 3 景気(경기), 4 風気(기후)도 함께 알아두자.

빈출 夜景(야경) | 特色(특색) | 顔色(안색)

어휘 見下ろす(내려다보다) | 絶景(절경)

10 정답 2

우리 개는 아주 영리하다.

해설 「賢」의 훈독은 「賢い(현명하다, 영리하다)」, 음독은 「けん」으로 읽는다. 유의어 「賢明だ(현명하다)」도 함께 기억해 두자. 다른 선택지 1 良い(좋다), 3 速い(빠르다)도 함께 알아두자.

빈출 賢明だ(현명하다)

어휘 うちの(우리~) | とても(아주, 대단히)

11 정답 1

그녀는 어려서부터 피아노 재능이 있었다.

해설 「才」는 음독하면 「さい」가 되고, 「能」은 음독하면 「のう」로 읽으므로, 「才能(재능)」가 된다.

빈출 天才(천재) | 能力(능력) | 可能(가능)

어휘 幼い(어리다) | 頃(무렵, 때)

12 정답 2

앞으로 주말에는 집 근처를 산책하기로 했다.

해설 「週」의 음독은 「しゅう」이며, 「末」의 음독은 「まつ」이므로 「週末(주말)」가 된다.

빈출 週刊誌(주간지) | 年末(연말) | 月末(월말)

어휘 これから(앞으로) | 近く(근처) | 散歩(산책) | ~ことにする(~하기로 하다)

13 정답 2

치즈에서 이상한 맛이 났다.

해설 「味」의 훈독은 명사 「味(맛)」와 동사 「味わう(맛보다)」가 있고, 음독하면 「み」로 읽는다. 다른 선택지 3 涙(눈물), 4 色(색)도 함께 알아두자.

빈출 味わう(맛보다) | 意味(의미) | 趣味(취미) | 興味(흥미) | 味方(우리 편, 아군)

어휘 変だ(이상하다) | 味がする(맛이 나다)

14 정답 4

벚꽃이 피면 봄을 느낍니다.

해설 「咲」는 훈독하면 동사 「咲く(꽃이 피다)」로 읽는다. 다른 선택지 1 吹く(불다), 2 欠く(부족하다, 없다)도 함께 알아 두자.

빈출 遅咲き(늦게 핌)

어휘 さくら(벚꽃) | 春(봄) | 感じる(느끼다)

問題3 ( )에 들어갈 것으로 가장 알맞은 것을 1·2·3·4에서 하나 고르세요.

15 정답 1

나는 매일 아침 셔츠를 (다림질합니다).

해설 '다림질을 한다'라는 표현은 관용표현인 「アイロンをかける」라고 말한다. 문맥규정, 즉 괄호 넣기 문제에서는 이런 관용표현이 자주 출제되니 발견할 때마다 잘 정리해 두자.

오답 2 つけます(붙입니다, 답니다) 3 します(합니다) 4 とります(잡습니다, (사진을)찍습니다)

어휘 毎朝(매일 아침) | アイロン(다리미)

16 정답 2

남편이 집안 청소를 도와주지 않아 (짜증난다).

해설 감정을 묻는 문제는 자주 출제되니 잘 정리해 두자. 「いらいらする」는 '짜증, 불안, 초조해 한다'라는 뜻이므로 답은 2번이다.

오답 1 わくわく(두근두근) 3 うきうき(들떠 있는 상태) 4 どきどき(두근두근)

어휘 夫(남편) | 掃除(청소) | 手伝う(돕다)

17 정답 3

몸에 이상 없는지 자세히 (검사)한다.

해설 괄호 앞 「体に異常がないか(몸에 이상이 없는지)」라는 표

현이 큰 힌트이다. 몸에 이상이 있는지 알기 위해서는 병원에 가서 「検査(검사)」를 받아야 하니 답은 3번이다.

오답 1 実験(실험) 2 研究(연구) 4 調査(조사)

어휘 体(몸) | 異常(이상) | 詳しい(자세하다, 상세하다)

---

18 정답 3

수업에 지각할 줄 알았는데 (간신히) 늦지 않았다.

해설 뒤에 나오는 「間に合う(늦지 않고 제 시간에 대다)」와 어울릴 수 있는 단어를 찾아야 한다. 시간을 나타낼 수 있는 단어는 3번 「ぎりぎり(시간 등에 여유가 없이 빠듯한 상태)」밖에 없다.

오답 1 のろのろ(느릿느릿) 2 じろじろ(빤히) 4 ぐらぐら(흔들흔들)

어휘 授業(수업) | 遅刻(지각) | 間に合う(늦지 않고 제 시간에 대다)

---

19 정답 2

올해 크리스마스는 누구와 (보낼 거예요)?

해설 앞에서 '올해 크리스마스는 누구와 ~'라고 했으니, 뒤에는 「過ごす(시간 등을 보내다, 지내다)」가 와야 문장이 자연스럽다.

오답 1 行う(행하다) 3 当たる(해당하다) 4 繰り返す(반복하다)

어휘 今年(올해)

---

20 정답 2

그녀가 (잘하는) 과목은 수학입니다.

해설 「得意だ」는 '자신 있다, 잘한다'라는 뜻의 단어이다. 반대어인 「苦手だ(서툴다, 자신 없다)」도 알아 두자.

오답 1 芸能(예능) 3 満足(만족) 4 才能(재능)

어휘 科目(과목) | 数学(수학)

---

21 정답 2

나의 (결점)은 남의 의견에 휩쓸리기 쉬운 점입니다.

해설 괄호 뒤에서 '남의 의견에 휩쓸리기 쉬운 점'이라고 했으니 좋은 점이 아니라 좋지 못한 점이 와야 하므로, 답은 2번 「欠点(결점)」이 된다.

오답 1 長所(장점) 3 具合(상태, 형편) 4 最低(최저)

어휘 僕(나) | 意見(의견) | 流される(이야기, 분위기 등에 휩쓸리다) | ところ(점, 부분)

---

22 정답 1

저는 초등학생 때 처음으로 피아노 (콩쿨)에 나갔습니다.

해설 '피아노'라는 단어와 매치할 수 있는 단어는 1번 「コンクール(콩쿨)」뿐이다.

오답 2 ストーリー(스토리) 3 プロ(프로) 4 チーム(팀)

어휘 小学生(초등학생) | 初めて(처음으로)

---

23 정답 2

건강을 위해서라도 영양밸런스가 좋은 식사를 (하도록) 합시다.

해설 「食事をとる(식사를 하다)」란 관용표현을 기억해 두자. 「とる」에는 다양한 용법이 있는데 지금처럼 음식을 '섭취하다'라는 뜻으로도 많이 사용된다. 「食事をする(식사를 하다)」도 같은 의미이니 함께 기억하자.

오답 1 引く(끌다) 3 流す(흘리다) 4 扱う(취급하다)

어휘 健康(건강) | ~のためにも(~을 위해서라도) | 栄養バランス(영양밸런스) | 食事をとる(식사를 하다) | ~ようにする(~하도록 하다)

---

24 정답 3

동해지방의 (최신)뉴스를 보내드립니다.

해설 괄호 뒤에 나오는 '뉴스'와 매치할 수 있는 단어는 3번 「最新(최신)」뿐이다.

오답 1 新品(신품) 2 十分(충분) 4 新鮮(신선)

어휘 東海地方(동해지방) | 届ける(보내다, 배달하다)

---

25 정답 4

크리스마스 케이크 사전예약이 (드디어) 시작된다.

해설 「いよいよ」는 기다리던 일이 드디어 성립되거나 실현되려하는 모습을 나타내는 부사이다. 뒤에 있는 「始まる(시작되다)」와 함께 잘 쓰이니 기억해두자.

오답 1 まさか(설마) 2 しばらく(잠시, 한동안) 3 どうしても(아무래도)

어휘 事前(사전) | 予約(예약)

問題 4　＿＿＿＿에 들어갈 것으로 가장 알맞은 것을 1 · 2 · 3 · 4에서 하나 고르세요.

26 정답 2

저는 카레를 만들 때, 채소와 고기를 듬뿍 넣습니다.

해설 「たっぷり」는 '듬뿍'이란 뜻으로 유의어는 2번 「たくさん (많이)」이다. 4번 「ぎっしり (가득, 잔뜩)」와 헷갈리지 않게 주의하자. 「たっぷり」는 '어떤 수량이 충분한 모양'을 뜻하고, 「ぎっしり」는 '빈틈없이 가득 찬 모양'을 뜻하는데, 주로 '선반, 책장, 예정, 스케줄' 등이 꽉 차 있을 때 사용한다.

오답 1 すべて(모두) 3 少々(조금) 4 ぎっしり(가득, 잔뜩)

어휘 野菜(채소) | 肉(고기)

---

27 정답 3

너무 더워서 목이 <u>마릅니다</u>.

해설 「からから」는 '물기없이 바싹 마른 상태'를 뜻하므로 유의어는 3번 「かわきます(마릅니다, 건조합니다)」이다. 「喉が かわく(목이 마르다)」를 관용표현으로 외워 두자.

오답 1 痛いです(아픕니다) 2 ぺこぺこです(배가 고픕니다) 4 かゆいです(가렵습니다)

어휘 暑すぎる(너무 덥다) | 喉(목) | 入れる(넣다)

---

28 정답 1

농구부 연습은 매일 <u>힘들 것 같다</u>.

해설 「きつい」는 '힘들다, 고되다'란 뜻으로 「きつそうだ(힘들 것 같다)」와 가장 가까운 의미가 되는 것은 1번 「大変そう だ(힘들 것 같다)」이다. 참고로 「きつい」에는 '사이즈, 크기 등이 꽉 끼다'란 뜻도 있으니 함께 기억해 두자.

오답 2 忙しそうだ(바쁠 것 같다) 3 簡単そうだ(간단할 것 같다) 4 楽そうだ(편할 것 같다)

어휘 バスケ部(농구부) | 練習(연습)

---

29 정답 1

나는 이 문장을 <u>암기하는 데에</u> 이틀이나 걸렸다.

해설 「暗記する」는 '암기하다'라는 뜻으로 1번 「覚える(외우다)」가 가장 가까운 표현이다. 참고로 「覚える」에는 '기억하다, 배우다, 익히다'란 뜻도 있다.

오답 2 忘れる(잊다) 3 書く(쓰다) 4 読む(읽다)

어휘 僕(나) | 文章(문장) | ～のに(~하는데) | 2日も(이틀이나) | かかる(걸리다)

---

30 정답 4

다나카 씨가 <u>이유도</u> 없이 화낼 리가 없겠지요.

해설 「わけ」란 단어에는 다양한 용법이 있다. 문제에 나온 용법은 '이유, 까닭'이란 뜻으로 「わけもなく」는 '이유도 없이, 까닭도 없이'란 뜻이 되므로 유의어는 4번 「理由(이유)」이다

오답 1 感覚(감각) 2 理解(이해) 3 感情(감정)

어휘 怒る(화내다) | ～はずがない(~할 리가 없다)

問題5 **다음 단어가 가장 알맞게 사용된 것을 1·2·3· 4에서 하나 고르세요.**

31 정답 2

예상이 <u>맞아서</u> 그는 이번에도 만점을 받았다.

해설 「当たる」는 '맞다, 적중하다, 해당되다'라는 뜻으로, 「予想が当たる」는 '예상이 적중하다, 맞다'라는 의미로 쓰인다. 문맥상 '그는 이번에도 만점을 맞았다'와 연결되어야 하므로 2번이 답으로 적당하다.

오답 1번은 「取り上げる(거론하다, 이야기를 다루다)」, 3번은 「探す(찾다)」, 4번은 「話し合う(서로 이야기하다, 논의하다)」가 되어야 자연스러운 문장이 된다.

어휘 二度と(두 번 다시) | 満点(만점) | ずっと(쭉) | アイデア (아이디어) | 会議(회의) | 流れ(흐름)

---

32 정답 4

듣고는 있지만, 선생님이 하시는 말씀을 <u>전혀</u> 이해하지 못 하겠다.

해설 「さっぱり～ない」는 '전혀, 조금도 ~하지 않다'란 뜻으로, 「さっぱりわからない(전혀 모르겠다)」로 잘 쓰이니 이 표현을 잘 기억해 두자. 덧붙여 「さっぱり」에는 '산뜻하다, 음식 등의 맛이 담백하다'는 뜻도 있으니 함께 알아 두자.

오답 1번은 「ずらりと(죽, 늘어선 모양)」, 2번은 「ぴったり(딱, 알맞은 모양)」, 3번은 「うっかり(깜빡)」가 되어야 자연스러운 문장이 된다.

어휘 できる(생기다) | めずらしい(진귀하다, 드물다) | 食品 (식품) | ならぶ(진열되다) | 親子(부모와 자녀, 자녀 동반) | 博物館(박물관) | 市役所(시청) | 近く(근처)

---

33 정답 4

같은 반 야마다 씨의 집은 우리 집 <u>맞은편</u>에 있다.

해설 「向かい」는 '맞은편, 건너편'이란 뜻으로 '눈 앞에 보이는 맞은편'을 나타낼 때 쓰인다. 문맥상 '야마다 씨의 집은 우리집 맞은편에 있다'는 표현이 되어야 하므로 4번이 정답으로 적당하다.

오답 1번은 「向こう(저편)」, 2번은 「向こう(행선지, 도착 장소)」, 3번은 「反対(반대)」가 되어야 자연스러운 문장이 된다.

어휘 夕方(저녁) | 海(바다) | 近く(근처) | 散歩(산책) | 沈む(저물다) | 太陽(태양) | 見える(보이다) | 食事(식사) | 着く(도착하다) | 優しい(다정하다, 상냥하다)

34 정답 1

올해 운동회는 비가 와도 결행한다고 한다.

해설 「決行する」는 '결행하다'는 뜻으로 가장 맞게 쓰인 문장은 1번이다. 「決行する」는 '어떤 역경이 있어도 과감하게 실행한다'는 뜻이다.

오답 2번은 「決定(결정)」, 3번은 「決心(결심)」, 4번은 「解決(해결)」이 되어야 자연스러운 문장이 된다.

어휘 運動会(운동회) | 意見(의견) | 次(다음) | 将来(장래) | パイロット(파일럿)

35 정답 1

그는 사실을 솔직하게 나에게 말했다.

해설 「正直だ」는 '정직하다, 솔직하다'라는 뜻이 있으며, 가장 맞게 쓰인 문장은 1번이다. 「正直(に)言うと(솔직히 말하면)」의 형태로 잘 쓰이니 함께 기억해두자.

오답 2번은 「直接(직접)」, 3번은 「本当(사실, 정말)」, 4번은 「ちゃんと(제대로)」가 들어가야 자연스럽다.

어휘 本当のこと(사실) | 遠く(먼 곳) | 引っ越す(이사하다)

1교시 언어지식(문법)

본책 35 페이지

問題1 다음 단어가 가장 알맞게 사용된 것을 1·2·3·4에서 하나 고르세요.

1 정답 2

저 노래를 들으면 언제나 어린 시절(이) 생각난다.

해설 ★ ～を思いだす : ~을 생각해 내다, 떠올리다
「思いだす」는 타동사이므로 앞에는 목적격 조사 「を」가 와야 하므로 답은 2번이 된다. 주의할 점은 문장에 따라 자동사처럼 해석되는 경우도 있다. 「用事を思い出す」(볼 일이 생각나다)

오답 1 ～が思い出される(~가 떠오르다, 생각이 나다) 3 に(~에게, ~에) 4 へ(~에)

어휘 歌(노래) | いつも(언제나, 항상) | 子供時代(어린 시절)

2 정답 4

아직 보지 않았다면, 그 영화는 절대로 보러 (가야해요).

해설 ★ べきだ : (당연히, 마땅히)해야 한다
「べきだ」는 '(당연히, 마땅히)해야 한다'라는 뜻이다. 부정표현 「べきではない(해서는 안 된다)」도 함께 기억해 두자.

오답 1 行くばかり(갈 뿐) 2 行くはず(갈 것) 3 行くつもり(갈 작정)

어휘 絶対に(절대로, 꼭)

3 정답 3

(회사에서)
다나카 "오늘은 어머니 생신인데 (쉬게 해 주실) 수 없을까요?"
부장 '알겠습니다. 즐거운 시간 보내세요.'

해설 ★ ～させてもらう : ～하다
「～させてもらう」는 자신을 낮추어서 말하는 '겸양어'로 '나(화자)'가 하려는 동작을 상대에게 용서 또는 허가를 받을 때 사용한다. 상대에게 허락을 요구할 때는 「もらえますか・もらえませんか」처럼 가능형을 사용해야 한다.

오답 1 休んで(쉬고, 쉬어서) 2 休まないで(쉬지 않고)

어휘 誕生日(생일) | 楽しい(즐겁다)

4 정답 2

가장 가고 싶던 대학에 합격하여, 눈물이 날 (정도로) 기뻤다.

해설 ★ Aほど : A할 정도로, A할 만큼
「ほど」가 동사에 접속하면 '동사할 정도로, 동사할 만큼'이라는 뜻이 된다. 「ほど」가 명사에 접속하면 '명사 정도'란 뜻이 된다. 문법 문제에 잘 나오는 문형으로 「～ば～ほど(~면 ~수록)」이 있으니 꼭 기억해 두자.

오답 1 反面(반면) 3 かわりに(대신에) 4 一方で(한편)

어휘 第一希望(제일 희망) | 合格(합격) | 涙(눈물) | 嬉しい(기쁘다)

5 정답 2

> 공항 행 버스는 40분 (간격으로) 운행되고 있다.

해설 ★ Aおきに：A간격으로, A마다, A걸러

「Aおきに」는 'A간격으로, A마다, A걸러'란 뜻으로, A에는 시간 외에 거리도 올 수 있으니 기억해 두자.

오답 1 たびに(할 때마다) 3 ほどに(할수록) 4 以上に(이상으로)

어휘 空港(공항) | ～行き(～행)

---

6 정답 3

> 100엔숍 그릇은, 외관 (탓에) 싸구려 같아 보인다.

해설 ★ Aせいで：～때문에, ～탓에

「Aせいで」는 'A로 인해 나쁜 결과가 되었다'라는 뜻으로 문맥상 '싸게 보인다'는 나쁜 의미와 연결되어야 하므로 「せいで」가 답으로 적당하다.
「Aっぽい」는 'A스럽다, A한 경향(성질)이 있다'라는 의미로, 자주 출제되는 문형이다. 앞에 오는 단어에 따라 약간의 뉘앙스 차이가 있으므로 의역을 잘 해야 하며, 품사별 접속도 꼭 기억해두자.

★ 명사＋っぽい：大人っぽい(어른스럽다)

★ 동사ます형＋っぽい：忘れっぽい(잘 잊어버리다)

★ い형용사어간＋っぽい：安っぽい(싸구려 같다, 싼 티 난다)

오답 1 おかげで(덕분에) 2 ほどで(정도로) 4 くらいで(정도로)

어휘 100円ショップ(100엔숍) | 食器(그릇) | 見た目(겉보기, 외모)

---

7 정답 4

> 리　오늘 저녁은 뭐 먹고 싶어?
> 하나코　글쎄. 오랜만에 이탈리안 음식 먹고 싶은 기분이야. 피자(라든지).

해설 ★ Aとか：A라든지, A라든가

「Aとか」는 'A라든지, A라든가'란 열거의 뜻을 가지고 있다. A가 아닌 다른 것이 될 가능성도 있다는 말을 할 때 쓰는 문형이다. 즉 대화에서는 '피자'란 음식이 등장했지만, 이탈리아 음식의 대표로 피자를 언급했을 뿐, 꼭 피자가 아니어도 괜찮다는 의미를 나타낸다.

오답 1 だけ(만) 2 のみ(뿐) 3 しか(밖에)

어휘 晩御飯(저녁밥) | 久しぶりに(오랜만에) | 気分(기분)

---

8 정답 1

> 유이　늘 만점만 받던 사사키 군이, 테스트에서 만점을 놓치다니 믿을 수 없어.
> 사사키 나(도) 공부하지 않으면 만점 따위는 받을 수 없어.

해설 ★ Aだって：A도, A라도

「Aだって」는 「Aも(A도)・Aでも(A라도)」라는 뜻이다.

오답 2 なんて(라니) 3 って(라고) 4 だけ(만)

어휘 満点(만점) | 逃す(놓치다) | 信じる(믿다) | 僕(나) | ～なんか(～따위) | とる(점수를 받다, 따다)

---

9 정답 3

> 얀　　"히로시 군, 다쳐서 반년이나 입원하고 있었대."
> 하나코　"그랬어? (그러고보니) 요즘 안 보인다고 생각하고 있던 참이야."

해설 ★ そういえば：그러고 보니

「そういえば」는 상대의 말 등을 듣고 그와 관련된 화제를 제시할 경우나 연상되는 화제를 말할 때 사용하는 표현이다. 회화체에서 많이 사용되는 표현이니 잘 기억해두자.

오답 1 なぜなら(왜냐하면) 2 それなら(그러면) 4 あるいは(또한)

어휘 けがする(다치다) | 半年(반년) | 入院(입원) | ～だって(～래) | 最近(요즘) | 見かける(보다, 만나다)

---

10 정답 2

> 자녀 진학 (문제로) 고민하고 있는데, 이야기를 들어주실 수 있으세요?

해설 ★ のことで：～문제로, ～에 관해

「のことで」는 '～문제로, ～에 관해'란 뜻으로, 주로 질문, 상의하는 대화를 시작할 때 많이 사용하는 문형이니 기억해 두자.

오답 1 ことが(것이) 3 もので(것으로) 4 ものが(것이)

어휘 進学(진학) | 悩む(고민하다) | ～てもらえる(～해 받을 수 있다, ～해 줄 수 있다)

---

11 정답 1

> (전화로)
> 비서　"여보세요, 야마다 사장님, 오늘은 이쪽에 몇 시쯤 오십니까?"
> 야마다　"글쎄요. 4시쯤 (찾아 뵙겠습니다)만, 괜찮으시겠어요?"

★ うかがう : 방문하다

「うかがう」는 「訪ねる・訪問する」는 '방문하다'의 겸양어
이다. 자신이 상대가 있는 곳을 방문할 때, 자신의 방문 행위
를 겸손하게 나타내는 동사이다. 「明日、ご自宅へうかが
います」(내일, 댁에 찾아 뵙겠습니다) 그리고 「うかがう」에
는 「聞く・質問する」(듣다, 질문하다)의 겸양어 뜻도 있으
니 함께 기억해 두자.

오답 1 いらっしゃる(行く(가다), 来る(오다), いる(있다)
존경어) 3 おっしゃる(言う(말하다) 존경어) 4 申す(言う
(말하다) 겸양어)

어휘 秘書(비서) | お見えになる(「来る」의 존경어, 오시다)

---

12 **정답** 3

야마다 "프레젠테이션 자료 잘 준비해 왔어?"
우치다 "어라, 오늘 아침까지 여기 있었는데, 나 어디 (뒀)더
라?"

해설 ★ っけ : ~했지?, ~했나?

「~っけ」는 불확실한 사실에 대해 물을 때 사용하는 표현으
로, '~했지?, ~했나?'라는 뜻 이며 「た형+っけ」의 형태로 사
용된다. '~했지?, ~했나?'라는 뜻이다. 화자가 확실히 기억
못하고 있는 일을 상대에게 확인하거나, 자신의 기억을 더듬
을 때 사용하며, 혼잣말로도 사용하는데, 회화체에서만 사용
한다.

오답 1 置く(두다) 2 置いて(두고, 둬서) 4 置かない(두지 않
다)

어휘 プレゼン(프레젠테이션) | 資料(자료) | ちゃんと(잘, 제
대로) | 準備(준비) | 置く(두다, 놓다)

---

13 **정답** 2

오다 "요즘, 늦게까지 아버지 일을 돕고 있다면서요? 힘들겠
네요"
다니다 "아니요. (억지로) 도와드리고 있다기 보다는 제가 좋
아해서 하는 거니까 괜찮아요."

해설 ★ ~させられる : ~시킴을 당하다 (사역 수동)

「~させられる」는 '사역 수동' 용법이다. '사역 수동'은 '(하
고 싶지 않은 동작이나 행위를 억지로, 강제로) ~하다'란 뜻
이다.

오답 1 させている (~하게 하다) 3 させようとする (~하게 하
려고 하다) 4 させられようとする (강제로 ~하려고 하다)

어휘 最近(요즘, 최근) | 遅くまで(늦게까지) | 手伝う(돕다) |
大変だ(힘들다, 큰일이다) | 大丈夫だ(괜찮다)

問題 2 다음 문장의 ★ 에 들어갈 가장 알맞은 것을
1·2·3·4에서 하나 고르세요.

14 **정답** 1 (3-2-1-4)

3 簡単に	2 ぐっすり	1 ★ 眠れるように	4 なる

간단하게 푹 1 ★ 잘 수 있게 되는

해석 다나카 "간단하게 푹 잘 수 있게 되는 방법이 있으면 가르쳐
주세요."
야마다 "자기 전에 따뜻한 음료를 마시면 좋아요."

해설 「Aようになる」는 'A하게 되다'라는 변화를 나타내는 문형
으로, A에 '가능형'의 형태가 오면 '능력이 변화' 되었다는 것
을 나타낸다. 선택지에서 '동사 가능형+ようになる'형태가
되려면 1번 뒤에 4번이 와야 한다. 또한, '~하는 방법을 가르
쳐 주세요'라는 문맥에 이어져야 하므로 '간단히 푹 자다'가
맨 앞에 오면 자연스러운 문장이 된다. 따라서 순서대로 나열
하면 3-2-1-4가 된다.

어휘 眠る(잠자다) | 簡単に(간단하게) | 方法(방법)

---

15 **정답** 4 (3-1-4-2)

3 親に	1 相談して	4 ★からでないと	2 決めることは

부모님과 상의하고 4 ★ 나서가 아니면 결정할 수

해석 유학에 관해서는 부모님과 상의하고 나서가 아니면 결정할
수 없습니다.

해설 「Aてからでない」는 「AてからでないとBできない」로 쓰
여 'A하고 나서가 아니면 B할 수 없다'라는 뜻이다. 즉 A가
성립되지 않으면 B도 성립되지 않는다는 뜻으로 반드시 A
가 선행되어야 한다. 「AてからでなければBできない(A하
고 나서가 아니면 B할 수 없다)」도 같이 기억하자. 문맥을 생
각하면 '부모에게 상담하고 나서 결정하다'가 맞으므로 먼저
3번+1번+4번 「親に相談してからでないと」가 되고 그 뒤
에 2번이 와야 자연스러우므로, 나열하면 3-1-4-2가 된다.

어휘 留学(유학) | 親(부모님) | 相談(상의, 상담) | 決める(결정
하다)

---

16 **정답** 3 (2-4-3-1)

| 2 将来について | 4 悩んで | 3 ★ ばかりいても | 1 何も解決
しないので |
|---|---|---|---|

장래에 대해 고민 3 ★만 하고 있어도 아무것도 해결되지 않기
때문에

해석 자신의 장래에 대해 고민만 하고 있어도 아무것도 해결되지
않기 때문에, 나는 주위 사람에게 상담하기로 하고 있습니다.

해설 「Aてばかりいる」는 동사 て형에 접속하여 'A하기만 한다, A만 하고 있다「泣いてばかりいる(울기만 하다)」란 뜻이다. 이 문형을 알면 우선 4번+3번「悩んでばかりいても」를 만들 수 있고, 문맥상 고민하는 내용은 '자신의 장래'이므로 2+4+3이 완성된다. 그리고 뒤에는「何も解決しないので」가 와야 자연스러우니, 나열하면 2-4-3-1이 된다.

어휘 将来(장래) | 悩む(고민하다) | 解決(해결) | まわりの人(주위 사람) | 相談(상담) | 동사 기본형+ことにする(~하기로 하다)

---

17 정답 3 (4-1-3-2)

<u>4と</u> <u>1いう</u> <u>3★テーマで</u> <u>2講義を</u>

이 라는 3 ★주제로 강의를

해석 일요일에 '나 답게 산다는 것'이라는 주제로 강의를 하겠습니다.

해설 「~という」는 '~이란, ~라고 하는'이라는 뜻으로, 회화체에서는「~っていう」를 많이 사용한다. 우선「~という」앞에 올 수 있는 표현을 찾아야 하는데 선택지에는 없고,「自分らしく生きるとは」가 와야 문맥이 맞으므로 4번과 1번이 맨 앞에 간다. 그 뒤에는 3번이 와야 자연스러우므로 우선 4번+1번+3번「というテーマで」가 되고 뒤에는 '하겠습니다'가 와야 문맥이 맞으므로, 나열하면 4-1-3-2가 된다.

어휘 ~らしい(~답다) | 生きる(살다) | ~とは(~란) | 講義(강의) | いたす(する의 겸양어)

---

18 정답 2 (4-2-1-3)

<u>4静かで</u> <u>2★大人しい</u> <u>1のに対して</u> <u>3次男は</u>

조용하고 2 ★ 얌전한 데에 비해 차남은

해석 다무라 "스즈키 씨의 아들들은, 형제라도 성격이 전혀 다르네요."
스즈키 "그렇습니다. 장남은 조용하고 얌전한 데에 비해 차남은 누구와도 잘 이야기합니다."

해설 「Aに対してB」는 '~에 대해서'라는 뜻과 '대조, 대비'의 용법이 있으며, A와 B가 비교, 대립관계에 있다는 것을 나타내는 문형도 시험에 자주 나온다. 이 문장에서는 문맥상 '장남'과 '차남'을 대조하고 있으므로, 문장 맨 뒤에 있는 '누구와도 잘 이야기'하는 사람은 차남임을 알 수 있다. 따라서 장남의 성격은 4번+2번「静かで大人しい」이고, 장남과 차남을 비교하려면 그 뒤에 1번「のに対して」가 와야 자연스럽다. 따라서 순서대로 나열하면 4-2-1-3이 된다. 참고로「~に対して」앞에 명사가 올 경우「静かで大人しい長男に対し

て次男は(조용하고 얌전한 큰아들에 비해 둘째아들은)」이 되어야 한다.

어휘 長男(큰아들) | 大人しい(얌전하다, 점잖다) | 次男(둘째아들) | 誰とでも(누구와도)

問題 3 다음 문장을 읽고 문장 전체 내용을 생각하여, 19 ~ 23 안에 들어갈 가장 알맞은 것을 1·2·3·4에서 가장 알맞은 것을 하나 고르세요.

19~23

나는, 반년 전부터 고향을 떠나 도쿄에서 혼자 살기 시작했다. 혼자 살기 시작한 이유는, 부모님과 떨어져 살고 싶었기 때문이다. 우리 집은 부모님 모두 엄한 가정이었다. 부모님은 자신들이 정한 규칙에 나를 19 따르게 하려고 했지만, 나는 반발해서 말을 듣지 않았다. 20 그 때문에, 나와 부모님 사이는 매우 나빴다. 그러나, 혼자 살기 시작하고 부모님과의 사이가 크게 바뀌기 시작했다.

부모님과는, 중학교에 입학할 무렵부터 싸움 21 만 해댈 뿐 제대로 된 대화를 한 적이 없었다. 게다가, 부모님과 말을 하고 싶지 않았던 나는 집안일도 전혀 하지 않았다. 중고등학교 시절은 수험 22 에 의한 스트레스가 있었고, 공부도 바빴기 때문에, 내가 집안일을 할 필요는 없다고 생각하고 있었다. 하지만 실제로 혼자 살기를 시작하고 집안일의 힘듦을 깨닫고 나서, 집안일을 돕지 않은 자신에게 후회했다.

혼자 살기 시작하고 한 달 지났을 무렵, 부모님 집에 갔다. '집안일이 얼마나 힘든 건지 알았다'라고 내가 나직이 말하자 어머니가 '너도 어른이 되었다'라며 웃었다. 그리고, 어머니는 나에게 '빨래 좀 개어 줘'라고 했다. 나는 어머니의 말을 처음으로 23 고분고분히 듣고, 집안 일을 도왔다. 앞으로는 어머니를 많이 돕고, 더 여러 이야기를 해야겠다.

어휘 半年前(반년 전) | 故郷(고향) | 離れる(떠나다, 떨어지다) | 一人暮らし(혼자 살기) | 理由(이유) | 両親(부모님) | 暮らす(살다, 생활하다) | ~ともに(~함께, ~모두) | 厳しい(엄하다) | 家庭(가정) | 反発(반발) | 言うことを聞かない(말을 안 듣다) | 仲(사이) | 変わる(바뀌다) | 入学(입학) | けんか(싸움) | まともな~(제대로 된~) | 会話(대화) | それに(게다가) | 口を利く(말을 하다) | 手伝い(도와 줌) | まったく~ない(전혀 ~하지 않다) | 受験(수험) | 必要(필요) | だが(하지만) | 実際に(실제로) | 家事(집안일) | 大変さ(힘듦) | 思い知る(깨닫다) | 後悔(후회) | 経つ(지나다, 경과하다) | どれだけ(얼만큼) | 大変だ(힘들다) | ぼそりと(나직이) | 大人(어른) | 笑う(웃다) | 洗濯

物(빨래, 세탁물) | 畳む(개다, 접다) | ～てちょうだい(~해 줘) | もっと(더, 좀더) | 色んな(여러, 다양한)

19 정답 1

1 따르게 하려고 했지	2 따르려고 했지
3 따르게 하게 되었지	4 따르게 되었지

해설 「従う」는 '따르다, 복종하다'라는 뜻인데, 이 문장에서는 부모님이 화자(私)를 자신들이 만든 규칙에 따르게 하려 했다고 해야 문맥이 맞으므로, 「～せる」로 사역을 만들어 줘야 하므로 답은 1번 「従わせようとした(따르게 하려고 했다)」가 된다.

20 정답 1

1 그 때문에	2 왜냐하면
3 즉	4 그러나

해설 자신들이 정한 규칙에 따르게 하려는 부모와, 그에 반발하는 자식이라면 당연히 사이가 좋지 못할 것이다. 「私と両親の仲はとても悪かった(나와 부모님 사이는 매우 나빴다)」라고 했는데, 부모님과 사이가 왜 나빠졌는지 그 이유를 설명하는 표현이 와야 하므로 답은 1번이 되야 한다. 2번 「なぜなら(왜냐하면)」가 답이 되려면 문장이 도치가 되야 한다.

21 정답 3

1 부분	2 만
3 만	4 투성이

해설 「ばかり」와 「だけ」는 한국어 해석은 같아도 일본어로는 사용법이 다르다. 「ばかり」는 '다른 선택지가 있는데 오직 그것만'이라는 뜻이고 「だけ」는 '다른 선택지가 없어 어쩔 수 없이 그것만'이라는 뜻이다. 이 문장에서는 부모님과 '싸움'만 했다고 하는데, 부모님과 할 수 있는 선택지는 싸움 말고도 많이 있으므로 3번 「ばかり(~만)」가 들어가야 맞다.

22 정답 2

1 에 도움이 되는	2 에 의한
3 에 의해	4 에 의하면

해설 뒤에 스트레스가 나오는데 이 스트레스의 원인은 수험이다. 따라서 원인을 뜻하는 「～による(~에 의한)」가 답이 된다. 1번이 오면 '수험에 도움이 되는'이라는 뜻이 되어 문맥에 전혀 안 맞게 되어 오답이고, 3번, 4번은 명사를 수식할 수 없으므로 답이 될 수 없다.

23 정답 1

1 고분고분히	2 고상하게
3 만족스럽게	4 정직하게

해설 「素直だ」는 '고분고분하다, 순순하다'라는 뜻이다. 이때까지 부모님과 충돌만 하던 내가 처음으로 어머니 말씀에 반발하지 않고 '고분고분히, 순순히' 들었다는 내용이 되어야 문맥이 자연스러우므로 답은 1번이다.

1교시 독해   본책 42 페이지

問題 4 다음 (1)부터 (4)의 문장을 읽고 질문에 답하세요. 답은 1·2·3·4에서 가장 알맞은 것을 하나 고르세요.

24 정답 3

(1) 다음은 서클 소개이다.

국제 교류 동아리 '아오조라'는 유학생과의 교류를 목적으로, 파티나 스포츠 교류회 등의 이벤트를 통해 활동하고 있는 서클입니다! 어떤 활동을 하고 있는지 알려드리고자 내일(5월 18일) 12시에 315호 교실에서 멤버 모집 설명회를 개최합니다! 또한 5월 25일 수요일 13시 반부터는 같은 315호 교실에서 유학생과의 교류회를 개최하니 흥미가 있으신 분은 꼭 참석해주세요! 영어를 못해도 괜찮습니다! 꽃구경, 바비큐, 할로윈 파티 등 스

로 즐거운 행사를 기획해서 즐거운 대학 생활을 보냅시다!!

주) 서클: 같은 관심이나 취미를 가진 사람들의 모임. 동호회.

'아오조라'에 관한 설명으로 옳은 것은 어느 것인가?
1 영어를 할 수 있는 학생은 참가 자격이 없다.
2 스스로 생각한 행사 기획서를 보내야 한다.
3 스포츠 행사에서 유학생과 교류할 수 있다.
4 다음 주 수요일도 모집설명회가 있다.

해설 「留学生との交流を目的として、パーティーやスポーツ交流会などのイベントを通して活動しているサークル(유학생과의 교류를 목적으로, 파티나 스포츠 교류회 등의 이벤트를 통해 활동하고 있는 서클)」이라고 했으니 가장 맞

는 설명은 3번이다. 「英語が話せなくても大丈夫(영어를 못해도 괜찮다)」라고 했으니 1번은 오답. 기획서를 보내란 말은 없으므로 2번도 오답. 다음 주 수요일에는 설명회가 아니라 교류회가 열리므로 4번도 오답이다.

어휘 国際交流(국제교류) | サークル(서클, 동호회, 동아리) | 留学生(유학생) | 交流(교류) | 目的(목적) | 交流会(교류회) | ～など(~같은 것, ~따위) | ～を通して(~을 통해) | 活動(활동) | 募集(모집) | 説明会(설명회) | 開催(개최) | 興味(흥미) | 是非(아무쪼록) | お越しください(참석해 주세요, 와 주세요) | 大丈夫だ(괜찮다) | お花見(꽃구경) | 企画(기획) | 大学生活(대학생활) | 送る(보내다) | 参加資格(참가자격) | 企画書(기획서)

---

25 정답 4

(2)

경제협력개발기구(OECD)가 2018년에 실시한 국제학습도달도조사(PISA)에 의하면 일본은 '독해력', '수학적 응용력', '과학적 응용력'의 세 분야에서 순위가 하락한 것으로 판명되었다. 특히 독해력에 관해서는 지난 번 15년에는 8위였지만, 15위까지 떨어졌다. 이번 조사에서는 세 분야의 선두는 중국이었다. 독해력이 떨어진 것은 스마트폰 등을 사용한 짧은 문장을 주고받는 것이 늘어난 것이나, 독서 등 아이들이 장문을 볼 기회가 줄어든 것이 원인 중 하나가 아닐까 여겨지고 있다.

지난 번 15년에는 8위였지만, 15위까지 떨어졌다고 했는데, 왜일까?

1 중국 등 다른 나라의 독해력이 올라갔기 때문에
2 독서를 좋아하는 아이들이 줄어들었기 때문에
3 스마트폰으로 다양한 애플리케이션으로 놀 기회가 늘었기 때문에
4 짧은 문장으로 커뮤니케이션할 기회가 늘었기 때문에

해설 가장 결정적인 힌트는 「スマートフォンなどを使った短文のやり取りが増えたことや、読書など子どもたちの長文を見る機会が少なくなったこと(스마트폰 등을 사용한 짧은 문장의 교환이 늘어난 것이나, 독서 등 아이들이 장문을 볼 기회가 줄어든 것)」에서 볼 수 있고 답은 4번이 된다. 1번은 언급하지 않았고, 장문을 볼 기회가 줄어들었다는 말은 했지만 독서를 좋아하는 아이들이 줄어들었다는 말은 없으니 2번도 오답. 어플리케이션에 관한 언급도 없으므로 3번도 오답이다.

어휘 経済協力開発機構(경제협력개발기구) | 実施(실시) | 国際学習到達度調査(국제학습도달도조사) | ～によると(~에 의하면, ~에 따르면) | 読解力(독해력) | 数学的(수

학적) | 応用力(응용력) | 科学的(과학적) | 分野(분야) | 順位(순위) | 前回(지난 번) | 落ち込む(떨어지다) | 短文(단문) | やり取り(교환, 주고받기) | 増える(늘어나다) | 読書(독서) | 長文(장문) | 機会(기회) | 一因(한 원인) | 上がる(상승하다, 오르다) | 読書好きな(독서를 좋아하는) | 様々なアプリ(다양한 애플리케이션)

---

26 정답 1

(3)

얼마 전 아빠가 크게 다쳤다. 밖에서 갑자기 쓰러져 구급차에 실려 간 것이다. 그 이야기를 들었을 때 나는 너무 불안하고, 무섭고 슬펐다. 실은 나는 아버지와 비밀 약속을 했었다. 만일 아빠에게 무슨 일이 생기면 내가 가족을 지키겠다는 남자끼리의 약속이다. 만일 아빠가 돌아가시면, 그런 생각을 하니 떨림이 멈추지 않았다. 병원에서 아빠의 건강한 얼굴을 보고 진심으로 마음이 놓였다. 아빠에게 감사의 마음을 전하고 싶었지만, 쑥스러워서 잘 말하지 못했다. 하지만 그 대신 나는 '고마워, 사랑해요'라는 마음을 담아 아빠의 손을 꼭 잡았다.

너무 불안하고 슬펐던 것은 왜인가?

1 아빠가 돌아가실지도 모른다고 생각했기 때문에
2 슬픈 이야기를 듣고 심장이 두근두근 뛰었기 때문에
3 아빠에게 고맙다고 전할 수가 없었기 때문에
4 무서워져서 몸의 떨림이 멈추지 않았기 때문에

해설 결정적 힌트는 「もしパパが死んじゃったら、そんなことを考えたらふるえが止まらなかった(만일 아빠가 돌아가시면, 그런 생각을 하니 떨림이 멈추지 않았다)」이다. 즉 아빠가 돌아가셔서 없어지면 어떡하나 하는 생각에 불안하고 슬퍼서 떨림이 멈추지 않은 것이므로, 답은 1번이 된다. 본문에는 '심장이 두근두근 뛴다'라는 언급이 없으니 2번은 오답. 아버지에게 '감사의 마음을 전달하고 싶다'고 한 것은 병원에서 아빠의 건강한 얼굴을 본 이후이므로 3번도 오답. 4번도 무서워져서 '떨림이 멈추지 않'게 된 것은 아니므로 오답이다.

어휘 この前(얼마 전) | 大けが(큰 부상) | 外(밖) | 突然(돌연, 갑자기) | たおれる(쓰러지다) | 救急車(구급차) | 運ぶ(운반하다) | 不安だ(불안하다) | こわい(무섭다) | 実は(실은) | ひみつ(비밀) | もし(만일) | 守る(지키다) | 男どうし(남자끼리) | ふるえ(떨림) | 止まる(멈추다) | 心から(진심으로) | ほっとする(마음이 놓이다, 안심하다) | 感謝(감사) | 伝える(전하다) | 照れくさい(멋쩍다, 낯간지럽다) | うまく言えない(잘 말하지 못하다) | 代わりに

(대신) | 気持ちを込める(마음을 담다) | ぎゅっと(꼭) | 握る(쥐다, 잡다) | すごく(너무) | 心臓(심장) | ドキドキ(두근두근)

27 정답 2

(4)

최근, 자연을 지키는 비용을 모으기 위한 세금을 만든다는 뉴스를 봤다. 숲 속의 나무나 동물을 지키기 위해서 필요한 돈을 모으는 것이 그 목적이라고 한다. 일년에 천 엔이지만, 여기에는 개개인이 나라에 지불하는 세금이 늘어나는 것이나 경제에 나쁜 영향을 줄지도 모른다 등의 이유로 반대하는 의견도 있다고 한다. 하지만, 이 세금이 정말로 나무나 동물만을 위한 것인지에 대해서는 생각해 볼 필요가 있다. 우리들 인간도 자연의 일부이고, 나무나 동물이 살아가지 못하게 된다는 것은, 결국, 인간도 살아갈 수 없다는 것을 의미하는 것은 아닐까? 인간은, 자신들이 이 지구의 주인이라고 생각하는 경향이 있지만, 자신들 인간도 자연의 일부라는 것을 잊어서는 안된다.

해설 문장 마지막 부분에 「~ということを忘れてはいけない(~라는 것을 잊어서는 안된다)」라는 부분에 필자가 전하고 싶은 내용이 담겨 있다. '인간도 자연의 일부라는 것을 잊어서는 안된다' 즉, '자연을 지키는 것은 동물 뿐만이 아니라 인간을 위한 것이기도 하다'라는 것이 필자의 요지이니 정답은 2번이 된다. 자연을 지키는 비용이 '싸다, 비싸다'에 대해서는 언급이 없으므로 1번은 오답, 지구의 주인공은 인간이 아니라고 했으니 3번도 오답, 세금의 인상에 대해서는 언급이 없었으므로 4번도 오답이 된다.

어휘 最近(최근) | 守る(지키다) | 費用(비용) | 集める(모으다) | 税金(세금) | 森(숲) | 動物(동물) | 必要(필요) | 目的(목적) | 個々人(개개인) | 払う(지불하다) | 増える(늘다, 늘어나다) | 経済(경제) | 影響(영향) | あたえる(주다, 부여하다) | 理由(이유) | 反対(반대) | 声(목소리, 의견) | 自然(자연) | 一部(일부) | 地球(지구) | 主人(주인) | 忘れる(잊다)

問題 5 다음 (1)과 (2)의 문장을 읽고 질문에 답하세요. 답은 1·2·3·4에서 가장 알맞은 것을 하나 고르세요.

28~30

(1)

일본의 성인 연령은 20세이지만, 세계의 많은 나라에서는 18세를 성인으로 하며, 선거권도 18세 이상에게 부여된다. 일본에서는 2016년에 선거법이 바뀌어, 18세부터 선거에 참가할 수 있게 되었다. 이어서 민법이라는 법률의 내용도 바뀌어, 2022년부터 다른 나라들과 마찬가지로, 성인 연령이 18세가 된다. 쉽게 말하면 일본에서도 어른은 18세가 된다.

휴대폰을 사고, 대출 계약을 하고, 아파트를 빌리는 등, 부모의 찬성 없이도 자신의 의사로 결정할 수 있는 한편, 28 음주·담배·경마 등과 같은 도박은 지금까지 대로 20세부터가 된다. 정부는 29 성인 연령을 20세에서 18세로 한 것은 30 젊은이가 무슨 일이든 스스로 자유롭게 결정할 권리를 존중하기 위해서라고 한다. 그리고, 이것이 젊은이의 적극적인 사회 참여를 전진시킬 것으로 생각하고 있다. 그리고 결혼하는 연령은 여성은 16세에서 18세가 되어, 남녀가 같아진다.

어휘 成人(성인, 어른) | 年齢(연령) | 世界(세계) | 多くの国々(많은 나라) | 選挙権(선거권) | 与える(주다, 수여하다) | 選挙法(선거법) | 変わる(바뀌다) | 参加(참가) | 続いて(이어서) | 民法(민법) | 法律(법률) | 内容(내용) | 同様(마찬가지로) | 携帯電話(휴대폰) | ローン契約(대출 계약) | 借りる(빌리다) | 親(부모) | 賛成(찬성) | 一方で(한편) | 飲酒(음주) | 競馬(경마) | ギャンブル(도박) | 今まで通りに(지금까지 대로) | 政府(정부) | 若者(젊은이) | 何事も(무슨 일이든) | 自由に(자유롭게) | 決定する(결정하다) | 権利(권리) | 尊重(존중) | 進める(진행하다) | 男女(남녀) | 指す(가리키다) | 大人(어른, 성인) | 大事だ(중요하다) | 意見(의견)

28 정답 4

20세가 되고 나서 할 수 있는 것은 무엇인가?

1 휴대전화를 계약한다.
2 아파트를 빌린다.
3 좋아하는 사람과 결혼한다.
4 경마를 한다.

해설 2번째 단락에서 「飲酒·タバコ·競馬などのギャンブルは、今まで通りに20歳から(음주·담배·경마 등과 같은 도박은 지금까지 대로 20세부터)」라고 했으니 답은 4번이 된다. 1번, 2번은 새롭게 할 수 있게 된 일이고, 남녀의 결혼 가능 연령이 18세로 바뀌므로 3번도 가능하다.

29 정답 1

이것이 가리키는 내용은 무엇인가?

1 18세를 어른으로 한 것

2 20세가 어른이라는 것

3 18세에 선거에 참가하는 것

4 18세에 결혼할 수 있는 것

해설 이것이 가리키는 내용을 찾아야 한다. 바로 앞 문장에 있는 「成人年齢を20歳から18歳にする(성인 연령을 20세에서 18세로 한 것)」을 가리키고 있으니 정답은 1번이다. 이런 유형의 문제는 앞뒤 5줄 안에 힌트가 나와 있는 경우가 많다.

---

30 정답 1

성인 연령을 18세로 한 이유는 무엇인가?

1 젊은이도 자신의 생각으로 결정하는 것이 중요하기 때문에

2 세계 여러 나라가 모두 18세로 하고 있기 때문에

3 청년이 부모의 의견을 듣지 않기 때문에

4 청년이 자유롭게 술을 마시거나 하고 싶기 때문에

해설 「政府は、成人年齢を20歳から18歳にするのは若者が何事も自分で自由に決定する権利を尊重するため(정부는 성인 연령을 20세에서 18세로 한 것은 젊은이가 무엇이든 스스로 자유롭게 결정할 권리를 존중하기 위해서)」라고 했으니 1번이 정답이 된다. 2번은 사실이지만 성인 연령을 18세로 한 이유가 아니며 3번, 4번은 본문에 없는 내용이므로 오답이다.

31~33

(2)

　　31 몇 년 전까지 마스크를 쓰고 있는 사람은, 꽃가루 알레르기가 심한 사람이던가 감기에 걸려 있는 사람이라는 이미지가 있었다. 즉, 건강하지 않은 사람이라고 보여지고 있었다.

　　32 하지만, 신형 코로나 바이러스 이후, 건강에 문제가 있는 것이 아니어도, 일년 내내 마스크를 쓰고 있는 사람이 드물지 않게 되어 왔다. 반대로, 마스크를 쓰고 있는 모습의 쪽에 익숙해 있는 경우도 많다.

　　그것에 의해서 마스크를 쓴다, 즉 건강하지 않다, 라는 이미지가 없어졌다. 더욱이 마스크 색 종류가 많아진 것도, 마스크의 나쁜 이미지를 바꾸는데 도움이 되고 있다. 33 흰색이나 검은색 뿐만이 아니고, 노란색, 녹색, 핑크색 마스크를 옷 색깔에 맞추어 쓴다. 이것으로 멋쟁이 정도도 올라가고, 상대에게 밝은 이미지를 줄 수가 있다. 최근은, 입 근처 부분이 투명한 마스크도 있다고 한다. 면접 때나 비즈니스 장면에서 마스크를 쓰는 것은 권할 수 없지만, 조그만 아이디어로 다른 사람에게 주는 당신 이미지도 상당히 바뀔 터이다.

주) 식물에 의해 일어나는 알레르기 반응

---

31 정답 2

필자는 마스크에 나쁜 이미지가 있었던 원인이 어디에 있다고 생각하고 있는가?

1 마스크 색이 한정되어 있으니까

2 건강이 안 좋은 사람이 쓰고 있었으니까

3 마스크에 익숙하지 않으니까

4 정중한 장면에서 마스크는 실례이니까

해설 첫번째 단락에서 「数年前までもマスクをつけている人は、花粉症がひどい人か、カゼをひいている人というイメージがあった。(몇 년 전까지 마스크를 쓰고 있는 사람은, 꽃가루 알레르기가 심한 사람이나 감기에 걸린 사람이라는 이미지가 있었다)」라고 있으므로 정답은 2번이다. 1번과 3번은 마스크가 좋은 이미지로 바뀐 이유이므로 오답이고, 공식적인 장면에서는 권하지 않는다'고 언급하고 있을 뿐이므로 4번도 오답이다.

---

32 정답 3

'건강하지 않다는 이미지가 없어져 온' 것은 왜인가?

1 이전에 비해서, 마스크 종류가 늘었으니까

2 병에 걸린 사람이 마스크를 쓰지 않게 되었으니까

3 항상 마스크를 쓰고 있는 사람이 많아졌으니까

4 마스크를 쓰도록 법으로 정해져 있으니까

해설 본문에 의하면, 마스크에 대한 이미지가 좋아진 것은 '1 일년 내내 마스크를 쓰고 있는 사람이 많아져서 마스크에 익숙해져서 2 마스크의 색 종류가 많아졌으니까'의 2가지 이므로 정답은 2번이다. 1번은 마스크 종류가 늘어난 것이 아니고 마스크 색 종류가 다양해져서 패션에 맞출 수 있게 되었다고 했으므로 오답이며, 2번과 4번은 언급이 없는 내용이므로 오답이다.

다른 사람에게 좋은 인상을 주기 위해서는 어떻게 하면 좋은가?

1 마스크 색깔을 잘 생각하여 자신에게 맞는 것을 고른다.
2 밝은 색깔의 옷을 입고 상대에게 입이 보이는 마스크를 쓴다.
3 공식적인 장면에서는 마스크를 쓰지 않도록 한다.
4 눈에 띄는 마스크를 쓰고 상대 인상에 남도록 한다.

해설 다른 사람에게 좋은 인상을 주기 위해서는 '다양한 색상의 마스크 중에서 자신의 옷과 잘 어울리는 마스크를 사용하여 밝은 이미지를' 주는 것이 좋다고 말하고 있으므로 정답은 1번이 된다. 본문 마지막 부분에서 '자신에게 잘 어울리는 마스크'를 고르라고 말하고 있으므로 2번은 오답이고, 공식적인 장면에서는 권하지 않는다고 언급하고 있으므로 3번도 오답이다. 4번은 언급이 없는 내용이니 오답이다.

問題 6 다음 문장을 읽고 질문에 답하세요. 답은 1·2·3·4에서 가장 알맞은 것을 하나 고르세요.

34~37

'자진 반납'이라는 말을 알고 있는가? [34] 최근 일본에서는 (주1)기한이 남아있는 운전면허를 스스로 경찰서, 혹은 면허 센터에 가져가서 (주2)반납하는 고령 운전자가 늘고 있다. [35] 고령 운전자에 의한 교통 사고가 뉴스에서 다뤄지는 일이 많고, 운전할 기회가 적어진 고령자, 연령에 의한 몸상태의 변화로 운전에 불안을 느끼는 사람이 반납하는 케이스가 많다고 여겨진다.

2019년에는 자진 반납 수가 전국에서 과거 최다를 기록했는데, 그 중에서도 75세 이상의 고령자가 약 60%를 차지했다. 고령자에게 자진 반납을 권하고 있는 지방자치단체도 있으며, 면허의 자진 반납에 주목이 모이고 있다.

그러나, 자진 반납이 화제가 되고 있지만, 실제로 자진 반납을 하는 사람은 교통이 발달한 대도시에 많은 경향이 있으며, 교통편이 좋지 않은 지방에서는 좀처럼 진행되지 않는 현실도 있다. 그 와중에, 고령 운전자가 자진 반납하기 쉬운 환경을 만들기 위해서, 전국 각지에서 반납자에 대한 다양한 (주3)지원도 행해지고 있다.

예를 들어, [36] 면허를 자진 반납한 사람에게 건네지는 운전경력증명서를 이용하는 서비스가 있다. 버스나 택시 등, 교통기관에서 운전경력증명서를 (주4)제시하면, 요금의 할인을 받거나, 가게에서 제시하면 혜택을 받을 수 있다는 등이다.

[37] 고령화 사회가 진행되는 가운데, 앞으로도 자진 반납이 종종 주목을 모을 것이라 생각하지만, 만약 주변에 운전에 불안을 느끼고 있는 고령자가 있다면, 함께 자진 반납에 대해서 함께 생각해 볼 바란다.

(주1) 기한 : 정해진 일정한 기간
(주2) 반납 : 돌려주는 것
(주3) 지원 : 힘을 빌려줘서 돕는 것
(주4) 제시 : 보여주는 것

어휘 自主返納(자진 반납) | 言葉(말) | 近年(최근) | 期限(기한) | 運転免許(운전면허) | 自分から(스스로) | 警察署(경찰서) | 免許センター(면허 센터) | 返却(반환, 반납) | 高齢(고령) | ~による(~에 의한) | 交通事故(교통사고) | 取り上げる(문제 삼다) | 機会(기회) | 高齢者(고령자) | 年齢(연령) | 体調(컨디션, 몸 상태) | 変化(변화) | 不安(불안) | 自主返納数(자진 반납수) | 全国(전국) | 過去最多(과거최다) | 記録(기록) | 中でも(그 중에서도) | 6割(60%) | 占める(차지하다, 점유하다) | ~に対して(~에게, ~에 대해서) | すすめる(권유하다) | 地方自治体(지방자치체) | 注目が集まる(주목이 모이다) | 話題に上がる(화제가 되다) | 実際に(실제로, 정말로) | 発達(발달) | 大都市(대도시) | 傾向(경향) | 交通の便(교통편) | 地方(지방) | 進む(진행되다) | 現実(현실) | そんな中(그 와중에) | 環境(환경) | 各地(각지) | 返納者(반납자) | 支援(지원) | 行う(행하다) | 渡す(건네 주다) | 運転経歴証明書(운전경력증명서) | 利用(이용) | 交通機関(교통기관) | 提示(제시) | 料金(요금) | 割引(할인, 에누리) | 受ける(받다) | 特典(특전, 혜택) | 高齢化社会(고령화사회) | 今後も(앞으로도) | たびたび(종종, 자주) | 周り(주위, 주변) | ぜひ~てほしい(꼭 ~했으면 한다) | 一定の期間(일정한 기간) | 返す(돌려주다) | 力を貸す(힘을 빌려주다) | 助ける(돕다) | 市役所(시청) | 期限が切れる(기한이 지나다) | 増える(늘어나다) | 減る(줄다) | 無料(무료) | 電気料金(전기요금) | すべてのお店(모든 가게) | ~とは限らない(반드시 ~라고는 할 수 없다) | 注目を集める(주목을 모으다) | 大都市(대도시) | 関係なく(관계없이) | 増加(증가)

34 **정답** 3

'자진 반납'이란 어떤 뜻인가?

1 사용하지 않게 된 면허를 가족이 반환하는 것

2 기한이 남아있는 면허를 시청에 반환하는 것

3 면허를 스스로 경찰서 등에 돌려주는 것

4 기한이 지난 면허를 스스로 면허센터 등에 반환하는 것

해설 「近年日本では期限が残っている運転免許を自分から警察署、または免許センターに持っていき返却(최근 일본에서는 기한이 남아있는 운전면허를 스스로 경찰서, 혹은 면허 센터에 가져가서 반납)」하는 것이라고 하였으니 정답은 3번이다.

35 **정답** 1

근래 자진 반납이 늘어난 이유는 무엇인가?

1 고령 운전자에 의한 사고가 늘어, 운전에 불안을 느끼는 고령자가 늘었기 때문에

2 자진 반납할 수 있는 장소가 집에서 가깝고, 반납하면 특전을 받을 수 있어서

3 자진 반납하기 쉬운 환경이 만들어져, 지방에 사는 많은 사람들이 반납하고 있어서

4 운전할 기회가 줄어든 고령자의 대부분이 자진 반납하고 있어서

해설 첫번째 단락에 「高齢ドライバーによる交通事故がニュースに取り上げられることが多く、~年齢による体調の変化で運転に不安を感じる人が納納するケースが多い(고령 운전자에 의한 교통 사고 뉴스에서 다뤄지는 일이 많고, ~연령에 의한 몸상태의 변화로 운전에 불안을 느끼는 사람이 반납하는 케이스가 많다)」고 했으므로 정답은 1번이다. 2번은 본문에서 언급이 없던 내용이고, 3번은 지방이 아니라 대도시에 사는 사람들이 자진 반납을 하고 있다고 했으므로 오답이다. 4번은 언급은 하였지만 결정적 이유로 볼 수는 없다.

36 **정답** 2

다양한 지원의 예로서 맞는 것은 어느 것인가?

1 운전경력증명서를 제시하면, 버스를 무료로 탈 수 있다.

2 자진 반납한 사람이 교통기관 할인을 받을 수 있는 서비스가 있다.

3 운전경력증명서가 있으면, 전기요금이 싸진다.

4 자진 반납한 사람은 가게와 택시에서만 특전을 받을 수 있다.

해설 「バスやタクシーなどの交通機関で運転経歴証明書を提示すると、料金の割引を受けられたり、お店で提示すると特典が受けられる(버스나 택시 등, 교통기관에서 운전경력증명서를 제시하면, 요금의 할인을 받거나, 가게에서 제시하면 혜택을 받을 수 있다)」라고 했으니 2번이 답이다. 할인해준다고 했지 무료는 아니므로 1번은 오답이고, 전기요금은 나오지 않으므로 3번도 오답. 혜택 내용에 택시만 있는 것이 아니라 버스도 있으니 4번도 오답이다.

37 **정답** 3

'함께 자진 반납에 대해서 생각해 봐주길 바란다'고 했는데, 그것은 무엇 때문인가?

1 고령자 교통사고가 전체의 60퍼센트 이상을 차지하고 있으니까.

2 고령자 면허제도에 대해서 사회 전체가 생각할 필요가 있으니까.

3 고령화로 고령자 운전자의 사고가 늘어갈 터이니까.

4 지방에서는 면허를 반납해도 하지 못하는 경우가 많으니까.

해설 첫 단락에서 '고령 운전자에 의한 교통 사고가 뉴스에서 다뤄지는 일이 많고, 운전할 기회가 적어진 고령자, 연령에 의한 몸상태의 변화로 운전에 불안을 느끼는 사람이 반납하는 케이스가 많다'고 했으며, 마지막 단락에서 고령화 사회가 더욱더 진행될 것이라고 말하고 있으므로 정답은 3번이 된다. 교통편이 나쁜 지방에서도 자진 반납을 하기 쉬운 환경을 만들어야 한다고 언급하고 있을 뿐이므로 4번은 오답이며, 1번은 자진 반납하고 있는 고령자 운전자의 60퍼센트가 75세 이상이라고 하였으므로 오답이다. 2번은 언급되어 있지 않은 내용이므로 오답이다.

問題 7 오른쪽 페이지는 노래방 이용안내이다. 이를 읽고 아래 질문에 답하세요. 답은, 1·2·3·4에서 가장 적당한 것을 하나 고르시오.

무엇이든 노래 파크 이용안내
노래방이라면 '무엇이든 노래 파크'!

인기 노래 파크가 신주쿠에 오픈합니다. 부디 가족, 친구들과 함께 이용해주세요.

<노래 파크란 어떤 곳?>
★ 도 내에 30점포 있는 인기 노래방!
★ 1인용 방도 10개, 혼자라도 추가요금을 받지 않습니다!
★ 회원이면 인터넷 예약도 가능!
★ 노래 파크라면, 외국노래도 풍부!
★ 노래 파크라면, 직접 CD를 만들 수 있다!

★ 노래 파크라면, 드링크, 아이스크림 무료
가입비 500엔

1인 요금	회원 요금(가입비 500엔)				
연령 시간	유치원 아동 4세~6세	초등학생 7세~12세	중, 고등 학생 13세~18세	성인 19세~64세	시니어 65세 이상
30분	100엔	200엔	250엔	300엔	150엔
2시간 코스	200엔	600엔	800엔	1,000엔	400엔
5시간 코스	500엔	1,500엔	2,000엔	2,500엔	1,000엔
8시간 코스	800엔	2,400엔	3,200엔	4,000엔	1,600엔

- 토, 일, 공휴일은 각 플랜 요금에 추가 100엔
  예) 30분 성인 요금 → 400엔, 2시간 코스 성인 → 1,100엔
- 회원이 되지 않는 경우에는, 각 플랜의 요금에 추가 100엔
※주말의 경우는 주말 요금에 추가 100엔
- 유치원 아동, 초등학생만의 이용은 불가합니다.
- 가입하신 분에게는 회원증을 드립니다. 회원증을 잃어버린
  경우에는, 새로 만드는 데 100엔이 듭니다.
- 각 그룹에 한 명 회원이 있을 경우, 회원 요금으로 이용하실
  수 있습니다.
문의사항은 전화로 부탁드립니다.
전화는 24시간 OK 03-5555-5555

어휘 利用(이용) | ~なら(~라면) | 追加(추가) | 料金(요금) |
2人共(2명 모두) | 会員(회원) | 払う(지불하다) | 年上(연
상) | 彼氏(남자친구) | 予定(예정) | 当日(당일) | かかる
(돈 등이 들다) | 人気(인기) | ぜひ(부디, 꼭) | 友人(친구)
| 利用(이용) | 都内(도 내) | カラオケ店(노래방) | 一人
用(1인용) | 追加料金(추가요금) | 予約(예약) | 自分で
(직접) | 無料(무료) | 入会金(입회금) | 1名様(1인, 한 분)
| 年齢(연령, 나이) | 幼稚園児(유치원 아동) | 中・高生
(중, 고등학생) | 大人(성인) | 以上(이상) | 土日(토일) |
祝日(공휴일) | 各プラン(각 플랜) | 週末(주말) | 利用(이
용) | ~ため(~하기 때문에, ~하기 위하여) | 問い合わせ
(문의) | 入会(입회) | 方(분) | 会員証(회원증) | 渡す(건
네다, 건네 주다) | なくす(잃어버리다) | 各グループ(각
그룹) | 年下(연하)

38 정답 2

고등학생 다카하시 씨는 대학교 3학년 언니와 둘이서 수요일에
2시간, 노래방을 이용했다. 2명 모두 회원이 아니다. 얼마를 지
불하였는가?

1　1,800엔

2　2,000엔

3　2,200엔

4　2,400엔

해설 우선 다카하시 씨는 고등학생이므로 '2시간 코스 800엔'인
데 회원이 아니므로 +100엔을 해야 하므로 총 900엔. 대학
생 언니는 성인이므로 '2시간 코스 1,000엔'인데 역시 회원
이 아니므로 +100엔을 해서 총 1,100엔이 되므로, 두 사람
은 합계 2,000엔을 내야 한다. 참고로 평일 수요일이므로 주
말 가격 +100엔은 내지 않아도 된다.

39 정답 1

19살인 미키 씨는 한 살 어린 여동생과 둘이서 금요일에 6시간,
노래방에 갈 예정이다. 미키 씨는 당일에 회원이 되려고 한다.
얼마가 들까?

1　6,100엔

2　6,700엔

3　6,800엔

4　7,300엔

해설 19살인 미키 씨는 (성인 5시간 코스 2,500엔) + (성인 30분
코스 300엔x2=600엔) = 3100엔
미키 씨가 당일 회원이 되겠다고 했으므로 입회금 500
엔이 발생하여 미키 씨는 총 3,600엔을 내야 한다. 그
리고 미키 씨의 여동생은 18세 이하라고 알 수 있으므
로 (중, 고등학생 5시간 코스 2,000엔)+(중, 고등학생
30분 코스 250엔x2=500엔)=2,500엔이다.
미키 씨가 회원이 되었으므로 추가 금액은 발생하지 않는
다. 또한 평일 금요일이므로 주말 추가 금액도 발생하지 않
는다. 따라서 (미키 씨 3,600엔) + (여동생 2,500엔) = 합계
6,100엔 이 된다.

問題1 問題1では、まず質問を聞いてください。それから話を聞いて、問題用紙の1から4の中から、最もよいものを一つ選んでください。

문제1 문제 1에서는 우선 질문을 들으세요. 그리고 나서 이야기를 듣고 문제지의 1부터 4 안에서 가장 알맞은 것을 하나 고르세요.

例

男の人と女の人が話しています。資料はいつまでに作らなければなりませんか。

M : 会議の資料できましたか。

F : いえ、最後の表を少し直しているところです。

M : 会議の前に、部長に最終確認をお願いしないといけないので、私も手伝います。

F : ありがとうございます。でも、会議は明後日11時ですよね？

M : 部長が明日出張になったんです。

F : そうだったんですね。知らなかったです。では、これとこれをお願いします。

M : はい。

資料はいつまでに作らなければなりませんか。

1　明日の11時まで

2　部長がしゅっちょうに行く前まで

3　あさっての11時まで

4　明日中

예　**정답** 4

남자와 여자가 이야기하고 있습니다. 자료는 언제까지 만들어야 합니까?

M : 회의 자료 다 됐어요?

F : 아니요, 마지막 표를 조금 수정하고 있는 중이에요.

M : 회의 전에 부장님께 최종 확인을 부탁드려야 하니 저도 도울게요.

F : 감사합니다. 근데 회의는 모레 11시죠?

M : 부장님이 내일 출장을 가시거든요.

F : 그랬군요. 몰랐어요. 그럼 이거랑 이거를 부탁해요.

M : 네!

자료는 언제까지 만들어야 합니까?

1　내일 11시까지

2　부장님이 출장 가기 전까지

3　모레 11시까지

4　내일 중

1番

電話で妻と夫が話しています。夫はこれから何をしますか。

F : もしもし、今どこ？

M : 昨夜頼まれたトイレットペーパー買いに、スーパーに向かってるところだよ。

F : あ、ごめん。トイレットペーパー、今朝全部なくなっちゃって、私、あわてて出勤前に買ってきたの。だから大丈夫。

1번　**정답** 4

전화로 아내와 남편이 이야기하고 있습니다. 남편은 지금부터 무엇을 합니까?

F : 여보세요, 지금 어디야?

M : 어제 밤 부탁받은 화장지 사러 마트 가는 중이야.

F : 앗, 미안! 화장지 오늘 아침에 다 떨어져서 당황해서 내가 출근 전에 사왔어. 그러니까 괜찮아.

M：え、そうなの？　早く言ってよ。まあでも、もうスーパー着くし、何か必要なものはない？　食料品とか。

F：うーん、特にないかな。風邪をひいたみたいで、何も食べたくないんだよね。

M：風邪？　じゃあ、薬局にも寄って、薬と栄養ドリンク買って帰るよ。あと、果物でも買っておこうか？

F：ありがとう。でも、果物は大丈夫。食べられそうにないわ。あ、そうだ。あなたのお母さんからさっき家に電話があったの。それでお母さんに、仕事が終わり次第電話させますって言っちゃった。先に電話お願いね。

夫はこれから何をしますか。

1　ア　イ
2　ア　エ
3　イ　ウ
4　イ　エ

M：아, 그래? 좀더 일찍 말하지. 근데 이제 곧 마트 도착하는데 뭐 필요한 건 없어? 식료품이라든가.

F：음~ 딱히 없어. 감기 걸린 거 같아서, 아무것도 먹고 싶지 않네.

M：감기? 그럼, 약국에도 들러서 약이랑 영양 드링크 사 갈게. 그리고 과일이라도 사 둘까?"

F：고마워. 그런데 과일은 괜찮아. 못 먹을 것 같아. 아, 맞다!　당신 어머님이 아까 집에 전화하셨어. 그래서 어머님께 일 끝나는 대로 전화하게 시키겠다고 했어. 먼저 전화 부탁해.

남편은 지금부터 무엇을 합니까?

1　ア　イ
2　ア　エ
3　イ　ウ
4　イ　エ

해설 대화를 들으면서 해야 할 일과 하지 않아도 될 일을 구별해야 한다. 우선 화장지는 아내가 샀다고 했으니 ア가 들어간 1번 2번은 오답이다. 남편이 과일과 영양 드링크를 사가겠다고 하자 아내가 과일은 필요 없다고 했으니 ウ가 들어간 3번도 오답인데, 영양 드링크에 관해서는 거절하지 않았다. 그리고 아내는 어머니께 전화가 왔으니, 「先に電話お願いね(먼저 전화 부탁해)」라고 했으니 답은 4번이 된다.

어휘 妻(아내)｜夫(남편)｜昨夜(어제 밤)｜頼む(부탁하다)｜トイレットペーパー(휴지)｜向かう(향하다)｜~ているところだ(~하고 있는 중이다)｜あわてる(당황하다, 허둥대다)｜出勤前(출근 전)｜大丈夫だ(괜찮다)｜着く(도착하다)｜食料品(식료품)｜特にない(딱히 없다)｜薬局(약국)｜寄る(들르다)｜栄養ドリンク(영양 드링크)｜果物(과일)｜~そうにない(~할 것 같지 않다)｜~次第(~하는 대로)

2番

会社で女の人と男の人が話しています。男の人はこれから何をしますか。

F：佐藤さん、ここの部分、3か所だけ修正をお願いできますか。

M：はい、分かりました。ん？　あ、この部分は私ではなく、北村さんの担当ですね。

F：あ、そうでしたか。すみません。今日、北村さんはお休みですか。先ほどから見当たらないのですが。

M：いや、いらっしゃいますよ。トイレかな。よかったら僕が代わりに伝えておきますよ。

2번　**정답** 2

회사에서 여자와 남자가 이야기하고 있습니다. 남자는 지금부터 무엇을 합니까?

F：사토 씨, 여기 이 부분, 세 군데만 수정 부탁해도 될까요?

M：네. 알겠습니다. 엇? 아, 이 부분은 제가 아니라 기타무라 씨 담당이네요.

F：아, 그랬나요? 죄송합니다. 오늘 기타무라 씨는 쉬는 날인가요? 아까부터 안 보이네요.

M：아뇨, 계십니다. 화장실 가셨나? 괜찮으시다면 제가 대신 전해 두겠습니다.

F：本当ですか。これ、今日の5時までに提出しなければ
　　ならない資料なので、急ぎでお願いしますとお伝えく
　　ださい。

M：そうなんですね。分かりました。

F：ありがとうございます。では、佐藤さん、よろしくお願
　　いします。

男の人はこれから何をしますか。

1　しりょうをなおす
2　北村さんにつたえる
3　女の人にしりょうをわたす
4　しりょうをていしゅつする

해설 여자가 사토 씨에게 세 군데 수정을 부탁하자, 자기 담당이 아니라고 말하며 「よかったら僕が代わりに伝えておきますよ(괜찮으시다면 제가 대신 전해 두겠습니다)」라고 했으니, 남자가 지금부터 할 일은 여자의 말을 기타무라 씨에게 전하는 것이므로 답은 2번이다. 자료를 고치는 것은 사토 씨가 아니라 기타무라 씨이므로 1번은 오답. 자료는 기타무라 씨에게 전하는 것이므로 3번도 오답. 오늘 5시까지 자료를 제출하는 것도 여자이므로 4번도 오답이다.

어휘 部分(부분) | 3か所(세 군데, 세 곳) | 修正(수정) | 担当(담당) | お休み(쉬는 날) | 先ほどから(아까부터) | 見当たる(눈에 띄다, 보이다) | いらっしゃる(계시다) | 代わりに(대신) | 伝える(전하다) | 提出(제출) | 資料(자료) | 急ぎで(급하게) | 直す(고치다) | 渡す(건네 주다)

F：정말이에요? 이거, 오늘 5시까지 제출해야 하는 자료라서 급하게 부탁드린다고 전해주세요.

M：그렇군요. 알겠습니다.

F：감사합니다. 그럼, 사토 씨, 잘 부탁드립니다.

남자는 지금부터 무엇을 합니까?

1　자료를 고친다
2　기타무라 씨에게 전한다
3　여자에게 자료를 건네 준다
4　자료를 제출한다

3番

男の人と女の人が話しています。男の人はこのあとまず何
をしますか。

M：あのう、財布を落としましたよ。

F：えっ？　それ、私のではありませんけど。

M：そうでしたか。すみません。この近くに交番はあります
　　か。

F：この辺りに交番はなくて、歩いて20分以上はかかりま
　　すね。

M：困ったな。きっと持ち主も困っているだろうな。

F：すぐそこに駅があるから、そこに預けるのはどうです
　　か。

M：あ、そうですね。でも、急いで取引先に行かないといけ
　　なくて。うーん、帰りに預けることにします。

F：あ、私、駅に行くので、よかったら代わりに。

M：本当ですか。助かります。

3번 정답 4

남자와 여자가 이야기하고 있습니다. 남자는 이후 먼저 무엇을 합니까?

M：저기요, 지갑 떨어트리셨어요.

F：네? 그거 제 거 아닌데요.

M：그런가요? 죄송합니다. 이 근처에 파출소 있나요?

F：이 근처에 파출소는 없고, 걸어서 20분이상 걸려요.

M：곤란하게 됐네. 틀림없이 지갑 주인도 난감해 하고 있을 텐데….

F：바로 저기에 역이 있으니까, 거기에 맡기는 건 어떨까요?

M：아, 그렇네요! 근데 급히 거래처에 가야 해서…. 음~ 돌아오는 길에 맡길게요.

F：아, 제가 역에 가니까, 괜찮다면 대신 맡겨 드릴까요?

M：진짜요? 고맙습니다.

男の人はこのあとまず何をしますか。

1 こうばんに行く
2 女の人に道を聞く
3 駅に行く
4 女の人にさいふをわたす

남자는 이후 먼저 무엇을 합니까?

1 파출소에 간다.
2 여자에게 길을 묻는다.
3 역으로 간다.
4 여자에게 지갑을 건네 준다.

해설 지갑을 주운 남자는 파출소에 맡기려 했지만 파출소가 멀다는 여자의 말에 곤란해했고, 여자가 「私、駅に行くので、よかったら代わりに(제가 역에 가니까, 괜찮다면 대신해 드릴까요?)」라고 제안하자, 남자가 「助かります(고맙습니다, 도움이 됩니다)」라며 그 제안을 받아들였으니 정답은 4번이고, 3번은 오답이 된다. 파출소는 걸어서 20분 이상 걸리고, 바로 거래처에 가야 한다고 했으므로 1번은 오답이다.

어휘 まず(우선) | 財布(지갑) | 落とす(떨어트리다) | 近く(근처, 근방) | 交番(파출소) | この辺り(이 근방) | 以上(이상) | かかる(걸리다) | きっと(틀림없이) | 持ち主(물건 주인) | すぐそこに(바로 저기) | 預ける(맡기다) | 急ぐ(서두르다) | 取引先(거래처) | ～ないといけない(~해야 한다) | 帰り(돌아오는 길) | よかったら(괜찮다면) | 代わりに(대신에) | 助かる(도움이 되다) | 渡す(건네 주다)

4番

大学で女の人と男の人が話しています。女の人はこれからまず何をしますか。

F：もうそろそろお昼の時間だね。なんかおなか空いてきちゃった。何食べようか。

M：うーん、そうだな。うどんかラーメンが食べたいな。だけどその前に、先輩が経済学のレポートで使う資料を貸してくれるって言うから、図書館に行かないといけないんだ。

F：ねえ、それ、私もあとでコピーさせて。

M：うん、いいよ。

F：ありがとう。あっ、私は教授にレポート出してこなきゃ。

M：じゃ、お互い終わったら食堂で待ち合わせしない？

F：そうだね。あっ、でも待って。私も返さないといけない本があったんだ。レポートは今日中で平気だから、先に本返そうかな。

M：オーケー。

女の人はこれからまず何をしますか。

1 コピーをしに行く
2 せんぱいに本を借りに行く
3 図書館に本をかえしに行く
4 きょうじゅにレポートをていしゅつする

4번 정답 3

대학에서 여자와 남자가 이야기하고 있습니다. 여자는 지금부터 먼저 무엇을 합니까?

F : 이제 슬슬 점심시간이네, 왠지 배가 고파졌어. 뭐 먹을까?

M : 음~ 그러게. 우동이나 라멘 먹고 싶은데. 근데 그 전에 선배가 경제학 레포트에서 쓸 자료 빌려준다고 해서, 도서관에 가야 해.

F : 있잖아, 그거 나도 나중에 복사하게 해줘.

M : 그래 좋아.

F : 고마워. 아, 나는 교수님께 레포트 내고 와야지.

M : 그럼, 서로 볼 일 끝나면 식당에서 만날까?

F : 그래! 아 근데 잠깐. 나도 반납해야 할 책이 있거든. 레포트는 오늘 안에만 내면 되니까, 먼저 책 반납할까.

M : 오케이.

여자는 앞으로 지금부터 먼저 무엇을 합니까?

1 복사하러 간다.
2 선배에게 책을 빌리러 간다.
3 도서관에 책을 반납하러 간다.
4 교수님에게 레포트를 제출한다.

해설 해설 여자가 마지막에 「私も返さないといけない本があったんだ。レポートは今日中で平気だから、先に本返そうかな(나도 반납해야 할 책이 있거든. 레포트는 오늘 안에만 내면 되니까, 먼저 책 반납할까)」라고 한 말이 결정적 힌트이다. 즉 다른 일보다 먼저 책부터 반납하겠다고 했으므로 답은 3번이다. 남자가 빌린 자료를 나중에 나도 복사해 해달라고 했으니 지금 먼저 할 일은 아니므로 1번은 오답. 선배에게 자료를 빌리기로 한 사람은 남자이므로 2번도 오답. 레포트 제출은 오늘 안에만 하면 되므로 4번도 오답.

어휘 そろそろ(슬슬) | お昼の時間(점심시간) | なんか(어쩐지, 왠지) | 先輩(선배) | 経済学(경제학) | 使う(사용하다) | 資料(자료) | 貸す(빌려주다) | 図書館(도서관) | ～ないといけない(~해야 한다) | あとで(나중에) | 教授(교수) | ～なきゃ(~해야지) | お互い(서로) | 食堂(식당) | 待ち合わせする(약속하여 만나다) | 返す(돌려주다) | 今日中(오늘 안) | 平気だ(괜찮다, 태연하다) | 先に(먼저) | 提出(제출) | 借りる(빌리다)

5番

家で女の人と男の人が話しています。チーズケーキはいつ届きますか。

F：ねえ、あなた、この前ネットで頼んだチーズケーキって、いつ届くの?

M：ええっと、ちょっと待って。注文完了メールに書いてあると思うんだけど。あったあった。来週の水曜日到着予定だって。

F：そうなの?まだ結構あるね。火曜日に友達が来るから、一緒に食べたかったんだけど。残念。

M：サイトで配送状況を確認してみようか。もしかしたら早く届くかもしれないし。

F：うん、お願い。

M：えっと、配送番号を入力して。おっ、もう発送はされていて。やった。予定より二日早く受け取れるよ。

F：本当?　よかった。

チーズケーキはいつ届きますか。

1 月曜日

2 火曜日

3 水曜日

4 木曜日

5번 정답 1

집에서 여자와 남자가 이야기하고 있습니다. 치즈케이크는 언제 도착합니까?

F : 저기 여보, 저번에 인터넷으로 주문한 치즈케이크는 언제 와?

M : 음~ 잠깐만, 주문완료 메일에 적혀 있을 텐데. 찾았다. 다음 주 수요일 도착예정이래.

F : 그래? 아직 오려면 멀었네. 화요일에 친구가 와서 같이 먹으려 했는데, 아쉽네.

M : 사이트에서 배송상황 확인해볼까? 어쩌면 일찍 도착할지도 모르니까.

F : 응 부탁해.

M : 음, 배송번호를 입력하고. 오, 벌써 발송되었는데. 앗싸! 예정보다 이틀 빨리 받을 수 있겠어.

F : 정말? 잘 됐다.

치즈케이크는 언제 도착합니까?

1 월요일

2 화요일

3 수요일

4 목요일

해설 남자는 케이크 주문 메일을 확인하고 「来週の水曜日到着予定(다음 주 수요일 도착 예정)」라고 했는데, 배송상황을 확인해 보고 이미 발송된 것을 알게 되었고 「予定より二日早く受け取れる(예정보다 이틀 빨리 받을 수 있다)」라고 했으니 답은 1번이다.

어휘 届く(도착하다) | ネット(인터넷) | 頼む(부탁하다, 주문하다) | 注文完了(주문완료) | 到着予定(도착예정) | ～だって(~래) | 結構(꽤) | 残念だ(아쉽다) | 配送状況(배송상황) | 確認(확인) | もしかしたら(어쩌면) | 配送番号(배송번호) | 入力(입력) | 発送(발송) | やった(앗싸. 기쁠 때 내는 소리) | 受け取る(수취하다, 받다)

男の人と女の人が話しています。男の人はどの写真を送りますか。

M：なあなあ、麻里、母さんに卒業式の写真を送ろうと思うんだけど、この4枚の中でどれがいいと思う？

F：どれどれ。うーん、全部いい写真だから迷うね。私と2人で撮った写真は？いい笑顔だよ。

M：それもいいんだけど、たぶん母さん、プリントして額に入れると思うんだ。だから真面目な顔をしてるやつのほうがいいかなとも思って。

F：そっか。でも、卒業アルバムの写真は、表情が硬くて、楽しそうじゃないなあ。花束のにしなよ。亮太のお母さんが見るんだから、亮太のスーツ姿が一番かっこよく写ってるのがいいんじゃない？

M：そう？健一と撮ったやつはバカみたいに笑い過ぎかな？

F：アハハハ。健一くん、跳び過ぎだよね。楽しそうではあるけど。

M：じゃあ、やっぱり麻里と撮ったやつにする。いい笑顔だから。

F：うーん。いや、やっぱり私はいい。遠慮しておく。

M：え、そう？じゃ、麻里の言ったやつにするね。

男の人はどの写真を送りますか。

남성과 여성이 이야기하고 있습니다. 남성은 어느 사진을 보냅니까?

M : 있잖아, 마리, 엄마한테 졸업식 사진을 보낼까 하는데, 이 4장 중에서 어느 것이 좋을 것 같아?

F : 어디 보자. 으~음, 전부 좋은 사진이라 고민되네. 나랑 둘이서 찍은 사진은? 웃는 얼굴이 좋아.

M : 그것도 좋지만, 아마 엄마, 프린트해서 액자에 넣을 것 같거든. 그니까 진지한 표정을 하고 있는 것이 더 좋을까 싶어서.

F : 그런가? 그치만, 졸업 앨범 사진은 표정이 굳어서 즐거워 보이지 않네. 꽃다발 있는 걸로 해. 료타 어머니가 보는 거니까, 료타의 정장 차림이 가장 멋지게 찍힌 것이 좋지 않아?

M : 그래? 겐이치랑 찍은 것은 바보처럼 너무 웃었나?

F : 아하하하. 겐이치 군, 너무 뛰었네 그치? 즐거워 보이기는 하지만.

M : 그럼, 역시 마리랑 찍은 걸로 할래. 웃는 얼굴이 좋으니까.

F : 으~음. 아니, 역시 나는 괜찮아. 사양할게.

M : 헐, 그래? 그럼, 마리가 말한 걸로 할게.

남성은 어느 사진을 보냅니까?

해설 여성은 엄마에게 보낼 사진을 고르는 남성의 질문에 대해「私と2人で撮った写真は？いい笑顔だよ(나랑 둘이 찍은 사진은 어때? 웃는 얼굴이잖아)」, 그리고「花束のにしなよ。(꽃다발이 있는 사진으로 해)」라고 충고하고 있다. 이에 남성은 마지막 대화에서「麻里の言ったやつにするね(마리가 말한 걸로 할게)」라고 여성의 의견을 채용하겠다는 의사를 표명했다. 그러나 여성은 어머니에게 보낼 사진이라는 말을 듣고 자신과 찍은 사진을 사양했기 때문에 남은 것은 꽃다발을 들고 있는 사진인 보기 3번이 정답이 된다.

어휘 写真(사진) | 卒業式(졸업식) | 迷う(고민하다, 헤매다) | 笑顔(웃는 얼굴) | 額(액자) | 真面目だ(진지한) | 硬い(딱딱한) | 花束(꽃다발) | スーツ姿(양복을 입은 못습) | 写る(찍히다, 나오다) | ~過ぎ(~을 너무 많이, 과하게 함) | 遠慮する(사양하다)

問題2では、まず質問を聞いてください。そのあと、問題用紙のせんたくしを読んでください。読む時間があります。それから話を聞いてて、問題用紙の1から4の中から、最もよいものを一つ選んでください。

例

学校で学生が話しています。女の人はどうしてピアノをやめましたか。

M：来月のピアノの発表会の曲、もう決めた？

F：実は私、先月でピアノやめたんだ。

M：えっ、本当に？　そっか。せっかく上手だったのに、残念だな。でもそうだよね、授業料も上がったし、高校に入って授業も難しくなったしね。

F：そうそう。でもまあ、それだけなら何とかなったんだけどさ。

M：え、何かあった？

F：うん、最近、英語の勉強が楽しくって、英会話スクールに通い始めたんだ。

M：そうだったの？　まあ、英語なら受験にも役に立つしね。

F：うん、ピアノよりいいかなと思って。

M：そっかそっか。残念だけど仕方ないね。

女の人はどうしてピアノをやめましたか。
1　学校の勉強がたいへんだから
2　じゅけん勉強を始めたから
3　新しいしゅみをもったから
4　ピアノのじゅぎょう料が高くなったから

1番

日本語学校で男の学生と女の学生が話しています。女の学生はどうしてカフェがいいと思いましたか。

F：マイケルさん、どうしたんですか。何か悩んでいるんですか。

M：あ、オリビアさん。実は、アルバイトを始めたいなと思っているんですが。夜中のコンビニと昼のカフェで悩んでいるんです。

문제2에서는 우선 질문을 들으세요. 그 후 문제지의 선택지를 읽으세요. 읽을 시간이 있습니다. 그러고 나서 이야기를 듣고 문제지의 1부터 4 안에서 가장 알맞은 것을 하나 고르세요.

예 정답 3

학교에서 학생이 이야기하고 있습니다. 여자는 왜 피아노를 그만두었습니까?

M : 다음 달 피아노 발표회에서 칠 곡 벌써 정했어?

F : 사실, 나 지난 달에 피아노 그만뒀어.

M : 어? 진짜? 그렇구나, 모처럼 잘 쳤는데. 아쉽다. 하지만 그렇지, 수업료도 올랐고, 고등학교에 들어와서 수업도 어려워졌잖아.

F : 맞아 맞아. 근데 뭐, 그것만이라면 어떻게든 할 수 있었는데…

M : 뭐? 무슨 일 있었어?

F : 응, 요즘 영어공부가 재미있어서 영어회화학원에 다니기 시작했거든.

M : 그랬어? 뭐 영어라면 수험에도 도움이 되니까.

F : 응, 피아노보다 나을 것 같아서.

M : 그래, 아쉽긴 한데 어쩔 수 없네.

여자는 왜 피아노를 그만두었습니까?
1　공부가 바빠졌으니까
2　수업료가 많이 올랐으니까
3　새로운 취미를 시작했으니까
4　피아노가 재미없어졌으니까

1번 정답 3

일본어 학교에서 남학생과 여학생이 이야기하고 있습니다. 여학생은 왜 카페가 좋다고 생각했습니까?

F : 마이클 씨, 무슨 일이에요? 무슨 고민 있어요?

M : 아, 올리비아 씨, 실은 아르바이트를 시작하고 싶은데…. 심야 편의점과 낮 시간의 카페 중에서 고민하고 있어요.

F：マイケルさんはどうしてアルバイトをしたいんですか。

M：日本に来て半年たちましたが、まだ日本人の知り合いもいないですし、日本の社会のこともももっと勉強したいと思ったんです。

F：それならカフェがいいと思いますよ。夜のコンビニは時給はいいですが、夜中はお店に一人しかいないことも多いですし。

M：そういえば、そうですね。

F：それに、朝まで働いて学校で眠くなったら、意味がないと思います。学生の仕事は勉強することじゃないですか。

M：そうですね。オリビアさんの言うとおりですね。

F：はい。楽しく働きながら日本語も勉強できるといいですね。

女の学生はどうしてカフェがいいと思いましたか。

1　きゅうりょうが高いから

2　長い時間はたらくことができるから

3　夜中にはたらくと昼間にねむくなるから

4　一人でゆっくり勉強ができるから

F：마이클 씨는 왜 아르바이트를 하고 싶은 건가요?

M：일본에 와서 반년이 지나가는데, 아직 아는 사람도 없고, 일본 사회에 대한 것도 좀 더 공부하고 싶어서요.

F：그렇다면 카페가 좋다고 생각해요. 심야 편의점은 시급은 좋지만, 한밤중에는 가게에 혼자만 있는 경우도 많거든요.

M：그러고 보니 그렇네요.

F：게다가, 아침까지 일하고 학교에서 졸면, 아무런 의미가 없다고 생각해요. 학생의 본분은 공부하는 것이잖아요

M：그렇죠. 올리비아 씨가 말하는 대로예요.

F：네, 즐겁게 일하면서 일본어도 배울 수 있으면 좋겠네요.

여학생은 왜 카페가 좋다고 생각했습니까?

1　월급이 많으니까

2　오랜 시간 일할 수 있으니까

3　심야에 일하면 낮에 졸게 되니까

4　혼자 느긋하게 공부할 수 있으니까

해설 여학생은 카페에서 일하면 좋은 이유보다 심야 편의점의 나쁜 점에 대해 말하고 있는데, 「朝まで働いて学校で眠くなったら、意味がない(아침까지 일하고 학교에서 졸면, 아무런 의미가 없다)」가 힌트로 정답은 3번이다. 근무시간에 대한 언급은 없으므로 2번은 오답. 시급이 좋은 것은 심야 편의점이므로 1번 역시 오답이며 아는 사람을 만들고 일본 사회에 대해 알고 싶은데 심야점은 '밤에 가게에 혼자 있는 아르바이트'라고 했고, 느긋하게 공부할 수 있는지에 대해 언급은 없었으므로 4번도 오답이다.

어휘 どうして(왜) | 悩む(고민하다) | 実は(실은) | 夜中(심야) | 半年(반년) | たつ(지나다, 경과하다) | 知り合い(아는 사람) | もっと(좀 더, 더욱) | それなら(그렇다면) | 時給(시급) | 店(가게) | そういえば(그러고 보니) | それに(게다가) | 眠い(졸리다) | 意味(의미) | 言うとおりです(말하는 대로입니다) | 給料(월급) | 昼間(낮) | ゆっくり(느긋하게, 천천히)

電話で母親と息子が話しています。母親は何について心配していますか。

F：もしもし、太郎？　あさっては何時に出発する飛行機だったっけ。午後2時？

M：ううん、午後4時の中国経由の飛行機だよ。

F：あれ？　韓国経由じゃなかったの？

M：それが、満席で買えなかったんだ。

2번 정답 4

전화로 어머니와 아들이 이야기하고 있습니다. 어머니는 무엇에 관해 걱정하고 있습니까?

F：여보세요, 타로? 모레 몇 시 출발 비행기였지? 오후 2시?

M：아니, 오후 4시 중국 경유 비행기야.

F：엥? 한국 경유 아니었어?

M：그게 만석이라 못 샀어.

F：あら、そうなの。じゃ、到着時間はあとでメールしてちょうだいね。迎えに行くから。お世話になってる山本先生にお礼のお土産は買ったの？

M：いや、まだ。最初から空港のお店で買うつもりでいたから。イタリア土産って、やっぱり食べ物がいいのかな。

F：何でもいいけど、早めに空港へ行くのよ。ばたばたしてるうちに、そんな時間なかったなんてことにならないようにね。荷物も重いだろうから、私のお土産は気にしないで、気をつけて帰っておいで。

M：うん、心配しないで。

母親は何について心配していますか。

1　ひこうきのチケットを買えなかったこと
2　いつも時間におくれること
3　ひこうきに乗りおくれること
4　先生へのおみやげを買っていないこと

F：어머, 그래? 그럼 도착 시간은 나중에 메일로 보내줘. 마중 갈게. 신세지고 있는 야마모토 선생님께 드릴 감사 선물은 샀니?

M：아니, 아직. 처음부터 공항 가게에서 살 생각이었거든. 이탈리아 선물은 역시 먹을 게 좋겠지?

F：뭐든 상관없는데, 일찌감치 공항에 가야 해. 허둥대다가 그럴 시간 없었다고 하지 말고. 짐도 무거울 테니 내 선물은 신경 쓰지 말고, 조심해 돌아와라.

M：응, 걱정하지마.

어머니는 무엇에 관해 걱정하고 있습니까?

1　비행기 티켓을 못 산 것
2　항상 시간에 늦는 것
3　비행기를 놓치는 것
4　선생님께 드릴 선물을 사지 않은 것

해설　어머니의 마지막 대사를 보면 「早めに空港へ行くのよ。ばたばたしてるうちに、そんな時間なかったなんてことにならないようにね(일찌감치 공항에 가야 해. 허둥대다가 그럴 시간 없었다고 하지 말고)」란 말이 들린다. 즉 어머니가 가장 걱정하는 것은 아직 선생님께 드릴 선물을 못 사는데 공항에 늦게 도착해서 선물을 못 사게 되는 것이란 걸 알 수 있으니 정답은 4번이다. 비행기 놓칠까 걱정하는 내용은 없었으니 3번은 오답이고 중국 경유 티켓을 샀다고 했으니 1번도 오답, 2번은 언급되지 않은 내용이다.

어휘　母親(어머니) | 息子(아들) | 出発(출발) | ~っけ(~였지?) | 午後(오후) | 経由(경유) | 満席(만석) | 到着時間(도착 시간) | あとで(나중에) | ~てちょうだい(~해 줘) | 迎えに行く(마중 가다) | お世話になる(신세지다) | お礼のお土産(감사 선물) | 空港(공항) | 店(가게) | イタリア土産(이탈리아 선물) | 早めに(일찌감치) | ばたばたする(허둥대다) | ~うちに(~중에) | 荷物(짐) | 気にする(신경 쓰다) | 気をつける(조심하다) | 帰っておいで(돌아와) | 乗り遅れる(못 타고 놓치다) | 遅れる(늦다)

お店で男の人と店員が話しています。男の人はどうして商品を換えることができませんでしたか。

M：すみません。数日前に買ったこのシャツなんですけど、サイズが合わなかったので、一つ大きいサイズに換えたいんです。

F：サイズ交換ですね。レシートはお持ちですか。

M：はい、これです。あのう、サイズを確認するために、一回着たんですが大丈夫ですか。

F：確認のために着てみただけであれば、問題ありませんよ。あ、お客様、このレシートなんですが、うちではなく、さくら駅前店でお買いになったようですね。

가게에서 남자와 점원이 이야기하고 있습니다. 남자는 왜 상품을 교환할 수 없었습니까?

M：실례합니다. 며칠 전에 산 이 셔츠 말인데요, 사이즈가 안 맞아서 한 사이즈 큰 걸로 바꾸고 싶습니다만.

F：사이즈 교환하시려고요. 영수증은 갖고 계십니까?

M：네, 이겁니다. 저, 사이즈를 확인하기 위해 한번 입었는데 괜찮은가요?

F：확인을 위해 입어 보신 것뿐이라면 문제없습니다. 아, 손님, 이 영수증 말인데요, 저희가 아니라 사쿠라 역 앞 매장에서 구매하신 것 같네요.

M：ええ。ここも同じブランドのチェーン店ですよね？

F：はい、そうなんですが、商品の交換は買ったお店でしかできないんです。申し訳ございません。

M：ああ、そうなんですね。いえ、分かりました。

F：すみません。それと、こちらのシャツ、人気があるので、お早めに駅前店に行かれることをおすすめします。売り切れている可能性もありますので。

M：あ、はい。分かりました。どうもすみません。

男の人はどうして商品を換えることができませんでしたか。

1 一回着てしまったから

2 レシートにまちがいがあったから

3 別の店で買った商品だから

4 ほしい商品が売れてしまったから

M : 네, 여기도 같은 브랜드 체인점이지요?

F : 네 그렇긴 합니다만, 상품교환은 사신 가게에서만 가능합니다. 죄송합니다.

M : 아 그렇군요. 아닙니다, 알겠습니다.

F : 죄송합니다. 그리고 이 셔츠 인기가 있어서 일찌감치 역 앞 매장에 가시기 권합니다. 품절되었을 가능성도 있어요.

M : 아, 네 알겠습니다. 미안합니다.

남자는 왜 상품을 교환할 수 없었습니까?

1 한번 입었기 때문에

2 영수증에 문제가 있었기 때문에

3 다른 가게에서 산 상품이기 때문에

4 원하는 상품이 팔렸기 때문에

해설 셔츠 교환을 하러 온 남자에게 여자는 「うちではなく、さくら駅前店でお買いになったようですね(저희가 아니라 사쿠라 역 앞 매장에서 구매하신 것 같네요)」라고 하며, 「商品の交換は買ったお店でしかできない(상품교환은 사신 가게에서만 가능하다)」라고 했으니 답은 3번이다. 사이즈 확인을 위해 한번 입은 경우는 문제없다고 했으니 1번은 오답. 영수증 자체에 문제가 있다는 말은 없으므로 2번도 오답. 원하는 셔츠가 품절되었을 가능성이 있다고 했지 품절되었다고 단정지은 것은 아니므로 4번도 오답이다.

어휘 店(가게) | 店員(점원) | 商品(상품) | 換える(바꾸다) | 数日前(며칠 전) | サイズが合わない(사이즈가 안 맞다) | 交換(교환) | レシート(영수증) | お持ちですか(갖고 계십니까?) | 確認(확인) | 着る(입다) | 駅前店(역 앞 매장) | お買いになる(사시다) | チェーン店(체인점) | 人気(인기) | お早めに(일찌감치) | おすすめします(권합니다) | 売り切れる(다 팔리다, 품절되다) | 可能性(가능성) | まちがい(문제, 잘못) | 別の店(다른 가게)

4番

留守番電話のメッセージを聞いています。女の人はどうしてメッセージを残しましたか。

F：田中先生、ゼミの山本です。本日の午後3時の就職相談の件でご連絡しました。実は朝から体調が悪く、病院へ行ったのですが、薬を飲んでもまだよくなりません。そのため、急で申し訳ありませんが、本日はお休みいたします。今朝、先生にメールもお送りしたのですが、念のためメッセージも残します。ご迷惑をおかけし、大変申し訳ありません。前回の課題は次回お会いするときに必ず持っていきます。どうぞよろしくお願いいたします。

4번 **정답** 2

자동 응답기의 메시지를 듣고 있습니다. 여자는 왜 메시지를 남겼습니까?

F : 다나카 선생님, 세미나 수업 수강생 야마모토입니다. 오늘 오후 3시 취업 상담 건으로 연락 드렸습니다. 실은 아침부터 몸이 좋지 않아 병원에 갔었는데, 약을 먹어도 아직 좋아지지 않아요. 그래서 갑작스러워 죄송합니다만, 오늘은 쉬도록 하겠습니다. 오늘 아침에 선생님께 메일도 보냈습니다만 혹시 몰라서 메시지도 남깁니다. 폐를 끼쳐드려 대단히 죄송합니다. 지난 번 과제는 다음 번에 뵐 때 꼭 가지고 가겠습니다. 부디 잘 부탁드리겠습니다.

女の人はどうしてメッセージを残しましたか。

1　病院に行かなければならないため
2　約束をキャンセルするため
3　メールを送り忘れたため
4　かだいをていしゅつする日をつたえるため

여자는 왜 메시지를 남겼습니까?

1　병원에 가야하기 때문에
2　약속을 취소하기 위해
3　메일 보내는 것을 잊었기 때문에
4　과제 제출하는 날을 전하기 위해

해설 여자는 다나카 선생님과 오늘 오후 3시 취업 상담 건으로 만나기로 되어 있었는데, 몸이 좋지 않았고, 그래서 「急で申し訳ありませんが、本日はお休みいたします(갑작스러워 죄송합니다만, 오늘은 쉬도록 하겠습니다)」라는 메시지를 남긴 것이므로 답은 2번이다. 병원에 다녀왔는데도 좋아지지 않는다고 했으므로 1번은 오답이고 오늘 아침에 메일을 보냈다고 했으니 3번 역시 오답이다. 과제 제출을 다음 번에 만났을 때 가지고 가겠다고 했지만, 오늘 쉬겠다는 말을 하면서 부수적으로 언급한 내용이므로 주요 용건이라 할 수 없어 4번도 오답이다.

어휘 留守番電話(자동 응답기) | 残す(남기다) | ゼミ(세미나 수업) | 本日(오늘) | 就職相談の件(취직 상담 건) | 連絡(연락) | 実は(실은) | 体調が悪い(몸이 좋지 않다) | 急で(갑작스러워) | 送る(보내다) | 念のため(혹시 몰라) | 迷惑をかける(폐를 끼치다) | 大変申し訳ありません(대단히 죄송합니다) | 前回(지난 번) | 課題(과제) | 次回(다음 번) | キャンセルする(취소하다) | 送り忘れる(보내는 것을 잊다) | 提出(제출) | 伝える(전하다)

5番

会社で女の人と男の人が話しています。女の人はどうしてスキーを始めましたか。

F：杉山さん、私、とうとう先週からスキーを始めたわ。

M：えー、なんで？　どうしちゃったの、突然。スキーのおもしろさがまったく分からないって、前に言ってなかった？

F：それが、スポーツ用品会社に勤めてる友達に誘われて、展示会に遊びに行ったんだけど、くじ引きイベントで当たっちゃったの。スキーとかウエアとか手袋とか、一通り全部セットで。本当は、ジムとかで着られるスポーツウエアが欲しかったんだけどね。

M：あー、運動不足だからって、ジムに通ってたっけ。僕がいくら誘っても、「寒い冬に、リフトに何分も座ってる人の気が知れない。ただ山の上に行って、滑っておりてくるだけなのに、何がおもしろいんだ」って、僕の趣味をばかにしてたくせに。

F：ごめんごめん。使わないのももったいないから、その友達と先週末、行ってきたわけ。

M：で、どう？　おもしろかった？

F：うん、とっても。

5번 정답 3

회사에서 여자와 남자가 이야기하고 있습니다. 여자는 왜 스키를 시작했습니까?

F：스기야마 씨, 나 드디어 지난 주부터 스키를 시작했어.

M：에이~ 왜? 무슨 일이야 갑자기. 스키의 재미를 전혀 모르겠다고 전에 말하지 않았어?

F：그게, 스포츠용품 회사에서 일하는 친구 권유로 전시회에 놀러 갔는데, 추첨 이벤트에 당첨된 거야. 스키라든가 스키복이라든가 장갑 같은 필요한 거 풀세트로. 실은 헬스클럽 같은 데서 입을 수 있는 운동복을 갖고 싶었지만 말이야.

M：아~ 운동 부족이라며 헬스클럽 다니고 있었지? 내가 아무리 권유해도 '추운 겨울에 리프트에 몇 분이나 앉아있는 사람의 마음을 모르겠어. 그냥 산 위에 가서 미끄러져 내려올 뿐인데, 뭐가 재미있냐'면서 내 취미를 무시하더니.

F：미안, 미안. 사용하지 않는 것도 아까우니까, 그 친구랑 저번 주말에 갔다 온 거야.

M：그래서, 어때? 재밌었어?

F：응, 엄청!

M：ほらね。食わず嫌いってやつだったんだよ。僕がユーチューブにアップしてるスキー動画見たら、きっとすぐにうまくなるよ。

F：ねえ、杉山さん。今週末、私をスキーに連れてってくれる？

女の人はどうしてスキーを始めましたか。

1　友人にさそわれたから

2　運動不足だったから

3　スキーに使うどうぐをもらったから

4　杉山さんとスキーがしたいから

M：거 봐. 해보지도 않고 싫어한 거였잖아. 내가 유튜브에 올린 스키 동영상 보면 분명히 금방 잘하게 될 거야!

F：저기, 스기야마 씨, 이번 주말에 나 스키장 데려가 줄래?

여자는 왜 스키를 시작했습니까?

1 친구에게 권유를 받아서

2 운동 부족이었기 때문에

3 스키에 사용할 도구를 받았기 때문에

4 스기야마 씨와 스키를 타고 싶기 때문에

해설 원래 여자는 스키에 전혀 흥미가 없었으나 친구의 권유로 전시회에 갔다가, 「くじ引きイベントで当たっちゃったの。スキーとかウエアとか手袋とか、一通り全部セットで(추첨 이벤트에 당첨된 거야. 스키라든가 스키복이라든가 장갑 같은 필요한 거 풀세트로)」라고 하며, 당첨되어 받은 스키 도구를 「使わないのももったいないから(사용하지 않는 것도 아까우니까)」라고 했으니 답은 3번이 된다. 친구의 권유로 간 곳은 전시장이지 스키장이 아니므로 1번은 오답. 운동 부족이라 헬스클럽에 다니고 있으니 2번은 오답이며, 스기야마 씨에게 데려가 달라고 한 건 맞지만 어디까지나 스키가 재미있어서 한 말이지 스키를 시작한 이유는 아니므로 4번도 오답이다.

어휘 とうとう(드디어) | なんで(왜) | 突然(갑자기) | まったく(전혀) | スポーツ用品会社(스포츠용품 회사) | 誘う(권유하다) | 展示会(전시회) | くじ引き(추첨, 제비 뽑기) | 当たる(당첨되다) | 手袋(장갑) | 一通り(대략, 대강) | ジム(헬스클럽) | 運動不足(운동 부족) | 通う(다니다) | いくら～ても(아무리 ~해도) | 座る(앉다) | 気が知れない(마음을 모르다) | ただ(그냥) | 滑る(미끄러지다) | おりる(내려오다) | 趣味(취미) | ばかにする(무시하다) | ～くせに(~이면서, ~인 주제에) | 使う(사용하다) | もったいない(아깝다) | 先週末(지난 주말) | 食わず嫌い(해보지도 않고 싫어함) | 動画(동영상) | きっと(분명히) | うまくなる(잘하게 되다) | 今週末(이번 주말) | 連れていく(데려가다) | 道具(도구)

6番

F：男の人が留守番電話にメッセージを残しています。男の人はどうして仕事をやり直しますか。

M：もしもし、めぐみちゃん？

申し訳ないんだけど、今日ご飯、行けなくなっちゃった。今朝やってた仕事を終わらせようとしたらコンピューターのデータが飛んじゃってさ～。半分しか回復できなかったから、今日中にやり直さないとだめなんだ…。急いでやってたんだけど、それにプラスしてお客さんから注文変更の電話まで入っちゃってさ、そっちも片づけないといけないやら何やらで…。タイミング悪すぎだよね…。ホントごめん！

そういうことだから、次、また誘うね！あ、もちろんその時は僕がおごるね～！

6번 정답 2

F：남성이 자동응답기에 메시지를 남기고 있습니다. 남성은 어째서 일을 다시 하고 있습니까?

M：여보세요? 메구미?

미안한데, 이번에 밥 먹기로 한 거 못 가게 돼 버렸어. 오늘 아침에 하고 있던 일을 끝내려고 했는데, 컴퓨터 데이터가 날아가 버려서 말이야~ 반밖에 회복 못 시켜서, 오늘 중으로 다시 해야 하거든.... 급히 하고 있긴 한데, 거기에 더해서, 손님의 주문 변경 전화까지 와서 말이야. 그쪽도 해결하지 않으면 안 돼서 정말이지.... 타이밍 진짜 너무 안 좋아서… 정말 미안해!

그러니까 다음에 다시 밥 먹자고 할게! 아, 물론 그때는 내가 쏠게!

F：男の人はどうして仕事をやり直しますか。

1　今朝、ミスに気付いたから
2　パソコンのデータの一部がなくなったから
3　お客さんが注文を変更したから
4　今日はタイミングが悪いから

F : 남성은 어째서 일을 다시하고 있습니까?

1　오늘 아침에 실수를 깨달아서
2　컴퓨터 데이터가 일부 사라져서
3　고객이 주문을 변경해서
4　오늘은 타이밍이 안 좋아서

해설　남성은 전화 메시지를 통해 약속에 가지 못하게 되었음을 알리고 있는데,「コンピューターのデータが飛んじゃって(컴퓨터의 데이터가 날아가 버려서)」라고 이유를 설명하고 있다. 그리고, 데이터 회복을 반밖에 못 시킨 이유를「注文変更の電話まで入っちゃって(주문 변경 전화까지 들어와서)」라고 설명하고 있다. 즉, 약속에 가지 못하는 이유는 데이터가 사라졌기 때문이니 3번이 정답이 된다.

어휘　留守番(부재중)｜やり直す(다시 하다, 고치다)｜飛ぶ(날다, 데이터 혹은 자료 등이 사라지다)｜回復(회복)｜急ぐ(서두르다)｜変更(변경)｜片づける(정리하다, 해결하다, 치우다)｜タイミング(타이밍)｜誘う(권유하다)｜おごる(한턱내다)

問題 3　問題用紙に何も印刷されていません。この問題は、ぜんたいとしてどんないようかを聞く問題です。話の前に質問はありません。まず話を聞いてください。それから、質問とせんたくしを聞いて、1から4の中から、最もよいものを一つ選んでください。

문제 3　문제3에서는 문제지에 아무것도 인쇄되어 있지 않습니다. 이 문제는 전체로서 어떤 내용인지를 묻는 문제입니다. 이야기 전에 질문은 없습니다. 우선 이야기를 들으세요. 그러고 나서 질문과 선택지를 듣고 1부터 4 안에서 가장 알맞은 것을 하나 고르세요.

例

女の人と男の人が新しいドラマについて話しています。

F：昨日から始まったドラマ、見た？
M：あ、あの刑事ドラマのこと？
F：そうそう。
M：見た見た。見ている間ずっとどきどきしたよ。音楽もすばらしかったね。
F：そう？　私は音楽はちょっとやりすぎかなって思ったけど。
M：そうかな。場面ごとの音楽が効果的だったと思うけど。
F：うーん、ま、でもストーリーは最高だったね。
M：そうだね、刑事ものだから難しいかなと思ったけど、思ったより見やすかったね。
F：そうそう。来週が今から楽しみ。
M：そうだね。

男の人はドラマについてどう思っていますか。
1　想像よりもおもしろくなかった
2　内容が難しかった

예　정답 3

여자와 남자가 새로운 드라마에 대해 이야기하고 있습니다.

F : 어제부터 시작한 드라마 봤어?
M : 아, 그 형사 드라마?
F : 응응.
M : 봤어 봤어. 보는 내내 두근거렸어. 음악도 멋지던데.

F : 그래? 난 음악이 좀 과한가 했는데.

M : 그런가? 장면별 음악이 효과적이었던 것 같은데.
F : 음, 뭐 그래도 스토리는 최고였어.
M : 맞아. 형사 드라마라서 어려울 거라고 생각했는데, 생각보다 보기 편했어.
F : 맞아 맞아. 다음 주가 벌써부터 기대된다.
M : 그러게.

남자는 드라마에 대해서 어떻게 생각합니까?

1　상상보다도 재미없었다
2　내용이 어려웠다

3 音楽とストーリーが合っている

4 今までのドラマの中でいちばんおもしろい

3 음악과 스토리가 어울린다

4 지금까지 본 드라마 중 가장 재미있다

1番

ラジオで病院の先生が話しています。

M：今年の冬は、重い「おなかの風邪」をひく人が増えています。傷んだ食べ物を食べていないのに、おなかが痛い、トイレに何度も行く、夜中におなかが痛くて目が覚める、などの症状がある人はいわゆる「おなかの風邪」かもしれません。正式な病気の名前は「感染性胃腸炎」です。おなかが痛くてトイレに何度も行く人は、できるだけたくさん水を飲むようにしてください。そして、ゆっくり休んでください。それでもよくならないときは必ず病院に行ってくださいね。また、無理に食事をとろうとせず、固いものと辛いものは食べないようにしてください。一緒に住んでいる家族にうつることもありますので、家族に風邪をひいた人がいるときは、窓をたくさん開けるようにしてください。

先生は何について伝えていますか。

1 おなかの風邪の危険性

2 おなかの風邪をひいたときに注意すること

3 おなかの風邪をひいたときに飲む薬の種類

4 おなかの風邪をひく原因

1번 정답 2

라디오에서 병원 선생님이 이야기하고 있습니다.

M : 올겨울은 심각한 '배 감기'에 걸린 사람이 늘어나고 있습니다. 상한 음식을 먹은 것도 아닌데 배가 아프고, 화장실에 자주 가고, 한밤중에 배가 아파서 잠에서 깨는 등의 증상이 있는 사람은 이른바 '배 감기'일지도 모릅니다. 정식 병명은 '감염성 위장염'입니다. 배가 아파서, 화장실에 계속해서 가는 사람은 가능한 물을 많이 마시도록 해주세요. 그리고, 푹 쉬세요. 그래도 좋아지지 않을 때는, 반드시 병원에 가세요. 또한 억지로 식사를 하려 하지 말고, 딱딱한 것과 매운 것은 먹지 않도록 하세요. 함께 사는 가족에게 옮길 수 있으니 가족 중에 감기 걸린 사람이 있을 때에는, 창문을 자주 열도록 해주세요.

선생님은 무엇에 대해 전달하고 있습니까?

1 배 감기의 위험성

2 배 감기를 걸렸을 때 주의해야 할 점

3 배 감기를 걸렸을 때 먹는 약의 종류

4 배 감기에 걸리는 원인

해설 본문의 주요 내용은 증상이 있을 때 해야 할 일, 어떻게 하면 좋은가, 대처하는 방법 등을 소개하고 있는데, 이런 내용들을 묶으면 바로 배 감기에 걸렸을 때 '주의할 점'이란 것을 알 수 있으므로 답은 2번이 된다. 위험성이란 단어에 맞는 중대한 증상은 없으므로 1번은 오답. 약의 종류와 원인에 대한 언급은 등장하지 않으므로 3번, 4번도 오답이다.

어휘 重い(병 등이 중하다) | 増える(늘어나다) | 傷む(상하다, 손상되다) | 夜中(한밤중) | 目が覚める(잠에서 깨다) | 症状(증상) | いわゆる(이른바) | 正式(정식) | 感染性胃腸炎(감염성 위장염) | できるだけ(가능한) | ゆっくり(푹, 천천히) | 無理に(억지로) | 食事をとる(식사를 하다) | 辛い(맵다) | うつる(옮기다, 전염되다) | 危険性(위험성) | 種類(종류) | 原因(원인)

2番

M：電話でお店の人と男の人が話しています。

F：お待たせいたしました。わくわくバーガーでございます。

2번 정답 1

M : 전화로 가게 점원과 남성이 이야기하고 있습니다.

F : 오래 기다리셨습니다. 두근두근 버거입니다.

M：もしもし。30分ほど前に、わくわくセットの配達をお願いした者ですが、中に入っているはずのおもちゃが入っていないんです。

F：お客様、失礼ですが、レシートを一度ご確認いただけますでしょうか？

M：はい、レシートにもちゃんと「わくわくセット」と書いてあります。

F：それは大変失礼いたしました。すぐ新しいものを作ってお届けします。

M：あ、もう昼ごはんは食べたので、おもちゃだけで大丈夫です。子どもが楽しみにしていたもので…。

F：かしこまりました。それではセットのおもちゃのみ、お届けいたします。

M：はい、お願いします。

F：ご迷惑をおかけし、大変申し訳ございませんでした。

M：男の人はどうして電話しましたか。

1　配達内容が間違っていたから

2　レシートが間違っていたから

3　わくわくセットを注文するため

4　おもちゃが壊れていたため

M：여보세요. 30분쯤 전에, 두근두근 세트를 배달시킨 사람인데요. 안에 포함되어 있을 터인 장난감이 안 들어있습니다.

F：고객님, 실례지만, 영수증을 한번 확인해 주시겠습니까?

M：네. 영수증에도 제대로 '두근두근세트'라고 적혀있어요.

F：대단히 실례했습니다. 바로 새 것을 만들어 보내 드리겠습니다.

M：아, 벌써 점심은 먹어서, 장난감만 (주시면) 됩니다. 아이가 기대하고 있던 터라….

F：알겠습니다. 그럼 세트의 장난감만, 보내 드리겠습니다.

M：네, 부탁합니다.

F：폐를 끼쳐 대단히 죄송합니다.

M：남성은 왜 전화했습니까?

1　배달 내용이 틀렸기 때문에

2　영수증이 틀렸기 때문에

3　두근두근 세트를 주문하기 위해서

4　장난감이 고장나 있었기 때문에

해설　남성은 가게 점원에게 배달을 주문한 내용에 대해 문제가 있음을 확인하고자 전화를 했는데, 그 구체적인 내용은 「中に入っているはずのおもちゃが入っていない(안에 있어야 할 장난감이 들어있지 않다)」였다. 즉, 주문한 내용과 달리, 장난감이 동봉되어 있지 않아서 전화를 한 것이라는 것을 알 수 있으므로, 정답은 1번이 된다. 남성은 영수증에 문제가 있어 전화한 것이 아니므로 2번은 오답이 되며, 이미 세트를 주문했으므로 3번도 오답이 된다. 그리고 애초부터 장난감이 들어 있지 않아 고장 여부를 확인할 수 없으므로 4번도 오답이 된다.

어휘　配達(배달) ｜ 確認(확인) ｜ 大変(매우) ｜ 失礼(실례) ｜ おもちゃ(장난감) ｜ 楽しみ(즐거움, 기대) ｜ 迷惑(폐) ｜ 壊れる(망가지다)

3番

駅でアナウンスが流れています。

M：本日はさくら駅をご利用いただきまして、ありがとうございます。電車をご利用のお客様にご連絡いたします。天気予報によると、明日の早朝に大型の台風が来る予定です。皆様の安全を守るため、明日の午前10時まで電車の運行を中止します。朝に駅をご利用のお客様には大変ご迷惑をおかけいたしますが、ご理解、ご協力のほどお願いいたします。なお、明日10時以降は電

3번　정답 2

역에서 안내 방송이 나오고 있습니다.

M：오늘은 사쿠라 역을 이용해 주셔서 감사합니다. 전철을 이용하시는 고객님께 안내 말씀드리겠습니다. 일기 예보에 따르면 내일 이른 아침에 대형 태풍이 올 예정입니다. 여러분의 안전을 지키기 위해 내일 오전 10시까지 열차 운행을 중단하겠습니다. 아침에 역을 이용하는 고객께는 큰 불편을 끼치겠습니다만, 이해와 협조 부탁드리겠습니다. 그리고 내일 10시 이후에는 전철이 혼잡할 것으로 예상됩니다. 평소보다 전철 대수를 많이 운행

車の混雑が予想されます。いつもより電車の本数を多く運行する予定ですので、よろしくお願いいたします。

何についてのアナウンスですか。
1 明日の天気のお知らせ
2 明日の朝の電車の予定
3 台風で駅が使えなくなること
4 台風のせいで電車が遅れること

할 예정이오니, 잘 부탁드리겠습니다.

무엇에 대한 안내 방송입니까?
1 내일 날씨
2 안내 내일 아침 기차 예정
3 태풍으로 역을 사용할 수 없게 되는 것
4 태풍 탓에 전철이 늦어지는 것

해설 안내방송을 들어보면 내일 오전에 대형 태풍이 온다는 말과 함께 승객의 안전을 위해 10시까지 열차 운행을 중단하겠다는 말을 하고 있으니, 안내방송의 메인 테마는 대형 태풍에 따른 내일 열차 운행 일정 조정에 관한 것임을 알 수 있다. 정답은 2번이다. 태풍에 관한 언급은 하였으나 이 안내방송은 일기예보가 아니라, 태풍으로 인한 열차 운행 중지에 관한 안내이므로 1번은 답이 될 수 없다. 태풍으로 역을 사용할 수 없다는 말은 하지 않았으니 3번은 오답이며, 태풍 때문에 전철이 늦어진다는 말도 없었으니 4번도 오답이다.

어휘 流れる(흐르다) | 本日(오늘) | 利用(이용) | 連絡(연락) | 早朝(이른 아침) | 大型(대형) | 台風(태풍) | 守る(지키다) | 運行(운행) | 中止(중지) | 迷惑をかける(폐를 끼치다) | 理解(이해) | 協力(협력) | ~のほどお願いいたします(~해 주시기 부탁드리겠습니다) | なお(그리고) | 以降(이후) | 混雑(혼잡) | 予想(예상) | いつもより(평소보다) | 電車の本数(전철 대수) | ~のせいで(~탓에) | 遅れる(늦어지다) | お知らせ(안내)

問題4 問題4では、えを見ながら質問を聞いてください。やじるし（➡）の人は何と言いますか。1から3の中から、最もよいものを一つえらんでください。

例

公園です。写真を撮ってほしいと言われました。何と言いますか。
F：1 では、撮りますよ。
　　2 撮りましょうか。
　　3 よろしくお願いします。

1番

会議の日時を決めたいです。部長に何と言いますか。
F：1 今日の調子を確認しにまいりました。
　　2 来週のご都合はいかがでしょうか。
　　3 この日の具合を聞きたいんですか。

문제4 문제 4에서는 그림을 보면서 질문을 들으세요. 화살표(➡)의 사람은 뭐라고 말합니까? 1부터 3 안에서 가장 적절한 것을 하나를 고르세요.

예 **정답** 1

공원입니다. 사진을 찍어 달라고 했습니다. 뭐라고 말합니까?
F：1 그럼, 찍겠습니다.
　　2 찍어드릴까요?
　　3 잘 부탁드립니다.

1번 **정답** 2

회의 일시를 정하고 싶습니다. 부장에게 뭐라고 말합니까?
F：1 오늘 상태를 확인하러 왔습니다.
　　2 다음 주 시간 어떠신가요?
　　3 이 날의 상태를 묻고 싶은데요.

해설 회의 일시를 정하기 위해서 상사인 부장에게 하는 말로 가장 적당한 표현은 2번이다. 「都合はいかがでしょうか」는 상대에게 일정을 물을 때 사용하는 표현이다. 주의할 점은 「都合」란 단어는 사전적 의미로 '사정, 형편'이란 뜻이므로, '다음 주 사정, 형편 어떠실까요?'라고 해석할 수도 있지만, 이런 문장에서는 의역을 해야 한다. 회의 일시를 정하는데, 오늘 상태를 확인하러 왔다고 한 1번은 문맥이 맞지 않고, 「具合」란 단어는 예정을 물을 때 사용할 수 없으므로 3번도 오답이다.

어휘
어휘 日時(일시) | 調子(상태) | 確認(확인) | まいる(行く・来る의 겸양어) | 都合(사정) | いかがでしょうか(어떠신가요?) | 具合(형편, 상태)

2番

病院で診察が終わりました。何と言いますか。

F : 1　どうぞお大事に。

　　2　では大事なんですね。

　　3　またしっかりしてよ。

2번 정답 1

병원에서 진찰이 끝났습니다. 뭐라고 말합니까?

F : 1　몸 조리 잘하세요.

　　2　그럼 중요하네요.

　　3　다시 정신차려.

해설 상대의 건강을 걱정하며 헤어질 때 사용하는 인사인 「お大事に」가 사용된 1번이 정답이다. 이 문제의 장면은 병원이지만, 예를 들어 감기 걸린 상대를 만났다가 헤어질 때 일본인들은 「どうぞお大事に」라고 한다. 「お大事に」와 「大事だ(중요하다)」는 다른 의미로 사용되므로 2번은 오답. 3번의 「しっかりして」는 '정신차려'란 뜻이므로 역시 오답이다.

어휘 診察(진찰) | どうぞお大事に(몸조리 잘하세요) | 大事だ(중요하다) | しっかりする(정신차리다)

3番

カフェです。お客さんの注文を取りたいです。何と言いますか。

M : 1　どの飲み物にすると思いますか。

　　2　どの飲み物になさいますか。

　　3　どの飲み物が欲しかったんですか。

3번 정답 2

카페입니다. 손님에게 주문을 받으려 합니다. 뭐라고 말합니까?

M : 1　어느 음료로 할 것이라 생각합니까?

　　2　어느 음료로 하시겠습니까?

　　3　어느 음료를 원했던 것 인가요?

해설 「~にしますか(~으로 하겠습니까?)・~になさいますか(~으로 하시겠습니까?)」는 상대방에게 무언가를 선택하게 할 때, 어떤 것을 선택할지 물을 때 쓰는 표현으로 정답은 2번이다. 1번 3번은 문맥과 전혀 맞지 않는다.

어휘 注文を取る(주문을 받다) | ~になさいますか(~으로 하시겠습니까?)

4番

財布を拾いました。何と言いますか。

F : 1　これ、落としてありましたか。

　　2　これ、あの交差点で拾いました。

　　3　これ、あそこで捨てたんですよ。

4번 정답 2

지갑을 주웠습니다. 뭐라고 말합니까?

F : 1　이거, 떨어져 있었습니까?

　　2　이거, 저 교차로에서 주웠어요.

　　3　이거 저기에서 버렸어요.

해설 지갑을 주워 파출소로 들고 가서, 어디에서 주웠는지 설명하는 장면이므로 가장 적당한 표현은 2번이다. 1번은 잘못된 문장으로 「落ちていましたか(떨어져 있었습니까?)」가 되야 하며, 지갑을 주운 사람이 하는 말은 아니다. 지갑을 주웠는데 '저기에서 버렸다'라고 하는 3번도 잘못된 표현이다.

어휘 財布(지갑) | 拾う(줍다) | 落とす(떨어뜨리다) | 交差点(교차점) | 捨てる(버리다)

問題5 | 問題5では、問題用紙に何もいんさつされていません。まず文を聞いてください。それから、そのへんじを聞いて、1から3の中から、最もよいものを一つえらんでください。

문제 5 | 제 5에서는 문제지에 아무것도 인쇄되어 있지 않습니다. 먼저 문장을 들으세요. 그리고 나서 그 문장에 맞는 대답을 듣고 1부터 3 안에서 하나를 고르세요.

例

M：久しぶりだね。元気だった？忙しかったの？

F：1　うん、私には難しい仕事だったの。

　　2　うん、息つく暇もなく過ごしてたわ。

　　3　うん、目を回して過ごしてたわ。

예 | 정답 2

M：오랜만이야. 잘 지냈어? 바빴어?

F：1　응, 나한테는 어려운 일이었어.

　　2　응, 숨 돌릴 틈도 없이 지냈어.

　　3　응, 눈 굴리고 지냈어.

1番

F：荷物、今日届くんじゃなかったっけ？

M：1　山田さんがやるらしいよ。

　　2　雪のせいで遅れているらしいよ。

　　3　けっこう重かったらしいよ。

1번 | 정답 2

F：짐, 오늘 도착하는 거 아니었나?

M：1　야마다 씨가 할 것 같아.

　　2　눈 때문에 늦어지는 것 같아.

　　3　꽤 무거웠던 것 같아.

해설 | 예정대로라면 오늘 도착했어야 하는 짐에 대해 확인하고 있다. 즉 아직 짐이 도착하지 않은 상황임을 추측할 수 있고, 이에 가장 알맞은 반응은 짐이 도착하지 않은 이유를 설명하고 있는 2번이다.

어휘 | 荷物(짐) ｜ 届く(도착하다) ｜ ～のせいで(~탓에, ~때문에) ｜ 遅れる(늦어지다) ｜ けっこう(꽤)

2番

M：5時までに終わらせるつもりだったのに、もう7時だよ。

F：1　2時間だけやればいいんだね。

　　2　時間が経つのは早いね。

　　3　こんなにすぐできるとは思わなかったね。

2번 | 정답 2

M：5시까지 끝낼 생각이었는데 벌써 7시야.

F：1　2시간만 하면 되는 거지.

　　2　시간 가는 건 빨라.

　　3　이렇게 바로 할 수 있을 줄은 생각 못 했어.

해설 | 남자가 한 말로 보아 아직 일이 끝나지 않은 것을 추측할 수 있고, 이에 대한 가장 어울리는 반응은 2번이다. 1번은 이제부터 2시간만 더 하면 된다는 미래의 일을 말하고 있으므로 오답이며, 3번은 아직 일이 끝나지 않은 상황인데 이미 끝난 사실을 말하고 있으므로 오답이다.

어휘 | 終わらせる(끝내다) ｜ 時間が経つ(시간이 가다)

3番

F：明日なんですけど、鈴木さんは私たちと一緒に行くんですよね？

M：1　いや、彼は自分の車で行くそうだよ。

　　2　いや、彼だけ行かせるわけにはいかないよ。

　　3　いや、そろそろ来るはずだよ。

3번 | 정답 1

F：내일 말입니다만, 스즈키 씨는 우리와 같이 가는 거죠?"

M：1　아니, 그는 자기 차로 간다고 해.

　　2　아니, 그 사람만 가게 할 수는 없지.

　　3　아니, 슬슬 올 거야.

해설 여자는 스즈키 씨가 자신들과 같이 가는 것을 전제로 물으며 확인하고 있으니, 상대는 같이 가는지 따로 가는지를 답해야 하는데, 자기 차로 따로 간다고 한 1번이 가장 정확한 반응이다. 2번은 스즈키 씨 혼자만 가는 것을 전제로 한 반응이므로 맞지 않으며, 3번은 여자의 질문과 전혀 상관없는 대답이다.

어휘 いや(아니)｜～わけにはいかない(~할 수는 없다)｜そろそろ(슬슬)｜～はずだ(~할 꺼야)

4番

F：ご注文は以上でよろしいですか。

M：1　あ、プリンもお願いします。

　　2　どうぞお構いなく。

　　3　この度はお世話になります。

4번　정답 1

F：주문은 이상으로 괜찮으십니까?

M：1　아, 푸딩도 부탁드립니다.

　　2　부디 신경 쓰지 마세요.

　　3　이번에 신세지겠습니다.

해설 「ご注文は以上でよろしいですか」는 식당 등에서 주문을 받고 나서, 주문내용은 이게 다냐고 다시 한번 확인할 때 쓰는 표현으로 가장 맞는 반응은 1번이 된다. 2번은 남의 집에 초대받아 갔을 때 집주인을 배려하며 하는 상투 표현이며, 3번은 종업원에게 하는 말이 아니다.

어휘 注文(주문)｜以上でよろしいですか(이상으로 괜찮으십니까?)｜どうぞお構いなく(부디 신경 쓰지 마세요)｜この度は(이번에)｜お世話になる(신세지다)

5番

M：渡辺さん、新しい家はどうですか。

F：1　早く家に帰ったほうがいいですよ。

　　2　引っ越ししたいと思っていたんですよ。

　　3　日当たりも良くて、とてもいいですよ。

5번　정답 3

M：와타나베 씨, 새 집은 어떻습니까?

F：1　빨리 집에 돌아가는 게 좋습니다.

　　2　이사 가고 싶었습니다.

　　3　볕도 잘 들고, 너무 좋습니다.

해설 남자는 새로 이사한 집에 대한 질문을 하고 있으므로 당연히 대답도 새 집에 대한 감상이 와야 하므로 답은 3번이 된다. 1번에서 '집'이란 단어는 들렸지만 전혀 관계없는 대답이며, 2번은 새 집에 대한 감상이 아니므로 맞지 않는다.

어휘 引っ越し(이사)｜日当たりがいい(볕이 잘 들다)

6番

F：ついさっきあんなに食べたのに、また食べるつもり？

M：1　たまにはいいじゃないか。

　　2　おなかがいっぱいなんだから仕方ないよ。

　　3　ダイエットしてるんじゃないの？

6번　정답 1

F：방금 전에 그렇게 먹었는데, 또 먹을 생각?

M：1　가끔은 괜찮지 않아?

　　2　배가 부르니까 어쩔 수 없어.

　　3　다이어트하고 있는 거 아니었어?

해설 여자가 방금 그렇게 먹고 또 먹느냐고 핀잔을 주고 있는데, 가장 맞는 반응은 1번이다. 즉 남자는 늘 그런 것도 아니고 가끔은 괜찮지 않냐며 항변하고 있다. 배가 불러 어쩔 수 없다는 2번은 상황이 맞지 않고, 3번은 남자가 아니라 상대방 여자의 할 말이므로 오답이다.

어휘 ついさっき(방금 전)｜つもり(생각, 속셈)｜たまには(가끔은)｜仕方ない(어쩔 수 없다)

F：山田部長はいらっしゃいますか。

M：1　山田は今、横にいらっしゃいます。

　　2　山田は今、伺っています。

　　3　山田は今、席を外しております。

7번 정답 3

F：야마다 부장님은 계십니까?

M：1　야마다는 지금, 옆에 계십니다.

　　2　야마다는 지금, 찾아 뵙고 있습니다.

　　3　야마다는 지금, 자리를 비웠습니다.

해설 야마다 부장님이 계시냐는 질문이므로, 대답은 있다 없다가 되어야 한다. 「席を外す」는 자리를 비웠을 때 사용하는 표현으로 답은 3번이다. 보통 회사에서 사용하며 대면과 전화 모두 사용할 수 있다. 일본에서는 외부사람에게 상사에 대한 말을 할 때 존경어를 사용할 수 없으므로 「いらっしゃる」가 쓰인 1번은 답이 될 수 없다. 2번은 내용이 상황과 맞지 않는 대답이다.

어휘 いらっしゃる(계시다) | 横(옆) | 伺う(찾아 뵙다) | 席を外す(자리를 비우다)

8番

M：そんな、急にいなくなられると困るよ。

F：1　大変。それは捜さないと。

　　2　途中で帰るって言っておいたでしょ。

　　3　うん、なくしちゃって、まいってるとこ。

8번 정답 2

M：그렇게 갑자기 없어지면 곤란해.

F：1　큰일났네! 그거 찾아야 해!

　　2　도중에 돌아간다고 말해 두었잖아.

　　3　응, 잃어버려서 난처해하고 있는 중.

해설 「急にいなくなると困る」라고 해도 되지만 「急にいなくなられると困る」라고 수동형을 사용하여 말하고 있다. 이 수동형은 「迷惑の受け身(피해의 수동형)」이다. 즉 그 행위를 당해서 내가 어떤 피해를 입었다는 의미를 나타내는 표현이다. 이 문제를 보면 상대가 갑자기 없어졌는데, 상대방이 사라져서 자신에게 어떤 종류의 피해가 발생했다고 말하고 있으므로 가장 적당한 대답은 2번이 된다. 1번은 무언가를 잃어버려 찾아야 한다는 의미이며, 3번은 잃어버려서 난처해하고 있다고 했다는 의미로 물건이나 사람이 없어진 것을 찾고 있다는 의미이므로 '없어져 곤란하다'는 질문에 대한 대답이 될 수 없어 오답이다.

어휘 急に(갑자기) | いなくなる(없어지다) | 困る(곤란하다, 난감하다) | 大変だ(큰일이다) | 捜す(찾다) | 途中で(도중에) | なくす(잃어버리다) | まいってるとこ(난처해하고 있는 중)

9番

F：毎日寝る前に日本語で日記をつけてみることにしたら？

M：1　いつ決めたんですか。

　　2　日本では普通は何を付けますか。

　　3　それはいい勉強になりますね。

9번 정답 3

F：매일 자기 전에 일본어로 일기를 써보는 건 어때?

M：1　언제 정했나요?

　　2　일본에서는 보통 무엇을 붙입니까?

　　3　그것은 좋은 공부가 되겠네요.

해설 「日記をつける」는 '일기를 쓰다'라는 표현이다. 일본어로 일기를 써보라고 권유하고 있으므로 가장 알맞은 답은 3번이 된다. 1번은 전혀 맥락에 맞지 않는 반응이고, 2번의 「つける」는 '붙이다'라는 전혀 다른 의미로 쓰이고 있으므로 오답이다. 이런 유형의 문제에서는 같은 단어가 포함되어 있는 경우 낚시인 경우가 많다.

어휘 日記をつける(일기를 쓰다) | ～ことにする(~하기로 하다) | 決める(정하다) | 普通(보통) | 付ける(붙이다) | 勉強になる(공부가 되다)

언어지식(문자·어휘)

問題1		問題4	
1	1	26	2
2	2	27	2
3	3	28	4
4	1	29	1
5	2	30	4

問題2		問題5	
6	4	31	3
7	3	32	1
8	2	33	2
		34	4
9	4	35	1
10	4		
11	4		
12	2		
13	4		
14	2		

問題3	
15	4
16	3
17	1
18	3
19	2
20	4
21	4
22	1
23	2
24	3
25	4

언어지식(문법)·독해

問題1		問題4	
1	3	24	3
2	2	25	3
3	4	26	4
4	1	27	4
5	4	問題5	
6	2	28	4
7	3	29	4
8	1	30	1
9	1	31	4
10	1	32	1
11	3	33	2
12	1	問題6	
13	2	34	3

問題2			
14	1	35	2
15	4	36	2
16	4	37	3
17	2	問題7	
18	4	38	4
		39	3

問題3	
19	3
20	2
21	1
22	4
23	1

청해

問題1		問題4	
1	3	1	1
2	3	2	2
3	4	3	3
4	2	4	1
5	3	問題5	
6	2	1	1

問題2			
1	2	2	1
2	1	3	2
3	4	4	2
4	3	5	2
5	2	6	1
6	2	7	3
		8	2

問題3			
1	3	9	2
2	2		
3	3		

본책 75 페이지

1교시   언어지식(문자·어휘)

問題 1 _____단어의 읽는 법으로 가장 알맞은 것을 1·2·3·4에서 하나 고르세요.

1 정답 1

딸은 최근, 게임에 푹 빠져 있다.

해설 「夢」의 음독은 「む」이고 「中」의 음독은 「ちゅう・じゅう」인데 「夢中」는 「むちゅう」로 읽으며 '푹 빠지다, 몰두하다'라는 뜻이다. 「〜に夢中だ(〜에 푹 빠지다, 몰두하다)」, 「〜に夢中になっている(〜에 푹 빠져 있다, 몰두하고 있다)」로 사용하며 「〜に夢中している」는 사용하지 않으니 주의해서 기억해 두자.

빈출 夢(꿈)

어휘 娘(딸) | 最近(요즘, 최근)

2 정답 2

여기에 오면, 언제나 보다 호화로운 것을 먹을 수 있다.

해설 「豪」의 음독은 「ごう」이고 「華」의 음독은 「か・け」이다. 豪華는 「ごうか」로 읽으며 「豪華だ」는 '호화롭다'라는 뜻이다. 「豪」와 「華」는 난이도가 높은 한자이지만, 최근 기출 단어이니 잘 기억해 두자.

빈출 華々しい(화려하다, 눈부시다) | 華やかな(화려한)

어휘 いつも(여느 때, 언제나)

3 정답 3

그는 대학에서 장학금을 받고 있다.

해설 「受」은 훈독은 「受ける(받다)」와 「受かる(합격하다)」가 있는데, 음독 「じゅ」도 꼭 기억해 두자. 1 続けて(계속해서), 2 授けて(하사해서), 4 避けて(피해서)도 함께 알아 두자.

빈출 受かる(합격하다) | 受付(접수, 접수처) | 受験(수험) | 受信(수신)

어휘 大学(대학) | 奨学金(장학금)

4 정답 1

저는 구름과 날씨의 변화에 대해 조사했습니다.

해설 「雲」의 훈독은 「くも(구름)」이다. 다른 선택지 2 雨(비), 3 空(하늘), 4 雪(눈)도 함께 알아두자.

빈출 雲海(운해)

어휘 天気(날씨) | 変化(변화) | 調べる(조사하다)

5 정답 2

이 부분을 좌우로 움직이면, 정체되지 않은 루트가 나옵니다.

해설 「左」의 음독은 「さ」이며, 「右」의 음독은 「う・ゆう」인데 「左右」는 「さゆう」로 읽으며 '좌우'라는 의미이다.

빈출 左(왼쪽) | 左折(좌회전) | 右(오른쪽) | 右折(우회전)

어휘 部分(부분) | 渋滞(정체, 막힘) | ルート(루트, 길)

6 정답 4

이번 달은 지난 달보다 손님이 줄었다.

해설 「減」의 훈독은 「減る(줄다, 감소하다)・減らす(줄이다)」이고 음독은 「げん」이다. 「がん」으로 발음하지 않도록 주의해야 한다. 다른 선택지 1 余った(남았다), 3 至った(도달했다)도 함께 알아두자.

빈출 減らす(줄이다) | 減少(감소)

어휘 先月より(지난 달 보다)

7 정답 3

카레 재료를 사 왔습니다.

해설 「材」의 음독은 「ざい」이며, 「料」의 음독은 「りょう」이므로, 「材料」는 「ざいりょう」라고 읽고 '재료'라는 뜻이다.

빈출 人材(인재) | 食材(식재료) | 資料(자료) | 原料(원료) | 料理(요리) | 有料(유료) | 無料(무료) | 料金(요금) | 給料(월급)

어휘 カレー(카레) | 買う(사다)

8 정답 2

저는 다음 달에 수술을 받을 예정입니다.

해설 「手」의 음독은 「しゅ」이고, 「術」의 음독은 「じゅつ」이므로, 「手術」는 「しゅじゅつ」라고 읽으며 '수술'이라는 뜻이다. 그리고 「手」의 훈독인 「て」로 발음하는 단어도 함께 알아두자.

빈출 選手(선수) | 手段(수단) | 歌手(가수) | 相手(상대) | 手袋
(장갑) | 派手だ(화려하다) | 苦手だ(서툴다, 자신 없다) |
技術(기술) | 芸術(예술)

어휘 受ける(받다) | 予定(예정)

問題 2 ____ 단어를 한자로 쓸 때, 가장 알맞은 것을 1·
2·3·4에서 하나 고르세요.

9 정답 4

이 한자를 사용하여 문장을 만들어 보세요.

해설 「もちいる」는 '사용하다, 쓰다'라는 뜻으로 한자로 쓰면 「用
いる(사용하다, 쓰다)」이다. 음독 「よう」도 함께 기억해 두
자. 다른 선택지 1 導く(이끌다, 안내하다) 2 率いる(거느
리다, 인솔하다) 3 使う(사용하다) 도 함께 알아두자.

빈출 用事(볼일) | 利用(이용) | 使用(사용) | 応用(응용) | 実用
的(실용적) | 用紙(용지) | 用意(준비)

어휘 漢字(한자) | 文(문, 문장)

10 정답 4

이것은 외국에서 수입한 것입니까?

해설 「ゆにゅう」는 '수입'이란 뜻으로 한자로 쓰면 「輸入」이다.
특히 「輸」의 한국어 발음은 '수'이지만 「ゆ」로 읽는 점에 주
의하자.

빈출 輸出(수출) | 入社(입사) | 記入(기입) | 新入(신입)

어휘 外国(외국)

11 정답 4

저는 공부 중에 자주 단 것을 먹어요.

해설 「あまい」는 '달다'라는 뜻으로 한자로 쓰면 「甘い」이다. N3
에서는 맛에 관련된 형용사가 자주 나오니 정리해 두면 도움
이 된다. 다른 선택지 2 苦い(쓰다), 3 辛い(맵다)도 함께 알
아두자.

빈출 しょっぱい(짜다) | 酸っぱい(시다) | 味が薄い(맛이 싱
겁다)

어휘 勉強中(공부 중)

12 정답 2

여기 아파트에는 공동 주방이 있어요.

해설 「きょうどう」는 '공동'이란 뜻으로 한자로 쓰면 「共同」이

다. 「共」과 「同」 모두 난이도가 높은 한자는 아니지만 출제
빈도가 높은 한자들이니 잘 정리해 두자.

빈출 共通(공통) | 共用(공용) | 共感(공감) | 同席(동석) | 同
級生(동급생) | 合同(합동) | 協同(협동)

어휘 キッチン(주방, 부엌)

13 정답 4

그는 혼자서 가정을 지탱했다.

해설 「ささえる」는 '버티다, 떠받치다, 지탱하다'라는 뜻으로 한
자로 쓰면 「支える」이다. 음독 「し」의 출제 빈도도 높으니
꼭 기억해 두자. 다른 선택지 1 与えた(주었다), 2 備えた
(갖추었다), 3 構えた(준비했다)도 함께 알아두자.

빈출 支払う(지불하다) | 支出(지출) | 支給(지급)

어휘 家庭(가정)

14 정답 2

5년 만에 가족들과 만나 눈물이 날 뻔했다.

해설 「なみだ」는 '눈물'이라는 뜻으로 한자로 쓰면 「涙」이다. 다
른 선택지 3 汗(땀), 4 泥(진흙)도 함께 알아두자.

빈출 催涙(최루) | 感涙(감격의 눈물)

어휘 ～ぶりに(~만에) | 家族(가족) | ～そうになる(~할 것처
럼 되다)

問題 3 ( )에 들어갈 것으로 가장 알맞은 것을 1·2·
3·4에서 하나 고르세요.

15 정답 4

살을 빼기 위해 식사량을 제한하고 있습니다.

해설 살을 빼겠다는 목적으로 식사량을 '~하고 있다'라는 내용이
므로 4번 「制限する(제한하다)」가 들어가야 문맥상 알맞은
문장이 된다. 「禁止(금지)」란 '어떤 행동을 하지 못하게 한
다'는 뜻으로 '식사량을 금지한다'라는 표현은 사용하지 않으
므로 헷갈리지 않게 조심하자.

오답 1 禁止(금지) 2 規則(규칙) 3 一定(일정)

어휘 やせる(마르다, 살이 빠지다) | 食事(식사) | 量(양)

16 정답 3

좋아하는 사람에게 데이트 신청하는 방법을 알려주세요.

해설 「誘う」의 원래 뜻은 '권유하다'지만, 「デートに誘う(데이
트 신청하다)」라는 관용표현으로 기억해 두자.

오답 1 断る(거절하다) 2 破る(찢다) 4 守る(지키다)

어휘 方法(방법)

---

17 정답 1

이 길은 아이들이 잘 다니니 (속도)를 줄여서 운전합시다.

해설 「速度を落とす(속도를 줄이다)」와 함께 「スピードを落とす(스피드를 줄이다)」도 함께 기억해 두자.

오답 2 限度(한도) 3 加速(가속) 4 制限(제한)

어휘 道(길) ｜ 通る(다니다, 지나가다) ｜ 落とす(떨어뜨리다) ｜ 運転(운전)

---

18 정답 3

다나카 씨는 도쿄를 (안내)해 주었다.

해설 「ガイドする」는 '안내하다, 가이드하다'는 뜻이다. 그리고 초심자 등 그 분야에 대해 잘 모르는 사람을 대상으로 하는 서적(入学ガイド(입학 가이드))를 의미하기도 한다.

오답 1 アナウンス(안내 방송) 2 クリック(클릭) 4 サポート (서포트, 지원)

어휘 東京(도쿄)

---

19 정답 2

이 옷 사이즈는 나에게 (딱 맞아요).

해설 「ぴったり」는 '(오차 없이) 딱 맞는 모양'이란 뜻이다. 이 문장에서는 옷의 사이즈를 언급하고 있으니 2번이 정답이다.

오답 1 しっかり(제대로, 단단히) 3 ぎっしり(잔뜩) 4 すっかり(아주, 완전히)

어휘 服(옷) ｜ サイズ(사이즈)

---

20 정답 4

저는 매일 다른 목걸이를 (하고) 외출합니다.

해설 「つける」는 용법이 상당히 많은데, '(신체에)착용한다'라는 의미가 있으므로 「ネックレスをつけて(목걸이를 하고)」가 알맞은 표현이다. 이외에도 「ピアスをつける(귀고리를 하다)」,「身につける(몸에 걸치다, 몸에 착용하다)」등으로도 사용할 수 있으니 기억해두자.

오답 1 起こして(일으키고) 2 隠して(숨기고) 3 縛って(묶고)

어휘 違う(다르다) ｜ 出かける(외출하다)

---

21 정답 4

필리핀에서는 태풍의 (통과)로 인해, 많은 피해가 발생했습니다.

해설 일기예보에서 자주 들리는 표현인 「台風が通過する(태풍이 통과하다)」를 기억해 두자. 참고로 「通過(통과)」는 시험, 심사, 검사와 법률 등이 의회를 통과할 때도 사용하니 함께 기억하자.

오답 1 往復(왕복) 2 通信(통신) 3 経由(경유)

어휘 台風(태풍) ｜ 多くの~(많은) ｜ 被害が出る(피해가 발생하다)

---

22 정답 1

그는 키가 크고 화려한 옷을 입고 있어서 먼 곳에서도 (눈에 띈다).

해설 문장의 흐름을 보면 이 사람은 좀 튀는 모습을 하고 있다는 것을 알 수 있고, 문맥상 1번 「目立つ(눈에 띄다, 두드러지다)」가 들어가야 자연스럽다.

오답 2 転がる(구르다) 3 現れる(나타나다) 4 育つ(자라다)

어휘 背が高い(키가 크다) ｜ 派手だ(화려하다) ｜ 服(옷) ｜ 着る(입다) ｜ 遠くからでも (먼 곳에서도)

---

23 정답 2

미야모토 선수는 체력의 (한계)를 이유로 은퇴하기로 결정하였다.

해설 「体力の限界」는 '체력의 한계'란 뜻으로 우리말에서도 자주 쓰는 표현이다. 이외에 「能力の限界(능력의 한계)」,「限界に達する(한계에 달하다)」라는 표현들도 알아 두자.

오답 1 測定(측정) 3 回復(회복) 4 我慢(참음)

어휘 選手(선수) ｜ 体力(체력) ｜ 理由(이유) ｜ 引退(은퇴) ｜ 決める(결정하다)

---

24 정답 3

나는 어렸을 때부터 많은 사람들 앞에서 말하는 것이 (서툴렀다).

해설 문맥상 '많은 사람들 앞에서 말하는 것'에 긍정적 표현인 '잘 한다, 자신 있다'가 오거나 부정적 표현인 '못한다, 자신 없다'가 와야 자연스럽다. 선택지에 있는 단어들은 모두 부정적인 표현이지만, '서투르다, 자신 없다'는 의미의 3번 「苦手だ」가 와야 문장이 자연스럽다.

오답 1 緊張(긴장) 2 迷惑(민폐) 4 悪化(악화)

어휘 僕(나) ｜ 子どものころから(어렸을 때부터) ｜ 大勢(많은 사람들)

---

25 정답 4

뽑아도 뽑아도 잡초가 (나는) 것은 왜인가요?

해설 주어가 '잡초'이므로 답은 4번 「生える(나다)」가 된다. 참고로 「生える」는 「草(풀)・毛(털)・歯(이)」 등에 사용할 수 있다. 2번 「咲く(피다)」는 꽃에 사용하며 풀에는 사용하지 않는다.

오답 1 枯れる(시들다) 2 咲く(피다) 3 飽きる(싫증나다)

어휘 抜く(뽑다) | 雑草(잡초)

問題 4 _____에 들어갈 것으로 가장 알맞은 것을 1・2・3・4에서 하나 고르세요.

26 정답 2

아이에게는 호통쳐도 말하는 것을 들어 주는 것은 아니다.

해설 「どなる」는 '큰 목소리로 혼내다'는 의미이므로, 유의어는 2번 「怒って声を上げる(화내고 목소리를 높이다)」가 된다.

오답 1 大きい声で話す(큰 소리로 이야기하다) 3 いっぱい話す(많이 이야기하다) 4 話しで伝える(말로 전하다)

어휘 子ども(아이) | 聞く(듣다) | ～わけではない(~인 것은 아니다)

27 정답 2

마감은 다음 달이지만 될 수 있으면 빨리 제출해 주세요.

해설 「なるべく」는 '될 수 있으면, 가능한 한'이란 뜻으로 유의어는 2번 「できるだけ(가능한 한)」이다.

오답 1 しっかり(제대로, 단단히) 3 少なくとも(적어도) 4 とにかく(어쨌든)

어휘 締め切り(마감) | 提出(제출)

28 정답 4

겨우 장마가 끝났다.

해설 「明ける」는 '날이 밝다' 「夜が明ける(밤이 밝다, 날이 새다)」란 뜻과 '(기간이) 끝나다' 「夏休みが明ける(여름방학이 끝나다)」란 뜻이 있는데, 이 문제에서는 두번째 용법이 쓰였고 의미가 가장 가까운 표현은 4번 「終わった(끝났다)」이다. 3번 「止まった(멈췄다)」는 '움직임 등이 멈추다'라는 뜻으로 사용된다.

오답 1 切り上げた(일단락 지었다) 2 始まった(시작되었다) 3 止まった(멈췄다)

어휘 やっと(드디어, 겨우) | 梅雨(장마)

29 정답 1

이 가게는 개점과 동시에 거의 만석이 된다.

해설 「ほぼ」는 '거의, 대부분'이란 뜻으로 가장 가까운 표현은 1번 「ほとんど(거의, 대부분)」이다.

오답 2 完全に(완전히) 3 主に(주로) 4 とにかく(어쨌든)

어휘 店(가게) | 開店(오픈) | 同時(시점) | 満席(만석)

30 정답 4

그는 새로운 게임기를 발명했다.

해설 「発明する」는 '발명하다'라는 뜻으로 가장 가까운 유의어는 4번 「作り出す(새로 만들어 내다, 창작하다)」이다.

오답 1 思い出す(생각해 내다) 2 見つけ出す(발견하다) 3 探し出す(찾아내다)

어휘 ゲーム機(게임기)

問題 5 다음 단어가 가장 알맞게 사용된 것을 1・2・3・4에서 하나 고르세요.

31 정답 3

아무리 작은 일이라도 법률을 위반해서는 안 된다.

해설 「違反する」는 '위반하다'는 뜻이므로 가장 적당하게 쓰인 문장은 3번이다.

오답 1번은 「失敗(실패)」, 2번은 「不備(불비, 미비점)」, 4번은 「禁止(금지)」가 들어가야 자연스러운 문장이 된다.

어휘 書類(서류) | 直す(고치다) | どんなに～でも(아무리 ~라도) | 法律(법률) | ～てはならない(~해서는 안 된다) | ビル(빌딩) | 屋内(옥내, 실내) | 飲食(음식)

32 정답 1

최근 젊은이들 사이에서 책에 대한 관심이 높아지고 있다.

해설 「高まる」는 '높아지다, 고양되다'란 뜻으로 '어떤 것의 정도가 높아지다, 강해지다'라는 것을 나타내므로, 「関心が高まる(관심이 높아지다)」라는 관용표현을 사용한 1번이 가장 적당하다.

오답 2번은 「増えて(늘어나고), 増加して(증가하고)」, 3번은 「上がって(오르고)」, 4번은 「のぼって(올라가고)」가 들어가야 자연스러운 문장이 된다.

어휘 近年(최근) | 若者の間 (젊은이들 사이) | 関心(관심) | 産業革命(산업혁명) | 今日(오늘 날) | 世界の人口(세계인구) | ～おかげで(~덕분에) | 成績(성적) | 寺(절) | 続く

(이어지다, 계속되다) | 階段(계단) | 景色(경치)

33 정답 2

나는 일하지 않아도 되는 편한 생활을 하고 싶다.

해설 「楽だ」는 '편하다'라는 뜻으로 가장 적당하게 쓰인 문장은 2번이다.

오답 1번은 「安心(안심)」이 들어가고, 3번은 「楽に(편하게)」를 생략하고, 4번은 「不思議な(이상한)」가 되어야 자연스러운 문장이 된다.

어휘 迷子(미아) | 子ネコ(새끼고양이) | 無事に(무사히) | 助かる(구조되다, 살다) | ~なくてもすむ(~하지 않아도 된다) | 暮らし(생활) | 事故(사고) | 夫婦(부부) | 姓(성) | 選ぶ(고르다, 선택하다)

34 정답 4

한 달 전부터 준비하고 있었는데, 이번 시험은 의외로 간단했다.

해설 「案外」는 '예상 외로, 뜻밖에도'라는 뜻으로, '생각이나 상상과 실제가 다를 때'에 사용된다. 한편 「意外」는 '예상하지도

못한 사태, 일이 일어날 때' 사용된다. 따라서, 가장 적당하게 쓰인 문장은 4번이다.

오답 1번은 「案の定(아니다 다를까, 예측대로)」, 2번은 「以外(이외)」, 3번은 「とうとう(드디어)」가 들어가야 자연스러운 문장이 된다.

어휘 台風(태풍) | 近づく(다가오다) | 止まる(멈추다) | ~てばかりいる(~만 하고 있다) | 受験(수험) | 失敗(실패) | ずっと(쭉, 계속) | 楽しみにする(기대하다) | 準備(준비) | 簡単だ(간단하다)

35 정답 1

동네 중학생들의 자원봉사 활동에 감탄하였다.

해설 「感心する」는 '감탄하다'라는 뜻으로 가장 맞게 쓰인 문장은 1번이다.

오답 2번은 「感覚(감각)」, 3번은 「感謝(감사)」, 4번은 「感情(감정)」가 되어야 자연스러운 문장이 된다.

어휘 町内(동네) | ボランティア活動(자원봉사 활동) | お世話になる(신세지다) | 気持ち(기분, 마음) | 伝える(전하다)

問題 1 다음 단어가 가장 알맞게 사용된 것을 1·2·3·4 에서 하나 고르세요.

1 정답 3

소꿉친구에게 식사 초대(를) 받았다.

해설 ★ ~に~られる : ~에게 ~받다, 당하다
「~られる」는 '~받다, ~당하다'란 뜻이 된다. 우리말에는 수동형이 많지 않지만 일본어에는 회화체에서도 아주 많이 쓰이니 잘 기억해 두기 바란다. 수동형이 쓰이면 앞에는 조사 「に」가 나와서 '~에게 ~받다, 당하다'가 완성된다. 「知らない人に足を踏まれた」(모르는 사람에게 발을 밟혔다), 「雨に降られた」(비에게 내림을 당했다. 비를 맞았다) 같은 표현도 함께 외워 두자.

오답 1 が(~이/가) 2 と(~와/과) 4 で(~에서, ~로)

어휘 おさななじみ(소꿉친구) | 食事(식사) | 誘う(권유하다)

2 정답 2

A 벌써 12시 지났어. 빨리 하지 않으면 인기 메뉴 끝나(버릴 거야)!
B 엥, 빨리 가자!

해설 ★ ちゃう : 「てしまう」의 회화체, ~해 버리다
「~ちゃう」는 「~てしまう」의 회화체로 '~해 버리다'라는 '1 어떤 일, 행위가 완전히 끝난다. 2 의도하지 못한 일이 일어나서 유감이다, 후회하고 있다'라는 것을 나타낼 때 쓰이는 표현이다. 이 대화문에서는 문맥상, '빨리 가지 않으면 메뉴가 다 팔려 버린다' 즉 '끝나다'라는 것을 나타내야 하므로 정답은 2번이다.

오답 1 とく(「~ておく」의 회화체, ~해 두다) 3 ~てる(「~ている」의 회화체, ~하고 있다) 4 たっけ (~었나? ~던가)

어휘 過ぎる(지나다) | 人気(인기)

3 정답 4

A "와~, 이 쿠키 맛있겠는데. 한 개 먹어도 돼?"
B "응, 좋아하는 (만큼) 먹어. 아직 집에 많이 있으니까."

해설 ★好きなだけ : 좋아하는 만큼, 원하는 만큼

「Aだけ」는 'A 범위 전부, A 할 수 있는 한계 범위까지 ~를 하다'는 의미를 나타내며, A에는 주로 동사의 가능형이나, 가능 표현이 많이 온다. 「好きなだけ」는 '좋아하는 만큼, 원하는 만큼'이란 뜻이 된다. 이 표현과 함께 「ほしいだけ」(바라는 만큼)도 기억해 두자. 「たくさんあるから、ほしいだけ持って行っていいよ」(많이 있으니까, 원하는 만큼 가져가도 돼). 동사 희망형이 오는 경우도 있다. 「食べたいだけ食べてもいい」(먹고 싶은 만큼 먹어도 된다)」

오답 1 まで(~까지) 3 など(~등, 따위) 4 こそ(~야말로)

어휘 クッキー(쿠키) | おいしい(맛있다) | 好きだ(좋아하다) | ~ていい (~해도 되다)

---

4 정답 1

이 그림 속의 호랑이는 (마치) 살아있는 것 같다.

해설 ★まるで : 마치, 흡사

「まるで」는 '마치, 흡사'란 뜻인데 「~ようだ・~みたいだ」와 함께 쓰여서, 주로 '마치, 흡사 ~인 것 같다', 즉 '실제로는 아니지만 그렇게 느껴진다. 그렇게 보인다'는 뜻으로 쓰인다.

오답 2 おそらく(아마) 3 今にも(지금이라도) 4 全く(전혀)

어휘 絵(그림) | トラ(호랑이) | 生きる(살다)

---

5 정답 4

시험에 합격할 때(까지) 노래방에는 가지 않을 생각입니다.

해설 ★まで : ~까지

「~まで、~までに」는 '~까지'라는 뜻으로, '시간적, 공간적인 도달점, 한계점'을 나타내는 표현인데 「~まで」는 '일정 기간 계속되는, 지속되는 행위'에 사용되며, 「~までに」는 '1회성' 동작에 사용된다. 예를 들면, 「宿題は土曜日までに出してください(숙제는 토요일까지 내 주세요)」에서, 숙제를 제출하는 것은 1회성 동작이며 연속되는 동작이 아니므로 「~までに」를 사용한다. 또한 「3時まで友だちを待った(3시까지 친구를 기다렸다)」에서 친구를 기다리는 행위는 3시까지 일정 기간 지속되는 동작이므로 「~まで」를 사용한다. 이 문장에서는 '합격할 때까지 일정 기간 노래방에 가지 않는다'는 의미이므로 4번 「~まで」가 정답이 된다.

오답 1 ~までに(~까지) 2 ~あいだ(~동안) 3 ~あいだに(~동안에)

어휘 合格(합격) | カラオケ(노래방) | ~つもりだ(~생각이다, 예정이다)

---

6 정답 2

사사키 "벌써 밤 11시인데 호스트 패밀리 걱정하지 않(을까)?"

존 "걱정 안 해도 괜찮아. 아까 잘 연락해 두었어"

해설 ★~かな : ~일까? ~이려나?

「~かな」는 '~일까? ~이려나?'란 뜻으로, 확인하거나 걱정하는 마음을 담은 의문을 뜻을 나타내는 문형이다. 「うまくできるかな？(잘 할 수 있으려나?)」

오답 1 ~とか(~라든가, ~든지) 2 ~って(~라고) 3 ~んだ(~인 것이다)

어휘 ホストファミリー(호스트 패밀리) | 心配する(걱정하다) | 大丈夫だ(괜찮다) | さっき(아까, 방금 전) | ちゃんと(잘, 제대로) | 連絡(연락) | ~ておく(~해 두다)

---

7 정답 3

(회사에서)

사원 "죄송합니다 과장님. 잠깐 (여쭤보고) 싶은 것이 있는데 시간 괜찮으실까요?"

과장님 "아, 그래. 회의 전까지라면 괜찮아."

해설 ★お + 동사 ます형 + する : ~하다, ~드리다, ~해 드리다

이 문장에서는 사원이 과장에게 질문을 하고 있으므로 겸양 표현을 사용해야 한다. 「お+동사 ます형+する」는 일본어 겸양 표현을 만드는 공식이다. 일상 회화에서도 많이 쓰이니 잘 숙지해 두자. 4번은 동사 존경 공식인데, 자신의 행동에는 존경어를 사용할 수 없으므로 답이 될 수 없다. 「お + 동사 ます형 + になる」는 「お聞きになる」(물어 보시다)처럼 존경어를 만드는 공식이다.

동사가 아닌 한자 명사일 경우에는 「ご+한자명사+する」로 만든다. 「ご案内します」(안내하겠습니다). 그리고 「する」 대신 「いたす」를 쓰면 더욱 겸손한 표현을 만들 수 있다.

오답 1 お聞き願う (~듣는다, 상대방의 의견이나 질문에 대한 답을 듣고 싶을 때는 お聞き願いたい를 사용한다)

어휘 会議(회의) | 大丈夫だ(괜찮다)

---

8 정답 1

리 지하 자료실에서 귀신이 나온다고 들었어요. 진짜예요?

유코 엥! 누가 그런 말을 했어? 귀신(같은 거) 안 나와.

해설 ★なんか : ~같은 거, ~따위

「~なんか」는 「~など」의 회화체로 '~같은 거, ~따위'라는 뜻이며 예를 들어 말할 때 사용한다. '무시 「あなたなんか要らない(당신 따위 필요 없어)」'의 뜻과 '겸손 「私なんかでいいでしょうか(저 따위로 괜찮겠어요?)」'의 뜻이 있으

니 기억해 두자.

오답 2 ~くらい(~정도) 3 ~ばかり(~뿐) 4 ~まで(~까지)
어휘 地下_{ちか}(지하) | 資料室_{しりょうしつ}(자료실) | おばけ(귀신)

---

9 **정답** 1

숙제를 안하고 게임하고 있는 (장면을) 엄마에게 들켰다.

해설 ★Aているところを : A하고 있는 장면을, A하고 있을 때
「Aているところを」는 '지금 A하고 있는 장면을, 한창 A하고 있을 때'라는 뜻이다. 이 문형은 A를 하고 있을 때, 어떤 예상하지 못했던 일이 일어나, 더 이상 A를 계속할 수 없다는 것을 나타낸다.

오답 2 ~ところに(~상황에) 3 ~ところで(~상황에서) 4 ~ところだから(~상황이니까)
어휘 宿題_{しゅくだい}(숙제) | 見_みられる(볼 수 있다, 보이다, 들키다)

---

10 **정답** 1

프로 선수(에 있어서) 무엇보다도 중요한 것은, 시합에서 이기는 것이다.

해설 ★にとって : ~에 있어서
「Aにとって」는 'A의 입장에서, 시점에서 생각하면, 말하자면'이라는 의미를 나타내는 문형으로, A에는 '사람이나, 단체' 등 사람에 준하는 명사가 온다. 이 문장에서는 '프로 선수 입장에서 생각하면 가장 중요한 것은~'이라는 의미이므로 정답은 1번이 된다.

오답 2 に対_{たい}して(~에 대해서) 3 に比_{くら}べて(~에 비교해서) 4 ぬきで(~빼고)
어휘 選手_{せんしゅ}(선수) | 試合_{しあい}(시합) | 勝_かつ(이기다)

---

11 **정답** 3

저는 초등학교 때, 매일 늦게까지, 다섯 가지나 배우러 (다녀야 했습니다).

해설 ★~させられる : ~시킴을 당하다 (사역 수동)
「~させられる」는 '사역 수동' 용법이다. '사역 수동'은 '(하고 싶지 않은 동작이나 행위를 억지로) ~하다'란 뜻이다. 이 문장에서는, 문맥상 과거(초등학교 때) 매일 늦게까지 억지로, 하고 싶지 않은데 부모님의 강요로 어쩔 수 없이 다녔다고 해석하는 것이 적당하므로 사역 수동이 사용되어야 한다. 「待_またされる」는 '(기다리고 싶지 않았지만 어쩔 수 없이) 기다렸다', 「私_{わたし}は課長_{かちょう}に残業_{ざんぎょう}をさせられました」(나는 과장에게 야근을 시킴을 당했습니다 → 하고 싶지 않은데 억지로 야근을 했습니다)

오답 1 通_{かよ}わされている(억지로 다니고 있다) 2 通_{かよ}わせている(다니게 하고 있다)
어휘 習_{なら}い事_{ごと}(배우는 일) | 通_{かよ}う(다니다)

---

12 **정답** 1

성적을 올리고 싶다면, 열심히 공부(해야 한다).

해설 ★~ごとだ : ~해야 한다
「Aごとだ」는 'A해야 한다'는 뜻으로 가벼운 충고, 조언을 나타내는 표현이다. A에 감정을 나타내는 표현이 오면, 「一_{いっ}か月_{げつ}も休_{やす}むなんて、羨_{うらや}ましいことだ(한달이나 쉬다니, 너무 부럽다)」처럼, 감정을 강조하는 표현이 되니 주의하자.

오답 1 ~ものか(~할까 보냐, 반문, 절대~하지 않겠다) 2 ~ようだ(~것 같다) 4 ~ほどだ(~정도이다)
어휘 成績_{せいせき}(성적) | いっしょうけんめいに(열심히) | 勉強_{べんきょう}(공부)

---

13 **정답** 2

야마다 "사카타 씨의 아버님은, 어떤 일을 (하고 계신)가요?"
사카타 "제 아버지는 소설가입니다."

해설 ★なさる : 하시다
「なさる」는 '하시다'란 뜻으로 「する」의 존경어이다. 상대 아버지의 직업을 묻고 있으니 존경표현 「なさる」를 사용해야 한다. 1번 「いたす」는 「する」의 겸손어로 자신의 행위를 겸손하게 말할 때 사용한다.

오답 4 さし上_あげる(드리다, 바치다)
어휘 お父様_{とうさま}(아버님) | 仕事_{しごと}(일) | 小説家_{しょうせつか}(소설가)

問題2 다음 문장의 __★__에 들어갈 가장 알맞은 것을 1・2・3・4에서 하나 고르세요.

14 **정답** 1 (2-4-1-3)

2 旅行_{りょこう}に **4** 行_いくたびに **1** ★お土産_{みやげ}を **3** 買_かってきて

여행 갈 때마다 **1** ★선물을 사다

해석 여행을 좋아하는 선배는, 여행을 갈 때마다 선물을 사다 준다.

해설 「AたびにB」는 'A할 때마다 (항상) B한다'라는 뜻이며, 「명사のたびに / 동사たびに」의 형태로 접속한다. 따라서, 우선 따라서 4번 앞에 2번이 와야 문맥이 맞음을 알 수 있다. 4번+2번 「旅行_{りょこう}に行_いくたびに(여행 갈 때마다)」가 되고, 선배가 여행 갈 때마다 하는 행위인 '선물을 사다 준다'가 「た

びに」뒤에 와야 하므로, 올바르게 나열하면 2-4-1-3이 된다.

어휘 旅行(여행) | 先輩(선배) | お土産(선물)

15 **정답** 4 (3-2-1-4)

3 貯金した	2 からこそ	1 海外旅行にも	4 ★行ける
저금했	기에	해외여행도	4 ★갈 수 있는

해석 열심히 저금했기에 해외여행도 갈 수 있는 겁니다.

해설 「AからこそB」는 'A이기에, A이므로'란 뜻이며, 이유를 나타내는 「から」에 「こそ」가 붙어 원인, 이유를 강조하는 문형이 된다. A에는 B라는 결과가 일어난 원인이 와야 하는데, '해외여행에 갈 수 있으니까 저금했'다는 문맥상 맞지 않으므로, 3번+2번 「貯金したからこそ(적금했기에)」가 A의 자리에 오고, 그런 이유로 1번+4번 「海外旅行にも行ける(해외여행도 갈 수 있다)」가 뒤에 오면 자연스러운 문장이 된다. 따라서, 나열하면 3-2-1-4가 된다.

어휘 一生懸命に(열심히) | 貯金(저금) | 海外旅行(해외여행)

16 **정답** 4 (3-2-4-1)

3 緊張や不安など	2 精神的なストレスを	4 ★長期的に受け	1 続けると
긴장이나 불안 등	정신적인 스트레스를	4 ★장기적으로	계속 받으면

해석 우치다 "최근, 일로 스트레스가 쌓여서 힘들어요."
이시다 "그건 큰일이네요. 긴장이나 불안 등 정신적 스트레스를 장기적으로 계속 받으면, 건강을 해치니까 주의해 주세요."

해설 「동사ます형+続ける」는 '계속 동사하기만 하다'란 뜻으로, 이 문장에서 「し続ける」앞에 올 수 있는 것은, 4번 「長期的に受け」밖에 없으므로 4번+2번이 된다. 또한 「AなどB(A 등 B)」는 A에는 여러가지 예시가, B는 그 예시를 정리할 수 있는 표현이 와야 하므로 1번+3번이 된다. 문맥상 「ストレスを受ける(스트레스를 받다)」를 뒤에 연결해야 자연스러운 문장이 되므로 나열하면 1-3-4-2가 된다.

어휘 仕事(일, 업무) | ストレスがたまる(스트레스가 쌓이다) | 大変だ(힘들다, 큰일이다) | 体調(컨디션, 몸 상태) | 崩す(무너뜨리다, 악화시키다) | 精神的(정신적) | 緊張(긴장) | 不安(불안) | 長期的(장기적)

17 **정답** 2 (1-3-2-4)

1 暮らす	3 なんて	2 ★バカなことを	4 言わないで
살겠	다니	2 ★바보같은 소리	하지 말기

해석 아들 "무인도에 혼자 가서 살아보고 싶어."
엄마 "무인도에서 살겠다 따위 바보 같은 말 하지 말기 바래."

해설 「Nなんて」는 1. 상대방을 경멸, 무시하는 'N 따위'(「宿題なんてすぐできる(숙제 따위 금방 할 수 있다)」), 2. 자신을 겸손하는 표현인 'N 따위'(「私なんて、まだまだです(저 따위, 아직 멀었어요)」), 3. '보통형+라니'라는 '예상 외의 일이 일어나 놀랍다, 뜻밖이다'라는 의미를 나타내는 표현이다. 이 문장에서 「～なんて」앞에 올 수 있는 단어는 1번뿐이므로 1번+3번 「暮らすなんて(살겠다니)」가 되고, 4번의 말하지 말라는 표현의 목적어는 2번이 된다. 따라서 나열하면 1-3-2-4가 된다. 문장 마지막에 「ほしい」가 있는데, 앞에는 보통 「～て」나 「～ないで」가 와서 「～てほしい(~하기 바란다)」, 「～ないでほしい(~하지 말기 바란다)」로 잘 쓰이므로, 이 표현도 기억해 두면 문제 푸는 힌트가 될 수 있을 것이다.

어휘 無人島(무인도) | 暮らす(살다, 생활하다) | バカなことを言う(바보같은 소리하다) | ～ないでほしい(~하지 말기 바란다, ~안 했으면 좋겠다)

18 **정답** 4 (2-1-4-3)

2 彼だけ	1 成功した	4 ★のか	3 考えても
그만	성공했	4 ★는가	생각해도

해석 이제 와서 왜 그만 성공했는가 생각해도 소용없다.

해설 「보통형+のか」는 확실하지 않은 것(~일까)이나, 의문(~인가)을 나타내는 표현으로 「なぜ(왜)」라는 의문사와 함께 쓰이면 '왜~했나'라는 의미를 나타낸다. 이 문장에서 「のか」앞에 올 수 있는 것은 1번뿐이므로 우선 1번+4번이 된다. 그리고 문맥상 '왜 그만 성공했는가'라고 이어져야 자연스러우므로 2번+1번+4번이 이어져야 한다. 따라서 나열하면 2-1-4-3이 된다.

어휘 いまさら(이제 와서, 새삼스럽게) | 成功(성공) | しかたない(소용 없다)

다음 문장을 읽고 문장 전체 내용을 생각하여, 19 ~ 23 안에 들어갈 가장 알맞은 것을 1·2·3·4에서 가장 알맞은 것을 하나 고르세요.

19~23

대학 4학년 때, 인생에서 처음으로 해외여행을 갔다. 여행지는 전부터 쭉 가보고 싶었던 미국 뉴욕이다. 어렸을 때부터 부끄럼을 잘 타서 무슨 일에도 소극적으로 19 되기 십상이었던 나는, 이 성격을 고치고 싶어 혼자 여행을 갈 결심을 했다. 대학에서 영어를 전공했기 때문에, 언어 면에서의 걱정은 없었지만, 혼자서 여행을 즐길 수 있을지 불안 20 해 견딜 수 없었다.

호텔에 짐을 두고 바로, 센트럴 파크에 가기로 했다. 뉴욕의 멋진 거리를 천천히 산책하는 것도 21 나쁘지 않다고 생각해서 공원에 걸어서 향했다. 20분 정도로 도착할 예정이었지만, 1시간 걸어도 좀처럼 공원이 보이지 않는다. 지도를 봐도 몰랐기 때문에 용기를 내어 통행인에게 길을 물어 봤더니, 공원까지 안내해 주겠다고 말해 주었다. 그녀의 이름은 마리아. 이곳 근처의 대학에 22 다니고 있는 대학생이라는 것이었다.

공원에 도착할 때까지, 나는 마리아와 대학의 이야기나 취직의 이야기 등 다양한 이야기를 했다. 마리아는 혼자서 여행 중인 나를 걱정해 주어, 싸고 맛있는 식당 정보도 알려 주었다.

밝고 적극적인 마리아를 보며, 그녀는 스스로에게 자신을 갖고 있다는 것을 23 깨달았다. 나는 옛날부터 스스로에게 자신감을 갖지 못 하고 있던 탓에, 소극적이었던 것인지도 모른다. 그녀 덕분에 스스로에게 자신감을 갖는 것의 소중함을 알고, 스스로를 다시 살펴보는 계기가 되었다고 느끼고 있다.

어휘 四年生(4학년) | 人生(인생) | 初めて(처음으로) | 海外旅行(해외여행) | 旅行地(여행지) | 前から(전부터) | ずっと(쭉, 계속) | 小さいころから(어렸을 때부터) | 恥ずかしがり屋(부끄러움을 잘 타는 사람) | 何事にも(무슨 일에도) | 消極的(소극적) | 性格(성격) | 直す(고치다) | 決心(결심) | 専攻(전공) | 言葉(언어, 말) | 面(면) | 旅行(여행) | 楽しむ(즐기다) | 不安(불안) | ～ことにする(~하기로 하다) | おしゃれ(멋진) | 街(거리) | 散歩(산책) | 向かう(향하다) | 到着(도착) | 予定(예정) | なかなか～ない(좀처럼 ~않다) | 地図(지도) | 勇気を出す(용기를 내다) | 通行人(통행인) | 道(길) | ～たところ(~했더니) | 近く(근처) | 通う(다니다) | 着く(도착하다) | 就職(취직) | 色んな(다양한) | 旅行中(여행 중) | 気にかける(걱정하다) | 美味しい(맛있다) | 情報(정보) | 明るい(밝다) | 積極的(적극적) | 自信(자신) | 気づく(깨닫다) | 昔(옛날) | ～ず

に(~하지 않고) | ～のおかげで(~덕분에) | 大切さ(소중함) | 見つめ直す(다시 살펴보다) | きっかけ(계기)

19 정답 3

| 1 된 셈인 | 2 되자마자 |
| 3 되기 십상이던 | 4 된 것이 틀림없는 |

해설 「～がちだ」는 '자주 ~하다, ~하기 십상이다'라는 뜻이며, 대개 마이너스 의미로 쓰이는 표현이다. 이 문장에서는 화자의 성격을 나타내는 「小さいころから恥ずかしがり屋で、何事にも消極的に(어렸을 때부터 부끄럼을 잘 타서 무슨 일에도 소극적으로)」 뒤에 이어져야 하므로 '소극적으로 되기 십상이다'가 들어가야 문맥이 자연스러우니 정답은 3번이다.

20 정답 2

| 1 라고는 한 할 수 없다 | 2 해 견딜 수 없었다 |
| 3 한 것은 아니었다 | 4 함에 틀림없었다 |

해설 전공이 영어라 언어 문제가 없어도, 화자는 부끄럼도 많이 타고 성격이 소극적이라고 했다. 이런 사람이 혼자 여행을 간다면 당연히 불안을 느낄 수밖에 없을 것이다. 「～てたまらない」는 '너무도 ~하다, 참을 수 없을 만큼 ~하다, ~해 견딜 수 없다'라는 의미로 화자가 너무 불안했다는 표현이 이어져야 자연스러우므로 정답은 2번이 된다.

21 정답 1

| 1 나쁘지 않다 | 2 좋지 않다고 |
| 3 큰일이라고 | 4 싫다고 |

해설 앞에 「ニューヨークのおしゃれな街をゆっくり散歩する(뉴욕의 멋진 거리를 천천히 산책하다)」가 나오고, 뒤에는 「公園へ歩いて向かった(공원에 걸어서 향했다)」가 나오므로 '나쁘지 않다'가 이어져야 자연스러우므로 정답은 1번이 된다.

22 정답 4

| 1 통하고 | 2 통해서 |
| 3 다니게 하고 | 4 다니고 |

해설 앞에서 「ここの近くの大学に」(이곳 근처의 대학에)라고 했고, 뒤에서 「大学生とのことだった」(대학생이라고 했다)고 했으니 마리아는 이곳 근처의 대학에 '다니고' 있는 대학생이어야 자연스럽게 문맥이 연결되므로 정답은 4번 「通う」(다니다)가 된다. 1, 2번 단어 通る(통하다), 通す(통하게 하다) 도 자주 나오니 꼭 외워 두자.

1 깨달았다	2 (상대에게) 읽혔다
3 알았다	4 알려졌다

해설 마지막 단락에서 「私は昔から自分に自信を持てずにいたせいで、消極的だったのかもしれない。彼女のおかげで、自分に自信を持つことの大切さを知り、自分を見つめ直すきっかけになったと感じている」(나는 옛날부터 스스로에게 자신을 갖지 못하고 있던 탓에 소극적이 었던 것인지도 모른다. 그녀 덕분에 스스로에게 자신을 가지는 것의 소중함을 알고, 스스로를 다시 살펴보는 계기가 되었다고 느끼고 있다)고 했다. 즉 항상 소극적이고 자신감 없던 필자는, 마리아가 자신을 대하는 행동을 보면서, 마리아가 이렇게 밝고 적극적인 것이 스스로에게 자신을 갖고 있다는 것임을 '깨달았기 때문에'가 되어야 자연스러우므로 정답은 1번이다. 2번은 수동형으로 상대에게 나의 의사 등이 '읽혔다'는 뜻이 된다.

1교시 독해

본책 90 페이지

問題4 다음 (1)부터 (4)의 문장을 읽고 질문에 답하세요. 답은 1·2·3·4에서 가장 알맞은 것을 하나 고르세요.

24 정답 3

(1) 아래는 메일의 내용이다.

수신인: abctanaka@japan.co.jp

제목: 문의 주신 건에 관련하여

다나카 님

평소부터 대단히 신세를 지고 있습니다.

어제 저희 회사 홈페이지에서 휴대전화의 요금제 변경에 대해 문의해 주시어 진심으로 감사드립니다.

휴대전화의 요금제 변경은 일반적으로는 당사 홈페이지의 마이 페이지에서 변경하실 수 있습니다만, 현재 다나카 님의 요금제는 특별 요금제이기 때문에 변경 시 직접 창구에서 서명을 받아야 합니다.

또한, 창구에 방문하실 때에는 사전에 예약하신 후 방문해 주시기 바랍니다.

불편을 드려 죄송합니다만, 잘 부탁드립니다.

ABC 휴대전화 회사

다카하시 노조미

다나카 씨가 이 뒤에, 우선 해야 하는 일은 무엇인가?

1 홈페이지의 마이 페이지에 접속하는 것
2 보내져 온 서류에 서명하는 것
3 점포에 전화해서 요금제 변경 예약을 하는 것
4 점포에 가서 요금제 변경 설명을 듣는 것

해설 요금제 변경을 문의한 고객에 대한 안내 메일인데, 다나카 씨 는 특별 요금제이기 때문에 직접 창구로 가야 하고, 그러기 위해서는 「窓口にお越しになる際は、事前にご予約の上、お越しください(창구에 방문하실 때에는 사전에 예약하신 후 방문해 주시기 바랍니다)」고 했으니 답은 3번이 된다. 일반적으로는 마이 페이지에서 변경할 수 있지만 다나카 씨는 특별 요금제를 사용하고 있으니 1번은 오답. 창구에 와서 직접 서명하라고 했으니 2번도 오답이며, 점포에 가서 요금제 변경에 관한 설명을 들을 수 있지만 점포에 가서 설명을 듣고, 요금제를 변경하려면 먼저 예약을 해야 하므로 4번도 오답이다.

어휘 以下(이하, 아래) | 内容(내용) | あて先(수신인) | 件名 (제목) | お問い合わせ(문의) | 件(건) | 平素より(평소부터) | お世話(신세, 폐) | 弊社(폐사) | ～より(~에서) | 変更(변경) | 誠に(진심으로) | 通常(통상, 일반적) | 現在(현재) | 特別(특별) | 際(때, 기회) | 直接(직접) | 窓口(창구) | 署名(서명) | なお(또한, 그리고) | お越しになる(방문하시다, 오시다) | 事前に(사전에) | ご予約の上(예약하신 후) | お越しください(방문해 주세요) | 迷惑をかける(폐를 끼치다, 불편을 드리다) | 申し訳ございません(죄송합니다) | 携帯会社(휴대전화 회사) | アクセスする(접속하다) | 送る(보내다) | 書類(서류) | 予約(예약) | 説明を受ける(설명을 받다)

25 정답 3

(2)

요전에 역에서 제 앞을 걷고 있던 여자가 티켓을 떨어트려서, 제가 "티켓을 떨어트리셨어요."라고 말하자, 여자는 "죄송합니다"라고 말했습니다. 저는 무심코 "사과하지 않아도 괜찮아요"라고 말해 버렸습니다. 여자는 조금 이상한 표정을 지었지만, 방굿 웃으며 "고맙습니다"라고 말해 주었습니다. 일본어의 "죄송합니다"는 "고맙습니다" 대신 쓰이는 일이 많다고 일본어 학교에서 공부했습니다. 머리로는 이해하고 있어도 <u>조금 이상한 기분이 드니까</u>, 저는 "고맙습니다"라고 말해 주는 편이 기쁩니다.
'내'가 이상한 기분이 되는 것은 왜인가?

1 티켓을 떨어트린 것을 알려줬는데 여자가 이상한 표정을 지었기 때문에
2 일본인은 감사 인사를 하지 않고 사과만 하기 때문에
3 일본어를 알고 있어도 "죄송합니다"는 사죄의 말로 들리기 때문에
4 일본어에 "죄송합니다"와 "고맙습니다"의 구별이 없는 것은 이상하기 때문에

해설 필자는 일본어를 공부한 사람이기 때문에 일본어의 「すみません」에 대해 그 의미에 대해서는 머리로 이해하고 있기는 하지만, 그 의미에 대해서는 위화감을 느끼고 있다. 이는 「ありがとう」と言ってもらうほうがうれしい('고맙습니다'라고 말해주는 편이 기쁘다)라는 문장을 통해 알 수 있는데, 그 이유는 '고맙습니다'라고 사용되는 관용적인 의미보다 직역인 '죄송합니다'라고 들려 버리기 때문이라고 알 수 있다. 따라서 보기 3번이 정답이 된다. 4번의 경우, 일본어에서 '죄송합니다'라는 표현이 '고맙습니다' 대신 사용되는 경우가 많다고 했지만, 구별이 아예 없다는 언급은 없으므로 오답이 된다.

어휘 落とす(떨어뜨리다) | あやまる(사과하다) | にっこり(방긋) | 理解(이해) | 変だ(이상하다)

26 정답 4

(3)

초등학교 1학년 여동생이 입원했다. 나는 매우 충격을 받았다. 나는 운동을 정말 좋아해서, 자주 밖에서 놀았기 때문에, 여동생이 밖에서 놀면 몸 상태가 나빠지거나, 조금 달리면 숨이 가빠지는 것이 이상했다. 부모님으로부터 여동생은 병에 걸렸기 때문에 운동을 할 수 없다는 말을 들었다. 친구와 밖에서 놀거나 할 수 없는 여동생의 마음을 생각하니 마음이 몹시 괴로워졌다. 여동생을 위해 이제부터는 집 안에서도 즐겁게 놀 수 있는 방법을 생각하자. 그렇게 결정했다.

이 글을 쓴 사람의 마음과 맞는 것은 어느 것인가?
1 여동생은 운동을 좋아하는데 몸 상태가 나빠져서 불쌍해졌다.
2 입원 소식을 듣고 부모님의 앞날이 걱정되어서 마음이 진정되지 않았다.
3 여동생과 앞으로 밖에서 같이 놀 수 없다는 것을 알고 실망

4 여동생이 운동할 수 없는 것을 알고 여동생의 기분을 생각하고 충격을 받았다.

해설 본문의 「私はとてもショックだった。友達と外で遊んだりすることができない妹の気持ちを考えたら、心がすごく苦しくなった(나는 매우 충격을 받았다. 친구와 밖에서 놀거나 할 수 없는 여동생의 마음을 생각하니 마음이 괴로워졌다)라는 부분에 글쓴이의 마음이 잘 나타나 있다. 즉, 글쓴이는 여동생이 병에 걸렸다는 이야기를 듣고 충격을 받았고, 몹시 괴로웠다고 했으니 정답은 4번이 된다. 운동을 좋아하는 사람은 여동생이 아니고 글쓴이이니 1번은 오답. 글쓴이가 걱정하는 사람은 여동생이지, 부모님의 앞날이 아니므로 2번도 오답이다. 여동생이 밖에서 놀 수 없다는 사실에 충격을 받고 걱정하고 있다고 했지 함께 놀 수 없어서 실망한 것이 아니므로 3번도 오답이다.

어휘 小学校(초등학교) | 入院(입원) | ショック(쇼크, 충격) | 運動(운동) | 大好きだ(정말 좋아하다) | 外(밖) | 具合(상태) | 息(호흡, 숨) | 苦しい(괴롭다, 힘들다) | 不思議だ(이상하다, 신기하다) | 両親(부모님) | ～という(~라는) | 心(마음) | すごく(몹시) | 方法(방법) | これからは(이제부터는) | 受ける(받다) | 決める(결정하다) | かわいそうだ(불쌍하다) | 落ち着く(진정되다) | がっかりする(실망하다) | 受ける(받다)

27 정답 4

(4)

한 회사가 신입사원 입사식을 수족관에서 했다고 한다. 범고래(シャチ) 쇼를 보면서, '신입사원에게 샤치(シャチ) 있어라'라고 축하했다고 한다. 여기에서의 '사치(シャチ)'란, 행복이란 의미의 '사치(サチ)'가 '샤치(シャチ)'의 음과 비슷하기 때문에 '신입사원에게 행복을'이라는 의미로 사용한 것이라고 한다. '샤치(シャチ)'와 '사치(サチ)'는 같은 음은 아니지만, <u>재미있는 것을</u> 생각했구나 라고 생각하고 웃어 버렸다. 일본어에는 같은 음의 말도 많지만, 말이란 실로 재미있는 것이라고 새삼 실감했다.

'재미있는 것'이라고 있는데, 필자는 어떠한 점이 재미있다고 말하고 있는가?
1 일본어에는 같은 의미의 말이 많은 것.
2 같은 의미의 말을 사용하고 있는 것.
3 특이한 장소에서 입사식을 한 것.
4 가까운 음의 말로 의미를 전한 것.

해설 필자는 「幸せという意味の「さち」が「シャチ」の音と似

ていることから、「新入社員に幸せを」という意味で使ったのだという(행복이란 의미의 '사치(サチ)'가 '샤치(シャチ)'의 음과 비슷하기 때문에 '신입사원에게 행복을'이라는 의미로 사용한 것이라고 한다)」라고 설명한 후에, '재미있는 것을 생각했다'라고 웃어 버렸다고 말하고 있으므로 정답은 가까운 음(소리)의 단어로 의미를 전하려고 했다는 4번이다. 필자는 수족관(특이한 장소)에서 입사식을 한 것 자체에 대해서는 평가를 하고 있지 않으므로 3번은 오답이다. 그리고 1번과 2번은 필자가 '재미있다'고 생각한 내용과는 관계가 없으므로 오답이다.

어휘 新入社員(신입사원) | シャチ(범고래) | ショー(쇼) | 祝う(축하하다) | 幸せ(행복) | 似る(닮다, 비슷하다) | 同音(동음) | 実に(실로) | 改めて(새삼스럽게) | 実感(실감)

問題 5 다음 (1)과 (2)의 문장을 읽고 질문에 답하세요. 답은 1·2·3·4에서 가장 알맞은 것을 하나 고르세요.

28~30

(1)

　일본은 지진이 많은 나라입니다. 특히 [28] 큰 지진이 났을 때, 텔레비전, 라디오, 인터넷, 휴대전화 등을 사용해서 사람들에게 위험을 알립니다. 이 알림을 긴급 지진 속보라고 합니다. 지금 일본을 여행하는 외국인, 일본에 사는 외국인이 늘어나고 있습니다. 외국인 중에는 지진을 경험한 적이 없는 사람도 많이 있습니다. [29] 지진이 일어났을 때, 외국인에게도 위험을 알려야 합니다. 그래서 긴급 지진 속보를 다양한 나라의 언어로 발신(주1)할 수 있도록 기상청이 사전을 만들었습니다. 사전의 내용은 지진이 일어났을 때 자주 사용하는 단어나 문장으로, 언어는 영어, 중국어, 한국어, 스페인어, 포르투갈어, 쉬운 일본어입니다. [30] 이 사전을 이용하면 누구나 외국인에게 위험을 알리는 뉴스를 만들 수 있습니다. 만약, 근처에 외국인이 있다면 일본인은 이 사전을 사용해서 외국인을 도와주세요.

(주1)발신 : 정보를 보내는 것

어휘 地震(지진) | 携帯電話(휴대전화) | 危険(위험) | 知らせる(알리다) | お知らせ(알림) | 緊急地震速報(긴급지진속보) | 住む(살다) | 増える(늘어나다) | ～たことがある(~한 적이 있다) | 経験(경험) | そこで(그래서) | 言語(언어) | 発信(발신) | 気象庁(기상청) | 内容(내용) | 単語(단어, 낱말) | 文章(문장) | 利用(이용) | 誰もが(누구나) | 近所(근처, 근방) | 助ける(돕다, 구조하다) | 情報(정보) |

送る(보내다) | 特別(특별) | 普通(보통) | 方法(방법) | 正しい(올바르다) | テレビ局(방송국)

28 **정답** 4

긴급 지진 속보에 관해서 바른 것은 무엇인가?

1 지진을 경험한 적이 없는 사람을 위한 제도이다.
2 외국인에게 지진 위험을 알리기 위해서 만들어진 제도이다.
3 누구나가 지진 뉴스를 알릴 수 있도록 한 제도이다.
4 다양한 매체를 통해서 위험을 알릴 수 있는 제도이다.

해설 「大きな地震が起こった時に、テレビ、ラジオ、インターネット、携帯電話などを使って人々に危険を知らせます(큰 지진이 났을 때, 텔레비전, 라디오, 인터넷, 휴대전화 등을 사용해서 사람들에게 위험을 알립니다)」고 했으므로 정답은 4번이다.

29 **정답** 4

사전을 만든 배경으로서 바른 것은 무엇인가?

1 주로 일본에 사는 외국인이 읽을 수 있게 하기 위해서
2 지진에 관해서는 다른 사전에 실려 있지 않아서
3 지진 발생시, 텔레비전 등 정보가 부족한 지역을 위해서
4 긴급시에 그 정보를 외국인에게 전하기 위해서

해설 본문에서 「地震が起こった時、外国人にも危険を知らせなければなりません(지진이 일어났을 때, 외국인에게도 위험을 알려야 합니다)」라고 했으니 사전을 만든 이유는 4번이다. 보통 사전에 지진에 관한 단어가 없다는 말은 없으므로 2번은 오답. 1번과 3번은 언급한 내용이지만, 사전을 만든 이유는 될 수 없다.

30 **정답** 1

사전의 이용 방법으로 올바른 것은 어느 것인가?

1 평범한 일본인이 이용해도 된다.
2 방송국 사람들만 이용하면 된다.
3 외국인만 이용하면 된다.
4 지진이 일어나면 이용하면 된다.

해설 「この辞書を利用すれば誰もが外国人に危険を知らせるニュースを作ることができます。(이 사전을 이용하면 누구나 외국인에게 위험을 알리는 뉴스를 만들 수 있습니다)」라고 했으니 일본인도 이용할 수 있으므로 정답은 1번이다. 따라서 2번 3번은 오답이 되고, 4번은 없는 내용이다.

(2)

　　일본에서 한번은 먹어보고 싶은 것이 있었다. 그것은 낫토이다. 미국에서도 인기있는 식품이지만 피자나 파스타에 들어간 낫토가 아니라, 그야말로 낫토다운 요리를 먹고 싶었다. 나는 낫토를 먹어본 적이 없었다. 일본인 친구가 추천한 것은 토로로 낫토 소바였다. 주문해서 나온 것은 소바 위에 하얗고 걸쭉한 토로로와 낫토가 올려져 있었다. 그리고 날달걀 노른자가 올려져 있다. 어떻게 된 일일까? 이것을 전부 섞어서 먹는다는 것이다.

　　[31] 이것은 만만치 않다. 이제 눈을 감고 먹는 수밖에 없다. 나는 한 입 먹고 '으악, 기분 나빠'라고 생각했다. 하지만 [32] 계속 먹다 보니 점점 익숙해져서 '맛있다'라고 생각하게 되었다. 의외로 ①중독성 있는 음식이라고 생각했다. [33] 낫토 뿐만 아니라 토로로나 날달걀을 먹은 나의 모험심을 ②칭찬하고 싶어졌다.

어휘 ～からには(~이상은) | 納豆(낫토) | 人気(인기) | 食品(식품) | 料理(요리) | 友人(친구) | すすめる(권하다) | 注文(주문) | どろっと(걸쭉한 상태) | 生卵(날달걀) | 黄身(노른자위) | まぜる(섞다, 혼합하다) | 手強い(벅차다, 힘겹다) | 目を閉じる(눈을 감다) | ～しかない(~할 수밖에 없다) | 一口(한 입) | ～ているうちに(~하다 보니, ~하는 동안에) | だんだん(점점) | 慣れる(익숙해지다) | あんがい(의외로) | 癖になる(중독성 있다) | 冒険心(모험심) | ほめる(칭찬하다) | かわいそうだ(불쌍하다) | めずらしい(드물다) | ふだん(평소) | 勇気を出す(용기를 내다) | 違い(차이) | 実際に(실제로) | 確かめる(확인하다) | がまんする(참다)

31　정답 4

문장을 쓴 사람은 토로로 낫토 소바를 보고 어떻게 생각했는가?

1　기쁘다

2　기분 나쁘다

3　불쌍하다

4　난처하다

해설 토로로 낫토 소바를 보고 처음 가진 생각은 「これは手強い (이것은 만만치 않다)」라고 했다. 「手強い」는 '어떻게 대처해야 할 지 모를 정도로 어렵다, 간단히 이길 수 없다'는 의미이므로 정답은 4번이다. 토로로 낫토 소바를 보고 기뻐하지는 않았으니 1번은 오답. '기분 나쁘다'고 생각한 것은 한 입

먹고 나서이므로 2번도 오답. 3번은 없는 내용이다.

32　정답 1

①중독성 있는 음식이란 무엇인가?

1　먹기 시작하면 멈출 수 없는 음식

2　먹기 시작하니 기분 나쁜 음식

3　먹는 것이 드문 음식

4　일본인이 평소에 먹지 않는 음식

해설 「癖になる」의 원래 의미는 '나쁜 습관이 들다'라는 뜻인데, 현대 일본어에서는 꼭 나쁜 뜻으로만 쓰이지 않게 되었다. 특히 음식에 쓰면 '중독성 있다' 즉, 계속 먹게 된다는 뜻이므로 1번이 정답이다.

33　정답 2

②칭찬하고 싶어진 이유는 무엇인가?

1　외국인이 일본까지 가서 토로로 낫토 소바를 주문했기 때문에

2　용기를 내서 먹은 적이 없는 것을 먹었기 때문에

3　미국과 일본의 낫토 요리의 차이를 실제로 확인했기 때문에

4　기분 나쁜 음식을 참고 먹었기 때문에

해설 주문해서 나온 토로로 낫토 소바를 보면서 「手強い」라고 생각했고, 한 입 먹고 나서는 「気持ち悪い」라고 생각했다. 하지만 중단하지 않고 계속 먹었고, 결국 '맛있게' 생각하게 되었다. 즉 처음보는 음식을 포기하지 않고 끝까지 먹고, 그 음식을 중독성 있다고 까지 느끼게 된 것이므로 2번이 정답이다. 토로로 낫토 소바를 주문한 것이 아닌 먹은 것에 대해 칭찬하고 싶은 것이므로 1번은 오답. 미국과 일본의 낫토 요리를 비교하는 것이 목적이 아니었으므로 3번도 오답. 생전 처음보는 토로로 낫토 소바를 끝까지 먹고 그 맛을 알게 된 것에 대한 칭찬을 하고 싶은 것이지, 징그러운 음식을 먹은 것에 대한 칭찬이 아니므로 4번도 오답.

問題 6 다음 문장을 읽고 질문에 답하세요. 답은 1·2·3·4에서 가상 알맞은 것을 하나 고르세요.

　　저는 패션에 대해서 잘 모르기 때문에, 옷은 언제나 엄마가 사다 준 것을 입고 있습니다. 그 때문에 친구들이 '멋'에 관한 이야기를 할 때 그 이야기에 끼어들 수 없었습니다. '멋'이란 복장에 신경을 쓰는 것을 말한다고 합니다. 유행에 신경을 쓰는 것도 멋의 한 가지겠지요. [34] 친구인 아마노 씨에게 어떻게 하면 멋쟁이가 될 수 있냐고 상담했습니다. 그러자 [35] 아마

노 씨는 '우선, 멋진 옷을 사 보자'라고 했기 때문에, 아마노 씨와 함께 옷을 사러 가기로 했습니다.

3일 후, 저는 아마노 씨와 함께 근처 쇼핑몰에 갔습니다. 그곳에는 여러 가지 옷을 파는 가게가 있어서, 저는 우선 스스로 옷을 골라 보았습니다. 되도록 예뻐 보이는 옷을 고른 셈이었는데, 아마노 씨는 제가 고른 옷을 보고 ①조금 실망한 표정을 지었습니다. 그리고 ┃36┃ '단지 예쁘기만 한 옷이 아니라 자신이 되고 싶은 모습에 맞는 옷을 골라'라고 말했습니다. 그 말을 듣고, 저는 제가 어떤 모습이 되고 싶은 것인지 상상하며 옷을 골라 보았습니다. 제가 고른 옷을 본 아마노 씨는 ②'정말 멋진 옷이네!'라고 말해주었습니다. 멋은 단지 예쁜 옷을 사는 것이 아니라, 자신에게 맞는 자신이 생각하는 모습을 보여주는 것이 중요한 것이라고 저는 그때 배웠습니다. ┃37┃ 앞으로도 되고 싶은 자신을 생각하며 옷을 고르려고 합니다.

어휘 ファッション(패션)┃服(옷)┃オシャレ(멋, 멋쟁이)┃服装(복장)┃気をつかう(신경을 쓰다)┃人気(인기)┃相談(상담)┃すると(그러자)┃答える(대답하다)┃～ことになる(~하게 되다)┃3日後(3일 후)┃近く(근처)┃様々(여러 가지)┃売る(팔다)┃店(가게)┃選ぶ(고르다)┃できるだけ(되도록, 가능한 한)┃동사한형+つもりだ(동사한 셈이다)┃がっかりする(실망하다, 낙담하다)┃ただ(그저, 단지)┃姿(모습)┃合う(맞다)┃想像(상상)┃クールな(쿨한)┃学ぶ(배우다)┃これからも(앞으로도)┃内容(내용)┃正しい(옳다)┃手伝う(도와주다)┃かわいい(귀엽다)┃似合う(어울리다)

---

34 정답 3

'내'가 친구들과의 대화에 끼어들 수 없었던 것은 왜 인가?

1 멋에 관해 이야기하는 것을 좋아하지 않으니까.

2 인기 있는 것만 사고 있었으니까.

3 스스로 옷을 산 적이 없으니까.

4 멋쟁이가 되고 싶다고 생각하지 않았으니까.

해설 본문 첫 단락에서 「服はいつも母が買ってきてくれた物を着ています。そのため、友だちが「オシャレ」の話をする時、その話に入ることができませんでした(옷은 언제나 엄마가 사다 준 것을 입고 있습니다. 그 때문에 친구들이 '멋'에 관한 이야기를 할 때 그 이야기에 끼어들 수 없었습니다)」라고 언급하고 있으므로 정답은 3번이다.

---

35 정답 2

아마노 씨에 대한 내용으로 옳은 것은 어느 것인가?

1 멋에 관해 잘 모른다.

2 나를 도와주었다.

3 쿨한 옷을 샀다.

4 '나'에게 맞는 옷을 골라 주었다.

해설 어떻게 하면 멋쟁이가 될 수 있냐는 상담에 응해 주었고, 함께 옷도 사러 가 주었으니 2번이 정답이 된다. 멋에 관해 상담했을 정도면 아마노 씨는 멋에 관해 잘 아는 사람이란 것을 추측할 수 있으니 1번은 오답. 쿨한 옷을 산 사람은 글쓴이이므로 3번도 오답이며, 아마노 씨의 조언을 듣고 내가 직접 나에게 맞는 옷을 골랐으니 4번도 오답이다.

---

36 정답 2

아마노 씨가 ①조금 실망한 표정을 지은 이유는 무엇인가?

1 아마노 씨는 쿨한 옷을 좋아하니까

2 예쁘기만 한 옷을 골랐으니까

3 가격이 매우 싼 옷이었으니까

4 멋지지 않은 옷이었으니까

해설 아마노 씨는 '내'가 고른 옷을 보고 「ただきれいな服じゃなくて、自分がなりたい姿に合う服を選んで(그냥 예쁜 옷이 아니라 자기가 되고 싶은 모습에 맞는 옷을 골라봐)」라고 했다. 즉, 내가 자신에게 맞는 옷이 아니라, 그저 예쁘기만 한 옷들을 고른 것에 대해 실망한 것이니 답은 2번이다.

---

37 정답 3

아마노 씨가 말하는 ②쿨한 옷이란 무엇인가?

1 젊은이에게 인기가 있는 귀여운 옷.

2 주위 사람이 좋다고 하는 옷.

3 자신이 되고 싶은 모습에 가까운 옷.

4 아마노 씨가 어울린다고 말한 옷.

해설 글쓴이는 아마노 씨와 함께 옷을 사면서 멋쟁이가 되기 위해서는 그냥 귀여운 옷을 입는 것이 아니라, 「これからもなりたい自分を考え、服を選びたい(앞으로도 되고 싶은 자신을 생각하며 옷을 고르고 싶다)」고 했으니 3번이 정답이다.

오른쪽 페이지는 외국인용 안내이다. 이를 읽고 아래 질문에 답하세요. 답은, 1·2·3·4에서 가장 적당한 것을 하나 고르시오.

일본에서 일하고 싶은
외국인 여러분을 위한 온라인 취직 상담

일본에서 취직하고 싶지만 어떻게 하면 좋을지, 일본어로 어떻게 이력서를 쓰면 되는지, 일 면접이란 무엇을 질문을 받는지 등, 여러분이 취직에서 고민하고 있는 것을 상담할 수 있는 창구를 준비했습니다. 여러분 꼭 이용해 주세요.

장소
온라인(줌)

상담 방법
· 처음인 사람은 홈페이지 회원등록이라는 화면에서 회원이 되어 주세요. 회원이 되기 위해서는 재류카드 복사(PDF)가 필요합니다.
· 회원이 된 분이 상담 예약을 할 수 있습니다. 상담 예약은 홈페이지에서 해 주세요.
· 상담은 1명, 1회 30분입니다. 1주일에 2회까지 예약할 수 있습니다. 취소할 경우는, 반드시 전날까지 취소해 주세요. 상담 날에 취소한 경우는, 그 날부터 2주일 새로운 예약을 할 수 없기 때문에 주의해 주세요.
· 상담은 무료입니다. 예약할 때는 상담 내용을 정하고 나서 예약해 주세요. 예약했을 때와 상담 내용이 바뀔 경우는, 취소를 하고 나서, 새롭게 예약해 주세요.
· 취소는 홈페이지에서 할 수 있습니다.
※혼잡을 피하기 위해 예약 가능 건수를 1일 1회로 하겠습니다.
※금요일은 격주로 상담을 쉽니다.

상담 내용
· 일본에서의 취직활동 방법, 이력서 쓰는 방법, 일을 찾는 방법, 지금 일에서 고민하고 있는 것의 상담
· 비자 상담은 하지 않습니다.

연락처
도쿄도 신쥬쿠구 1가 미나미 백화점 6층 국제교류회
평일은 오전 9시부터 오후 5시까지, 토요일은 오전 10시부터 오후 4시까지, 일요일·축일은 휴무
TEL: 03-1111-5555

어휘 就職($\overset{しゅうしょく}{}$)(취직) | 相談($\overset{そうだん}{}$)(상담) | 履歴書($\overset{りれきしょ}{}$)(이력서) | 面接($\overset{めんせつ}{}$)(면접) | 悩む($\overset{なや}{}$)(고민하다) | 窓口($\overset{まどぐち}{}$)(창구) | 準備($\overset{じゅんび}{}$)(준비) | 会員($\overset{かいいん}{}$)(회원) |

登録($\overset{とうろく}{}$)(등록) | 在留($\overset{ざいりゅう}{}$)(재류) | 必要($\overset{ひつよう}{}$)(필요) | 予約($\overset{よやく}{}$)(예약) | 前日($\overset{ぜんじつ}{}$)(전 날) | 無料($\overset{むりょう}{}$)(무료) | 混雑($\overset{こんざつ}{}$)(혼잡) | 避ける($\overset{さ}{}$)(피하다) | 件数($\overset{けんすう}{}$)(건수) | 隔週($\overset{かくしゅう}{}$)(격주) | 練習($\overset{れんしゅう}{}$)(연습) | 探す($\overset{さが}{}$)(찾다) | 国際($\overset{こくさい}{}$)(국제) | 交流会($\overset{こうりゅうかい}{}$)(교류회) | 祝日($\overset{しゅくじつ}{}$) 축일

---

38 정답 4

케이 씨는 취직활동을 위해 처음으로 상담을 이용하고 싶다. 우선 어떻게 하면 되는가?

1 국제교류회 접수처에 가서 직접 신청한다.
2 재류 카드 복사를 준비하고, 상담 내용을 정해 메일 한다.
3 상담내용을 정하지 않고, 우선 전화해서 예약한다.
4 재류 카드를 준비하고 나서, 홈페이지에서 회원 등록을 한다.

해설 처음 상담을 받기 위해서는 우선 회원등록을 해야 하는데, 회원등록에는 재류카드가 필요하다. 따라서 보기 4번이 정답이 된다. 한편 상담예약은 온라인 신청이기 때문에 보기 1번은 오답이 된다. 그리고 회원이 된 후에 상담 예약을 진행할 수 있으며, 상담 신청은 홈페이지들 통해서 가능하다. 따라서 보기 2번과 보기 3번도 오답이 된다.

39 정답 3

상담예약을 했지만, 전날인 목요일, 다른 회사 이력서 작성방법을 상담하고 싶다. 어떻게 하면 좋을까?

1 같은 날로 하나 더 예약하고, 예약시간 그대로 간다.
2 상담을 캔슬 한 뒤, 2주 후에 새롭게 상담예약을 한다.
3 홈페이지에서 면접연습을 캔슬하고 새로 예약을 잡는다.
4 다음주 금요일로 새롭게 예약을 잡고, 상담내용을 정한 뒤에 간다.

해설 기존의 상담 예약과 내용이 변했기 때문에 취소한 뒤에 새로 예약을 해야 한다. 따라서 보기 1번은 오답이 되고, 정답은 보기 3번이 된다. 한편 당일 취소 혹은 변경이 아니므로 2주 후에 예약을 할 필요는 없기 때문에 보기 2번은 오답이 된다. 마지막으로 금요일은 격주로 쉰다고 했으므로 4번도 오답이 된다.

問題1 問題1では、まず質問を聞いてください。それから話を聞いて、問題用紙の1から4の中から、最もよいものを一つ選んでください。

例

男の人と女の人が話しています。資料はいつまでに作らなければなりませんか。

M：会議の資料できましたか。

F：いえ、最後の表を少し直しているところです。

M：会議の前に、部長に最終確認をお願いしないといけないので、私も手伝います。

F：ありがとうございます。でも、会議は明後日11時ですよね？

M：部長が明日出張になったんです。

F：そうだったんですね。知らなかったです。では、これとこれをお願いします。

M：はい。

資料はいつまでに作らなければなりませんか。

1　明日の11時まで

2　部長がしゅっちょうに行く前まで

3　あさっての11時まで

4　明日中

1番

男の人が電話で問い合わせをしています。男の人は何を持っていかなければなりませんか。

F：お電話ありがとうございます。さくらクッキングです。

M：あ、もしもし。パパさん料理教室の広告を見まして、来月から申し込みたいなと思っているんですが、まだ空いていますか。

F：パパさん料理教室ですね。はい、月曜の午後7時の回、または土曜の午前10時の回がございますが、どちらがよろしいですか。

問제1 문제 1에서는 우선 질문을 들으세요. 그러고 나서 이야기를 듣고 문제지의 1부터 4 안에서 가장 알맞은 것을 하나 고르세요.

예 정답 2

남자와 여자가 이야기하고 있습니다. 자료는 언제까지 만들어야 합니까?

M : 회의 자료 다 됐어요?

F : 아니요, 마지막 표를 조금 수정하고 있는 중이에요.

M : 회의 전에 부장님께 최종 확인을 부탁드려야 하니, 저도 도울게요.

F : 감사합니다. 근데 회의는 모레 11시죠?

M : 부장님이 내일 출장을 가시거든요.

F : 그랬군요. 몰랐어요. 그럼 이거랑 이거를 부탁해요.

M : 네!

자료는 언제까지 만들어야 합니까?

1　내일 11시까지

2　부장님이 출장 가기 전까지

3　모레 11시까지

4　내일 중

1번 정답 3

남자가 문의전화를 하고 있습니다. 남자는 무엇을 가지고 가야합니까?

F : 전화 감사합니다. 사쿠라 쿠킹입니다.

M : 아, 여보세요. 파파 요리교실의 광고를 보고, 다음 달부터 신청하고 싶은데, 아직 빈자리가 있나요?

F : 파파 요리교실 말씀이시죠. 네, 월요일 오후 7시 회차, 혹은 토요일 오전 10시 회차가 있습니다만, 어느 쪽이 좋으신가요?

M：では、土曜日でお願いします。

F：かしこまりました。お名前とお電話番号を教えていただけますか。

M：はい、田中ゆうた、電話番号は03-2222-1111です。あの、何か持ち物はありますか。

F：毎回お持ちいただくテキストとエプロンは、最初の授業の日にお渡しします。毎月の費用は、初回に受付で、クレジットカードでお願いしています。手続きがありますので、初回は始まる20分前に受付にお越しください。

M：分かりました。ノートやペンは必要ですか。

F：テキストがありますので、ノートは必要ないと思います。ペンもこちらで貸し出し可能です。

男の人は何を持っていかなければなりませんか。

M：그럼, 토요일로 부탁드립니다.

F：알겠습니다. 성함이랑 전화번호를 알려주시겠어요?

M：네, 다나카 유타, 전화번호는 03-2222-1111입니다. 저기, 준비물이 있나요?

F：매회마다 가져 오셔야 할 교재와 앞치마는 첫 수업 때 전해드립니다. 매월 비용은 첫 수업 때 접수처에서 신용카드로 부탁드립니다. 수속절차가 있으니, 첫날은 시작하기 20분 전에 접수로 와주세요.

M：알겠습니다. 노트나 펜이 필요한가요?

F：교재가 있으니, 노트는 필요 없을 것이라 생각합니다. 펜도 저희가 빌려 드릴 수 있습니다.

남자는 무엇을 가지고 가야 합니까?

1 교재

2 펜

3 신용카드

4 앞치마

해설 남자가 준비물에 관해서 묻자 여자는 「費用は、初回に受付で、クレジットカードでお願いしています(비용은 첫 수업 때 접수처에서 신용카드로 부탁드립니다)」라고 했으니 남자가 가지고 갈 것은 3번 신용카드이다. 교재, 펜, 앞치마는 요리교실에서 첫 수업 때 준다고 했으니 오답이다.

어휘 問い合わせ(문의) | 料理教室(요리교실) | 広告(광고) | 申し込む(신청하다) | 空く(비다) | ござる(있다의 정중어) | かしこまりました(알겠습니다) | 持ち物(준비물) | 渡す(건네 주다) | 費用(비용) | 初回(첫번째) | 受付(접수처) | 手続き(수속) | お越しください(와 주세요) | 貸し出し(대출, 빌림) | 可能(가능)

2番

女の人と男の人が話しています。男の人はこのあと何をしますか。

F：あれ？　ない。ねえねえ、山田さん、私のケータイ見なかった？

M：え、見てないよ。なくしたの？　よく捜した？昼に行ったレストランに忘れてきたんじゃない？

F：あ、そうかも。私、ちょっとレストランまで行ってくる。すぐ戻るから、山田さんはここで待ってて。

M：うん、待つのはいいんだけど、まず僕のケータイでお店に電話して聞いてみたら？

2번 정답 3

여자와 남자가 이야기하고 있습니다. 남자는 이 후 무엇을 합니까?

F：어머? 없어. 저기 있잖아, 야마다 씨, 내 휴대폰 못 봤어?

M：못 봤는데. 잃어버렸어? 잘 찾아봤어? 점심 때 갔던 레스토랑에 놓고 온 거 아냐?

F：아, 그럴지도. 나 잠깐 레스토랑에 다녀올게. 곧 돌아올 테니 야마다 씨는 여기서 기다리고 있어.

M：응, 기다리는 건 괜찮은데, 먼저 가게에 전화해서 물어보지 그래?

F：あ、そうだね。えっと、じゃあ電話番号を調べなきゃ。

M：調べてあげるよ。スマートフォンをなくしたら調べることもできないね。

F：ほんとだ。ありがとう。

男の人はこのあと何をしますか。

1 レストランに行く

2 けいたい電話ショップで待つ

3 レストランの電話ばんごうをしらべる

4 レストランで待つ

해설 남자는 휴대전화를 잃어버린 여자에게 먼저 레스토랑에 전화해 보라고 했는데, 여자는 전화기가 없어서 가게 전화번호도 알 수 없는 상태이다. 그러자 남자는 「調べてあげるよ(알아봐 줄게)」라고 했으니 남자가 이 후에 할 일은 3번이다. 레스토랑에 가기 전에 전화부터 하라고 했으니 1번은 오답이며, 휴대폰 매장은 등장하지 않으므로 2번도 오답이다. 기다리는 곳은 지금 있는 곳이지 레스토랑이 아니므로 4번도 오답이다.

어휘 なくす(없애다, 잃어버리다) | 捜す(찾다) | 戻る(되돌아오다) | ~なきゃ(~해야지)

3番

会社で女の人と男の人が話しています。女の人はこれから何をしますか。

F：今度の北野さんの送別会のことなんですが、場所はいつものところでいいですか。

M：そうだね。うちの部署は、毎回あの店って決まってるし、あそこならいろいろサービスしてくれるから、いいんじゃないかな。人数確認とお店の予約をよろしく頼むよ。

F：はい。人数は昼休みが終わって、みんなが戻ってきたら聞いてみます。

M：うん。あとは、念のため、北野さんに食べられない物がないか聞いたほうがいいかも。予約するとき、金額と一緒に伝えておくと、それに合わせて料理を用意してくれるから。

F：そうなんですね。分かりました。じゃ、それもあとで聞いてみます。

M：うん、よろしくね。ところで南さん、お昼食べなくていいの？ お昼休憩、あと15分だけど。

F：あ、実はさっき軽く食べたんです。カフェラテだけ、ちょっと買いに行ってきます。

F : 아, 그렇네. 음, 그럼 전화번호를 알아봐야겠네.

M : 알아봐 줄게. 스마트 폰을 잃어버리면 (전화번호를) 찾지도 못하네.

F : 그렇네. 고마워.

남자는 이 후 무엇을 합니까?

1 레스토랑에 간다.

2 휴대폰 매장에서 기다린다.

3 레스토랑의 전화번호를 알아본다.

4 레스토랑에서 기다린다.

3번 정답 4

회사에서 여자와 남자가 이야기하고 있습니다. 여자는 이제부터 무엇을 합니까?

F : 이번 기타노 씨의 송별회 건 말인데요. 장소는 늘 하던 곳에서 하면 될까요?

M : 그래. 우리 부서는 매번 그 가게로 정해져 있고, 거기라면 여러 가지 서비스도 해주니까, 괜찮지 않을까? 인원수 확인과 가게 예약 잘 부탁해.

F : 네. 인원수는 점심시간이 끝나고, 모두가 돌아오면 물어보겠습니다.

M : 응. 그리고는 만약을 위해, 기타노 씨에게 못 먹는 음식 있는지 물어보는 편이 좋겠어. 예약할 때 금액과 함께 전해두면 거기에 맞춰서 요리를 준비해주니까.

F : 그렇군요. 알겠습니다. 그럼 그것도 나중에 물어보겠습니다.

M : 응. 잘 부탁해. 그런데 미나미 씨, 점심 안 먹어도 괜찮아? 점심시간 이제 15분 남았는데.

F : 아, 실은 아까 가볍게 먹었어요. 카페라테만 잠깐 사러 다녀오겠습니다.

M：早く行かないと休憩時間、終わっちゃうよ。

女の人はこれから何をしますか。

1　よやくするレストランを決める
2　北野さんに好きな食べ物を聞く
3　さんかしゃにきんがくをつたえる
4　飲み物を買いに行く

M : 빨리 가지 않으면 점심시간 끝나버릴 거야.

여자는 이제부터 무엇을 합니까?

1　예약할 레스토랑을 결정한다.
2　기타노 씨에게 좋아하는 음식을 물어본다.
3　참가자에게 금액을 전한다.
4　마실 것을 사러 간다.

4番

大学の事務センターで男の人と女の人が話しています。男の人はいくら払いますか。

M：すみません、去年この大学を卒業した者なんですが、就職活動のために「卒業証明書」と「成績証明書」が欲しいんです。いくらかかりますか。
F：卒業証明書は1枚300円、成績証明書は1枚250円です。まずはこちらの申請書に必要な情報を記入して、この受付に持ってきてもらえますか。
M：分かりました。申請書の記入ですね。
F：はい。記入されている間に準備しますので、必要な枚数だけ先に教えてもらえますか。
M：えっと、卒業証明書と成績証明書、それぞれ2枚ずつお願いします。
F：分かりました。では、記入台は奥にございますので、あちらでご記入お願いします。
M：はい。

男の人はいくら払いますか。

1　1,000円

2　1,100円

3　1,150円

4番　정답　2

대학 사무센터에서 남자와 여자가 이야기하고 있습니다. 남자는 얼마를 지불합니까?

M : 실례합니다. 작년에 이 대학을 졸업한 사람인데요. 취업활동 때문에 '졸업증명서'와 '성적증명서'가 필요합니다. 얼마 드나요?
F : 졸업 증명서는 1장에 300엔, 성적 증명서는 1장에 250엔입니다. 우선 이쪽 신청서에 필요한 정보를 기입하고, 이 접수처로 가져와 주시겠어요?
M : 알겠습니다. 신청서 기입 말이군요.
F : 네, 기입하시는 동안에 준비할 테니, 필요한 장수만 먼저 알려 주시겠어요?
M : 음, 졸업증명서와 성적 증명서, 각각 2장씩 부탁합니다.

F : 알겠습니다. 그럼, 기입대는 안쪽에 있으니, 저쪽에서 기입 부탁드립니다.
M : 네

남자는 얼마를 지불합니까?

1　1,000엔

2　1,100엔

3　1,150엔

4 2,000円

4 1,200엔

해설 「卒業証明書は1枚300円、成績証明書は1枚250円(졸업 증명서는 1장에 300엔, 성적 증명서는 1장에 250엔)」이라고 했는데 각각 2장씩 필요하다고 했으니, '300엔×2장=600엔' + '250엔×2장=500엔'이므로 답은 2번 1,100엔이 된다.

어휘 事務(사무) | 払う(지불하다) | 就職活動(취업활동) | 卒業証明書(졸업증명서) | 成績証明書(성적증명서) | 申請書(신청서) | 情報(정보) | 記入(기입) | 受付(접수처) | 枚数(장수) | それぞれ(각각) | 〜ずつ(〜씩) | 記入台(기입대) | 奥(안쪽)

5番

お店で女の人と男の留学生が話しています。男の留学生はこのあとまず何をしますか。

F：トムさん、これ、今日のお通しだって。はい。

M：お通し？ 何それ？ これ、野菜の料理だよ。

F：あー、お通しっていうのは、食べ物屋さんで、頼まなくても最初に出てくる料理のこと。昔は「最初の注文をもらいました」っていう意味があったらしいよ。お通しを出して、席料としてお金を取るところが多いの。えっと、ほら、ここ、「お通しは500円です」って書いてある。

M：へー。でも、500円は高くない？ 二人で1,000円だよね？ えっと、500円、500円。

F：ん？ お金はあとで会計のときに払えばいいのよ。お通しは日本の文化の一つとして覚えておいたほうがいいかも。トムさん、チップは知ってるでしょ？ アメリカはチップを払うじゃない？ 日本にはチップの文化はないけど、それと似たようなものかな。

M：あー、たしかにそうだね。席の料金として払うと思えば、500円、まあ理解できるね。

F：でしょ。さあ、メニュー見よう。何食べる？

M：うーん、サラダと、魚と。

男の留学生はこのあとまず何をしますか。

1 せきの料金をはらう
2 500円のチップをわたす
3 注文するメニューを決める
4 お通しを食べる

5번 정답 3

가게에서 여자와 남자 유학생이 이야기하고 있습니다. 남자 유학생은 이 후 우선 무엇을 합니까?

F：톰 씨, 이거 오늘의 '오토오시'래. 자.

M：'오토오시'? 그게 뭐야? 이거 야채 요리야.

F：아~ 오토오시라는 건 음식점에서 주문하지 않아도 처음에 내주는 요리를 말해. 옛날에는 "첫 주문을 받았습니다"라는 의미가 있었다고 해. 오토오시를 내놓고, 좌석 요금으로 돈을 받는 곳이 많아. 음~, 자 여기 '오토오시는 500엔입니다'라고 써 있어.

M：와~ 근데 500엔은 비싸지 않아? 두 사람 합쳐서 1000엔이잖아? 음, 500엔, 500엔.

F：응? 돈은 나중에 계산할 때 내면 되는 거야. 오토오시는 일본의 문화의 하나로 기억해 두는 편이 좋을지도 모르겠다. 톰 씨, 팁은 알고 있지? 미국은 팁을 주잖아? 일본에는 팁 문화는 없지만, 그 거랑 비슷한 거야.

M：아~, 확실히 그렇네. 자리 요금으로 낸다고 생각하면, 500엔, 뭐 이해된다.

F：그치? 그럼 메뉴를 보자. 뭐 먹을까?

M：음~ 샐러드하고, 생선하고.

남자 유학생은 이 후 우선 무엇을 합니까?

1 좌석 요금을 낸다.
2 500엔의 팁을 건넨다.
3 주문할 메뉴를 정한다.
4 오토오시를 먹는다.

해설 여자가 대화 마지막에서 「メニュー見よう。何食べる？(그럼 메뉴를 보자. 뭐 먹을까?)」라고 하자 남자 유학생은 샐러드와 생선을 고르고 있으므로, 답은 3번이 된다. 자리 요금을 내는 것은 나중에 계산할 때라고 했으니 1번은 오답이고, 일본에는 팁문화가 없다고 했으니 2번도 오답이다. 4번이 혼동을 줄 수 있지만 메뉴를 먼저 고르자고 했으므로 4번도 오답이다.

어휘 お通し(주문 요리가 나오기 전에 주는 간단한 안주거리) | 食べ物屋さん(음식점) | 頼む(부탁하다, 주문하다) | 昔(옛날) | 席料(좌석요금) | お金を取る(돈을 받다) | 会計(회계, 계산) | 払う(지불하다) | 文化(문화) | チップ(팁) | 似る(닮다, 비슷하다) | 席の料金(자리 요금)

<table>
<tr><td>

6番

M：電話で女の人と男の人が話しています。男の人はこれからどこへ行きますか。

F：もしもし？今、電車に乗るところなんだけど、少し遅れそうなの。

M：急がなくていいよ。由美からもさっき、10分くらい遅れるってグループLINE来てたよ。

F：え？本当？急いでて見てなかった。10分か…、だったらなんとか間に合うかなぁ。
あ、でも、花屋寄ったらぎりぎりになるかも…。

M：花って、もう予約してるんだよね？俺ちょうどケーキ屋行くところだから、ケーキ買ったら、花屋も行ってくるよ！

F：え、いいの？　ありがとう！助かる！！プレゼントはちゃんと持ってきたから、なるべく急いで行くね。

M：うん、料理はたけるが先に家で準備してるからさ、心配しないで、気をつけてきて！

F：うん、ありがとう！　じゃ、またあとで！

M：男の人はこれからどこへ行きますか。

</td><td>

6번 정답 2

M : 전화로 여성과 남성이 이야기하고 있습니다. 남성은 이 다음에 어디로 갑니까?

F : 여보세요? 지금 전차 타는 데, 조금 늦을 것 같아.

M : 서두르지 않아도 돼. 유미도 아까 10분정도 늦는다고 단체 LINE 왔어.

F : 뭐? 정말? 서두르느라 못 봤어. 10분…. 그럼 대충 시간 맞겠다.
아, 근데 꽃집 들리려면 아슬아슬 할지도….

M : 꽃은 이미 예약한 거지? 마침 나 케이크 가게 가는 길이니까 케이크 사고 나서 꽃집에 갔다 올게!

F : 어? 괜찮겠어? 고마워! (덕분에) 살았어.
선물은 잘 챙겨왔으니까, 가능한 서둘러 갈게

M : 응, 요리는 타케루가 먼저 집에서 준비하고 있으니까 걱정하지 말고 조심해서 와!

F : 응, 고마워! 그럼 이따 봐!

M : 남성은 이 다음에 어디로 갑니까?

</td></tr>
</table>

해설 여성이 남성에게 늦겠다는 연락과 함께, 꽃집에 들를 시간이 빠듯하다고 이야기하자, 남성은 「ケーキ買ったら、花屋も行ってくるよ！(케이크를 사고 꽃집에도 갔다 올게)」라며 대신 다녀오겠다고 답했다. 따라서, 남성은 케이크 가게를 가장 먼저 간 후에 꽃 집에 간다는 것을 알 수 있다. 따라서 정답은 보기 2번이 된다.

어휘 電話(전화) | 電車(전차, 지하철) | 遅れる(늦다) | 急ぐ(서두르다) | グループ(그룹) | 間に合う(시간 따위에 대다, 맞추다) | 花屋(꽃가게) | ぎりぎり(간신히, 빠듯하게) | 予約する(예약하다) | 助かる(도움이 되다, 살다) | 準備する(준비하다) | 心配(걱정) | 気をつける(조심하다)

問題2 問題2では、まず質問を聞いてください。その
あと、問題用紙のせんたくしを読んでくださ
い。読む時間があります。それから話を聞いて
問題用紙の1から4の中から、最もよいものを
一つ選んでください。

例

学校で学生が話しています。女の人はどうしてピアノをや
めましたか。

M：来月のピアノの発表会の曲、もう決めた？

F：実は私、先月でピアノやめたんだ。

M：えっ、本当に？　そっか。せっかく上手だったのに、残
念だな。でもそうだよね、授業料も上がったし、高校
に入って授業も難しくなったしね。

F：そうそう。でもまあ、それだけなら何とかなったんだけ
どさ。

M：え、何かあった？

F：うん、最近、英語の勉強が楽しくって、英会話スクー
ルに通い始めたんだ。

M：そうだったの？　まあ、英語なら受験にも役に立つし
ね。

F：うん、ピアノよりいいかなと思って。

M：そっかそっか。残念だけど仕方ないね。

女の人はどうしてピアノをやめましたか。
1　学校の勉強がたいへんだから
2　じゅけん勉強を始めたから
3　新しいしゅみをもったから
4　ピアノのじゅぎょう料が高くなったから

1番

女の人と男の人が話しています。女の人は何にいちばん驚
きましたか。

F：私さ、日本人だけど日本に住んでてびっくりしたこと
があるんだ。

M：なになに？

문제2 문제2에서는 우선 질문을 들으세요. 그 후 문제지
의 선택지를 읽으세요. 읽을 시간이 있습니다. 그
러고 나서 이야기를 듣고 문제지의 1부터 4 안에서
가장 알맞은 것을 하나 고르세요.

예 정답 3

학교에서 학생이 이야기하고 있습니다. 여자는 왜 피아노를 그만두
었습니까?

M : 다음 달 피아노 발표회에서 칠 곡 벌써 정했어?

F : 사실, 나 지난 달에 피아노 그만뒀어.

M : 어? 진짜? 그렇구나, 모처럼 잘 쳤었는데. 아쉽다. 하지만 그렇
지, 수업료도 올랐고, 고등학교에 들어와서 수업도 어려워졌잖
아.

F : 맞아 맞아. 근데 뭐, 그것만이라면 어떻게든 할 수 있었는데…

M : 뭐? 무슨 일 있었어? .

F : 응, 요즘 영어공부가 재미있어서 영어회화 학원에 다니기 시작
했거든.

M : 그랬어? 뭐 영어라면 수험에도 도움이 되니까.

F : 응, 피아노보다 나을 것 같아서.

M : 그래, 아쉽긴 한데 어쩔 수 없네.

여자는 왜 피아노를 그만두었습니까?

1　공부가 바빠졌으니까

2　수업료가 많이 올랐으니까

3　새로운 취미를 시작했으니까

4　피아노가 재미없어졌으니까

1번 정답 2

여자와 남자가 이야기하고 있습니다. 여자는 무엇에 가장 놀랐습니
까?

F : 나 말이야. 일본인이지만, 일본에 살면서 깜짝 놀란 적이 있어.

M : 뭔데, 뭔데?

F：駅でお財布を落としたことがあって、一駅過ぎてから気づいたの。あわててその駅に戻って、駅員さんに聞きに行ったんだ。現金もカードも入ってたからすごく心配で、どこで落としたのかもあやしくて。

M：うんうん、それで？　どうなった？

F：「ついさっき女の人が届けてくれましたよ」って。ほんの５分くらいの出来事だったんだけど、ちゃんと見つかるなんて感動じゃない？

M：おお。すごいな。

F：普段は持ち歩かない現金も、よりによってその日は多めに入っててさ。財布の中身、何も取られてなかったんだよ。本当びっくりした。

M：よかったけど、運がよかっただけかもしれないぞ。もう落とさないように気をつけろよ。

F：そうだね。

女の人は何にいちばん驚きましたか。

1　駅員がさいふを見つけてくれたこと
2　さいふにお金がそのままあったこと
3　さいふの中が空っぽだったこと
4　運がいいと言われたこと

F : 역에서 지갑을 잃어버린 적이 있었는데, 한 정거장 지나고 나서 깨달았어. 당황해서 그 역으로 되돌아가서 역무원한테 물어보려고 갔었어. 현금도 카드도 들어 있어서 무척 걱정도 되고, 어디에서 잃어버렸는지도 미심쩍어서(잘 몰라서).

M : 응 응, 그래서? 어떻게 됐어?

F : '방금 전에 여자 분이 갖다줬어요'라고 하더라고. 불과 5분 정도 사이에 일어난 일인데, 제대로 발견되다니, 감동스럽지 않아?

M : 오오, 대단한데.

F : 평소에는 안 갖고 다니는 현금도, 하필이면 그 날은 많이 들어 있어서 말이야. 지갑 내용물에 없어진 것도 없었어. 정말 깜짝 놀랐어.

M : 다행이지만, 운이 좋았던 것뿐일지도 몰라. 이제 잃어버리지 않도록 조심해!

F : 맞아.

여자는 무엇에 가장 놀랐습니까?

1　역무원이 지갑을 찾아 준 것.
2　지갑에 돈이 그대로 있었던 것.
3　지갑 안이 비어 있었던 것.
4　운이 좋다는 말을 들은 것.

해설 여자가 감동한 것은 '분실물을 갖다 준 사람이 있어서 찾을 수 있었던 점'이고, 놀란 점은 '지갑 안에 현금도, 카드도 그대로 없어진 것 없이 들어 있어서'라는 점이다. 이것은 「財布の中身、何も取られてなかったんだよ。本当びっくりした(지갑 내용물에 없어진 것도 없었어. 정말 깜짝 놀랐어)」라는 대화에서 알 수 있다. 따라서 정답은 2번이 된다. 지갑을 찾아준 것은 역무원이 아니므로 1번은 오답이며, 운이 좋았다는 말에 동의는 하였지만 운이 좋았단 남자의 대화에 '맞아'라고 긍정하고 있으므로 놀란 사실이 아니므로 4번도 오답이다. 지갑 안이 텅 비어 있었다는 사실은 본문의 내용은 맞지 않으므로 3번 역시 오답이다.

어휘 財布を落とす(지갑을 잃어버리다) | 一駅(한 정거장) | 過ぎる(지나다) | 気づく(깨닫다) | あわてる(당황하다) | 現金(현금) | あやしい(미심쩍다, 수상하다) | ついさっき(방금 전) | 届ける(갖다 주다) | ほんの(불과, 겨우) | 出来事(일, 사건) | 見つかる(발견되다) | 感動(감동) | 普段(평소) | 持ち歩く(갖고 다니다) | よりによって(하필이면) | 多めに(많이) | 中身(내용물, 알맹이) | 取る(훔치다) | 運がいい(운이 좋다) | 気をつける(조심하다) | 見つける(발견하다) | そのまま(그대로) | 空っぽ(텅 빔)

2番

電話で女の人と男の人が話しています。女の人はどうして電話しましたか。

F：もしもし、株式会社キューゼットの川口と申します。石井さんはいらっしゃいますか。

2번 정답 1

전화로 여자와 남자가 이야기하고 있습니다. 여자는 왜 전화했습니까?

F : 여보세요. 주식회사 큐젯의 카와구치라고 합니다. 이시이 씨 계십니까?

M：あ、川口さん、いつもお世話になっております。石井です。

F：あ、どうもお世話になっております。石井さん、実は先ほど頂いたメールの添付ファイルがうまく開かないんですが。

M：あ、そうですか。パスワードは入れてみましたか。

F：はい。何回入れても、うまくいかなくて。

M：ちょっと確認しますので、少々お待ちいただけますか。うわあ、川口さん、大変失礼しました。古いファイルを送っていました。

F：あー、そうでしたか。では、もう一度送っていただけますか。

M：はい、すみません。すぐにお送りいたします。お電話まで頂いてしまって申し訳ありませんでした。

F：いえいえ。あ、石井さん、それから来週の打ち合わせ場所変更の件は、のちほどメールさせていただきますね。

M：はい、承知しました。よろしくお願いいたします。

女の人はどうして電話しましたか。

1　ファイルを開く方法を聞くため

2　ファイルのパスワードを聞くため

3　ちがうファイルを送ってしまったため

4　うちあわせをする場所をつたえるため

M : 아, 카와구치 씨, 항상 신세 지고 있습니다. 이시이입니다.

F : 아, 안녕하세요. 신세 지고 있습니다. 이시이 씨, 실은 좀 전에 받은 메일의 첨부파일이 잘 열리지 않습니다만.

M : 아, 그렇습니까? 패스워드를 넣어 보셨나요?

F : 네, 몇 번 넣어도 잘 안 돼서.

M : 잠시 확인해 볼 테니, 잠시만 기다려 주시겠습니까? 우와, 카와구치 씨, 너무 죄송합니다. 오래된(예전) 파일을 보냈었네요.

F : 아~ 그렇습니까? 그럼 다시 한번 보내 주실 수 있겠어요?

M : 네, 죄송합니다. 바로 보내 드리겠습니다. 전화까지 하시게 해서 정말 죄송합니다.

F : 아니에요. 아, 이시이씨 그리고 다음 주 미팅 장소 변경 건은 나중에 메일로 보내 드리겠습니다.

M : 네, 알겠습니다. 잘 부탁드립니다.

여자는 왜 전화했습니까?

1　파일 여는 법을 묻기 위해서

2　파일의 암호를 묻기 위해서

3　다른 파일을 보냈기 때문에

4　미팅할 장소를 전하기 위해서

해설 여자가 전화한 이유는 「実は先ほど頂いたメールの添付ファイルがうまく開かないんですが(실은 좀 전에 받은 메일의 첨부파일이 잘 열리지 않습니다만)」에 나타나 있다. 즉 첨부파일이 안 열려서 혹시 여는 방법이 따로 있나 묻기 위해 전화한 것이므로 답은 1번이다. 파일의 암호를 몇 번 넣어도 잘 안 열린다고 했으므로 2번은 오답이며, 다른 파일을 보낸 것은 남성이고 여성은 첨부파일이 다른 것인지 모르는 상태이므로 3번도 오답이다. 미팅 장소는 나중에 메일로 보내준다고 했으니 4번도 오답이다.

어휘 ～と申します(～라고 합니다) | いらっしゃる(계시다) | いつもお世話になっております(항상 신세 지고 있습니다) | 添付(첨부) | 開く(열리다) | 少々お待ちいただけますか(잠시만 기다려 주시겠습니까?) | 送る(보내다) | 打ち合わせ(미팅) | 変更(변경) | のちほど(나중에) | ～させていただきます(～하겠습니다) | 承知する(알다)

うちで夫と妻がファッションについて話しています。妻は何がよくないと言っていますか。

M：なあ、ちょっと見てくれるか。このシャツにこのズボンを合わせたんだけど、どうかな。

정답 4

집에서 남편과 부인이 패션에 관해 이야기하고 있습니다. 부인은 무엇이 좋지 않다고 말하고 있습니까?

M : 저기, 잠깐 봐 주겠어? 이 셔츠에 이 바지를 맞춰봤는데, 어때?

F：そうねえ、シャツの長さとズボンのバランスは悪くない
　　わよ。まあまあ痩せて見えるわ。で、靴はどうするの？

M：この白い運動靴なら、若く見えるかな。全体を白と黒で
　　まとめてみたんだけど、靴が問題だな。

F：いやー、靴が問題というよりも、中に着てるランニング
　　シャツがまずい気がする。

M：え、なんで？

F：いくら白と黒でまとめても、下着のランニングが透けて
　　見えちゃってるから、絶対に若くは見えないわよ。ま、
　　なんでって聞かれても、ちょっと説明のしようがないん
　　だけどね。

M：えー、そうなのか。うーん。よし、こうなったらランニ
　　ングシャツをやめるしかないな。

妻は何がよくないと言っていますか。

1　若く見せようとしていること
2　白い運動ぐつをはくこと
3　白と黒でまとめること
4　シャツの中に下着を着ること

F：글쎄, 셔츠 길이와 바지 밸런스는 나쁘지 않아. 그럭저럭 말라
　　보이네. 근데 구두는 어떻게 할 거야?

M：이 하얀 운동화로 하면 젊어 보이려나. 전체를 블랙 앤 화이트
　　로 마무리했는데, 신발이 문제네~.

F：아니, 신발이 문제라고 하기보다도 안에 입고 있는 런닝 셔츠
　　가 별로인 것 같은 생각이 드는데.

M：아, 왜?

F：아무리 블랙 앤 화이트로 마무리해도 속옷 런닝이 비춰 보여서
　　절대로 젊게 보이지는 않아. 뭐, 왜냐고 물어봐도, 좀 설명할 방
　　법이 없지만 말이야.

M：아~ 그런가? 음~ 좋아, 그렇다면 런닝 셔츠를 그만둘 수밖에
　　없겠네.

부인은 무엇이 좋지 않다고 말하고 있습니까?

1　젊게 보이려고 하는 것
2　흰 운동화를 신는 것
3　블랙 앤 화이트로 마무리하는 것
4　셔츠 속에 속옷을 입은 것

해설 남편의 패션에 대한 아내의 평가 중에 「中に着てるランニングシャツがまずい気がする(안에 입고 있는 런닝 셔츠가 별로인 것 같은 생각이 드는데)」라는 내용이 있었으므로 정답은 4번이다. 젊게 보이려고 하는 것에 반대하는 내용은 없으므로 1번은 오답이며, 지금 문제는 신발이 아니라고 했으므로 2번도 오답이다. 블랙 앤 화이트로 마무리하는 것에 관해서도 특별히 반대하고 있지는 않으므로 3번도 오답이다.

어휘 まあまあ(그럭저럭) | 痩せる(마르다) | 運動靴(운동화) | 若い(젊다) | まとめる(마무리하다, 매듭짓다) | ～というよりも(~라기보다도) | 気がする(생각이 들다) | なんで(왜) | いくら～ても(아무리 ~해도) | 下着(속옷) | 透けて見える(비춰 보이다) | 説明のしようがない(설명할 방법이 없다) | ～しかない(~할 수밖에 없다)

4番

新幹線で男の人が話しています。列車の中でタバコを吸う
ことについて、どう案内していますか。

M：本日も新幹線をご利用くださいまして、ありがとうござ
　　います。お客様にご案内申し上げます。この列車は、
　　のぞみ号、新大阪行きです。途中の停車駅は、小倉、
　　広島、福山、岡山、新神戸、新大阪です。自由席は1号
　　車、2号車、3号車です。`この列車は全席禁煙となって
　　おります。おタバコを吸われるお客様は、喫煙ルームを
　　ご利用ください。普通車の喫煙ルームは3号車、7号

4번　정답　3

신칸센에서 남자가 이야기하고 있습니다. 열차 안에서 담배 피우는
것에 관해 어떻게 안내하고 있습니까?

M：오늘도 신간선을 이용해 주셔서 감사드립니다. 승객 여러분께
　　안내 드리겠습니다. 이 열차는 노조미 호, 신오사카 행입니다.
　　도중 정차역은, 고쿠라, 히로시마, 후쿠야마, 오카야마, 신코베,
　　신오사카입니다. 자유석은 1호차, 2호차, 3호차입니다. 이 열
　　차는 전 좌석 금연입니다. 담배를 피우실 승객은 흡연실을 이
　　용해 주십시오. 보통차 흡연실은 3호차, 7호차, 15호차에 있습
　　니다.

車、15号車にあります。

列車の中でタバコを吸うことについて、どう案内していますか。

1　2号車のきつえんルームで吸える

2　3号車のじゆうせきで吸える

3　7号車のきつえんルームで吸える

4　この列車の中ではタバコを吸えない

열차 안에서 담배 피우는 것에 대해 어떻게 안내하고 있습니까?

1　2호차 흡연실에서 필 수 있다.

2　3호차 자유석에서 필 수 있다.

3　7호차 흡연실에서 필 수 있다.

4　이 열차 안에서는 담배를 피울 수 없다.

해설 이런 유형의 문제는 메모를 잘 하면서 들어야 한다. 이 열차는 전 좌석 금연이라고 하면서, 흡연실이 따로 있으니 담배 피우는 손님은 그곳을 이용하라고 안내 하며, 흡연실은 3, 7, 15호차에 있다고 했으니 답은 3번이다. 2호차에는 흡연실이 없으므로 1번은 오답이며, 3호차에 흡연실은 있지만 자유석에서도 필 수 있다는 언급은 없었으므로 2번도 오답이다. 전 좌석 금연이라고 했지만 흡연실에서는 필 수 있으니 4번도 오답이다.

어휘 列車(열차) | 本日(오늘) | 利用(이용) | 申し上げる(する의 겸양어) | ~行き(~행) | 途中(도중) | 停車駅(정차역) | 自由席(자유석) | ~号車(~호차) | 全席禁煙(전좌석 금연) | 喫煙(흡연) | 普通車(보통차)

5番

服屋で店長と女の店員が話しています。女の店員はどうして喜んでいますか。

M：田中さん、最近よく頑張ってるよな。入社したての頃は、お客さんとどうやって話したらいいか分からないって悩んでいたのに、成長したね。

F：ありがとうございます。後輩も入ってきましたし、私も負けていられないって思って、頑張ってるんです。

M：この前のお客様満足度アンケート、あるだろ。あれの印象に残っている店員の中に、君の名前があったぞ。とても親切で、気持ちよく買い物ができたって。

F：えー、ほんとですか。うれしいです。アンケートに名前が挙がったの、初めてです。

M：うん。先月は売り上げも上がったし、これからもその調子で頑張ってくれよ。田中さんみたいな頑張り屋の先輩は、後輩にもいい刺激になるからさ。

F：はい、頑張ります。あ、店長、売り上げが上がったんなら、給料も上がりますか。

M：うーん、それとこれとは話が別かな。

女の店員はどうして喜んでいますか。

1　新しく後輩ができたから

5번 정답 2

옷가게에서 점장과 여자 점원이 이야기하고 있습니다. 여자 점원은 왜 좋아하고 있습니까?

M : 다나카 씨, 요즘 열심히 하고 있네. 막 입사했었을 때는 손님하고 어떻게 얘기하면 좋을지 모르겠다고 고민하더니 성장했어.

F : 감사합니다. 후배도 들어왔고, 저도 질 수 없다고 생각해 열심히 하고 있습니다.

M : 얼마 전 고객만족도 설문조사 했었잖아. 거기 인상에 남아 있는 점원 중에 자네 이름이 있었어. 매우 친절해서 기분 좋게 쇼핑할 수 있었대.

F : 아~ 진짜요? 기분 좋네요. 설문 조사지에 이름이 오른 거 처음이에요.

M : 응. 지난 달에는 매상도 올랐고, 앞으로도 이런 식으로 열심히 해 줘. 다나카 씨 같은 노력파 선배는 후배에게도 좋은 자극이 될 테니까.

F : 네, 열심히 하겠습니다. 아, 점장님, 매상이 올랐으면 월급도 오르나요?

M : 음~, 그거랑 이건 좀 이야기가 다르겠지.

여자 점원은 왜 좋아하고 있습니까?

1　새롭게 후배가 생겨서

2 お客さんにほめられたから

3 後輩から刺激を受けるから

4 きゅうりょうが上がるから

2 손님에게 칭찬받았기 때문에

3 후배한테 자극을 받으니까

4 월급이 오르기 때문에

해설 여자 점원이 「うれしいです(기분 좋네요)」라고 말한 이유가 바로 앞 대화에 「この前のお客様満足度アンケート、～とても親切で、気持ちよく買い物ができたって(얼마 전 고객만족도 설문조사, ~매우 친절해서 기분 좋게 쇼핑할 수 있었대)」라고 나온다. 즉, 여자 점원이 좋아하는 이유는 바로 손님들에게 칭찬받았기 때문이므로 답은 2번이다. 새롭게 후배가 생겼다는 언급은 없으므로 1번은 오답이며, 후배에게 자극을 줄 수 있다고 했지, 후배에게 자극을 받는다는 대화도 없었으므로 3번은 오답이다. 마지막 대화에서, 매상이 오르면 월급이 오르냐는 질문에 점장이 그것과 이것은 좀 다른 이야기라고 했으므로 4번도 오답이다.

어휘 服屋(옷가게) | 店長(점장) | 店員(점원) | 入社したて(막 입사함) | どうやって(어떻게) | 悩む(고민하다) | 成長(성장) | 後輩(후배) | 負ける(지다) | 満足度(만족도) | 印象(인상) | 名前が挙がる(이름이 오르다) | 売り上げ(매상) | 調子(식, 방식) | 頑張り屋(노력파) | 刺激(자극) | 別(다름, 별도)

6番

M：料理の動画で女の人が話しています。どうすればホットケーキをうまく作れると言っていますか。

F：今日はホットケーキを上手に作るためのポイントをお話しします。失敗しないためには、これ！ホットケーキミックスを使います。
まずボールに卵と牛乳を入れ、よく混ぜます。ホットケーキミックスを先に入れないでくださいね。で、次にミックスを入れるんですが、ここ、混ぜ過ぎに注意です！心配になって、ついかき混ぜてしまいますよね。でも、混ぜる回数は20回。この回数さえ守れば、柔らかいホットケーキになりますよ！
そして焼く時には、ホットケーキミックスを高い所からフライパンに流し入れましょう。こうすると生地がよく広がって、きれいな丸い形になります。弱火で3分ほど焼いて、プツプツと小さな泡が出たら、ひっくり返すタイミングです！

M：どうすればホットケーキをうまく作れると言っていますか。

1 卵と牛乳といっしょにホットミックスを入れる。

2 ホットケーキミックスをかき混ぜすぎない

3 卵と牛乳を混ぜる前にホットケーキミックスを入れる

4 低い所からホットケーキミックスをフライパンに流し入れる

6번 정답 2

M：요리 동영상에서 여성이 이야기하고 있습니다. 어떻게 하면, 핫케이크를 잘 만들 수 있다고 말하고 있습니까?

F：오늘은 핫케이크를 잘 만들기 위한 포인트를 말하겠습니다. 실패하지 않기 위해서는, 이것! 핫케이크 믹스를 사용합니다.
우선 볼에 계란이랑 우유를 넣어, 잘 섞습니다. 핫케이크 믹스를 먼저 넣지 말아주세요. 그리고, 다음으로 믹스를 넣는데요. **여기, 너무 많이 섞지 않도록 주의하세요!** 걱정되어서, 무심코 뒤섞어 버리지요. 그렇지만, 섞는 횟수는 20번. 이 횟수만 지키면, 부드러운 핫케이크가 됩니다.
그리고 구울 때는, 핫케이크 믹스를 높은 곳에서 프라이팬에 흘려 넣습니다. 이렇게 하면 반죽이 잘 퍼져서, 예쁜 원형이 됩니다. 약한불로 3분정도 구워서 방울방울 작은 거품이 나오면, 뒤집을 타이밍입니다!

M：어떻게 하면, 핫케이크를 잘 만들 수 있다고 말하고 있습니까?

1 달걀이랑 우유와 함께 핫케이크 믹스를 넣는다

2 핫케이크 믹스를 너무 섞지 않는다

3 달걀이랑 우유를 섞기 전에 핫케이크 믹스를 넣는다

4 낮은 곳에서 핫케이크 믹스를 프라이 팬에 흘려 넣는다.

해설 요리 동영상에서 여성이 핫케이크를 잘 만드는 비결을 설명하고 있다. 그 비결은, 「ホットケーキミックスを使います(핫케이크믹스를 사용합니다)」「ホットケーキミックスを先に入れないでください(핫케이크믹스를 먼저 넣지 말아주세요)」「混ぜる回数は20回(섞는 횟수는 20회)」「高い所から…流し入れましょう(높은 곳에서 흘려 넣읍시다)」이다. 따라서 너무 많이 섞지 않는다는 2번이 정답이 된다. 달걀과 우유와 함께 혹은 핫케이크 믹스를 가장 먼저 넣는다는 1번과 3번은 오답이며, 높은 곳에서 흘려 넣어야 하므로 보기 4번도 오답이 된다.

어휘 動画(동영상) | 上手だ(잘하다, 능숙하다) | 失敗(실패) | 混ぜる(섞다) | 注意(주의) | 回数(횟수) | 守る(지키다) | 柔らかい(부드러운) | 焼く(굽다, 태우다) | 流し入れる(흘려 넣다) | 生地(기지) | 弱火(약불) | 泡(거품) | タイミング(타이밍)

問題3 では、問題用紙に何も印刷されていません。この問題は、ぜんたいとしてどんないようかを聞く問題です。話の前に質問はありません。まず話を聞いてください。それから、質問とせんたくしを聞いて、1から4の中から、最もよいものを一つ選んでください。

例

女の人と男の人が新しいドラマについて話しています。

F：昨日から始まったドラマ、見た？

M：あ、あの刑事ドラマのこと？

F：そうそう。

M：見た見た。見ている間ずっとどきどきしたよ。音楽もすばらしかったね。

F：そう？　私は音楽はちょっとやりすぎかなって思ったけど。

M：そうかな。場面ごとの音楽が効果的だったと思うけど。

F：うーん、ま、でもストーリーは最高だったね。

M：そうだね、刑事ものだから難しいかなと思ったけど、思ったより見やすかったね。

F：そうそう。来週が今から楽しみ。

M：そうだね。

男の人はドラマについてどう思っていますか。

1 想像よりもおもしろくなかった
2 内容が難しかった
3 音楽とストーリーが合っている
4 今までのドラマの中でいちばんおもしろい

문제 3 문제3에서는 문제지에 아무것도 인쇄되어 있지 않습니다. 이 문제는 전체로서 어떤 내용인지를 묻는 문제입니다. 이야기 전에 질문은 없습니다. 우선 이야기를 들으세요. 그리고 나서 질문과 선택지를 듣고 1부터 4 안에서 가장 알맞은 것을 하나 고르세요.

예 정답 3

여자와 남자가 새로운 드라마에 대해 이야기하고 있습니다.

F：어제부터 시작한 드라마 봤어?

M：아, 그 형사 드라마?

F：응응.

M：봤어 봤어. 보는 내내 두근거렸어. 음악도 멋지던데.

F：그래? 난 음악이 좀 과한가 했는데.

M：그런가? 장면별 음악이 효과적이었던 것 같은데.

F：음, 뭐 그래도 스토리는 최고였어.

M：맞아. 형사 드라마라서 어려울 거라고 생각했는데, 생각보다 보기 편했어.

F：맞아 맞아. 다음 주가 벌써부터 기대된다.

M：그러게.

남자들은 드라마에 대해서 어떻게 생각합니까?

1 상상보다도 재미없었다.
2 내용이 어려웠다.
3 음악과 스토리가 어울린다.
4 지금까지 본 드라마 중 가장 재미있다.

<table>
<tr><td>

1番

会議で男の人が話しています。

M：古いノートパソコンについてなんですが、昨日の予算会議でこの件について話したところ、前田さんが新しいものを買ってもいいと言ってくださいました。というわけで、来月には営業部にも新しいノートパソコンが入る予定です。予算に合わせて、どの製品を選ぶのか、考えなければなりません。まだ話し合いの段階なので、必要な機能やおすすめの種類などを次の会議までに杉山さんに伝えておくようお願いします。

この男の人が伝えたいことは何ですか。
1 予算を大切に使うこと
2 営業部の今後の仕事について
3 次の会議までにみんながするべきこと
4 みんなから前田さんにお礼を言うこと

</td><td>

1번 정답 3

회의에서 남자가 이야기하고 있습니다.

M：오래된 노트북에 대해서 말인데요. 어제 예산 회의에서 이 건에 대해서 말했더니, 마에다 씨가 새것을 사도 좋다고 했습니다. 그래서, 다음 달에는 영업부에도 새 노트북이 들어올 예정입니다. 예산에 맞추어 어떤 제품을 고를 것인가 생각해야 합니다. 아직 의논 단계이기 때문에, 필요한 기능이나 추천하는 종류 등을 다음 회의까지 스기야마 씨에게 전달해 주세요.

이 남자가 전하고 싶은 것은 무엇입니까?
1 예산을 소중하게 쓸 것
2 영업부의 앞으로의 일에 대해서
3 다음 회의까지, 모두가 해야 할 것
4 모두가 마에다 씨에게 감사인사를 할 것

</td></tr>
</table>

해설 전체 내용을 보면, 다음 회의까지 스기야마 씨에게 전할 내용, 즉「どの製品を選ぶのか(어떤 제품을 고를 것인가)」「必要な機能やおすすめの種類など(필요한 기능이나 추천하는 종류)」을 생각해서 스기야마 씨에게 전하라는 것이므로 답은 3번이다. 예산을 소중하게 쓰란 언급은 없으므로 1번은 오답. 영업부의 업무 내용에 관해서 언급하지 않았으므로 2번도 오답이며, 4번도 등장하지 않는 내용으로 오답이다.

어휘 予算(예산)｜件(건)｜~たところ(~했더니)｜というわけで(그래서)｜営業部(영업부)｜予算に合わせる(예산에 맞추다)｜製品(제품)｜選ぶ(고르다)｜話し合い(의논, 상의)｜段階(단계)｜機能(기능)｜おすすめ(추천)｜種類(종류)｜伝える(전하다)｜今後の(앞으로의)｜お礼を言う(감사인사를 하다)

<table>
<tr><td>

2番

ラジオで女の人が話しています。
F：3月は卒業シーズンですね。卒業式といえば、私は高校時代を思い出します。実は私が歌手になれたのは、高校生のころ、私が歌を歌っている姿を友人がSNSに載せたことがきっかけなんです。その友人は、「ミキは歌がうまいから歌手に向いている」といつも言ってくれていました。あ、その子はサエコっていうんですけど、私はサエコと出会っていなかったら、今こうして皆さんとラジオでお話しすることもなかったわけですよね。人生っておもしろいですね。そんな私から、今日は卒業する皆さんへ「おめでとう」の気持ちを込めて、この曲を届けたいと思います。では、聞いてください。

</td><td>

2번 정답 2

라디오에서 여자가 말하고 있습니다.
F：3월은 졸업 시즌이죠. 졸업식이라고 하면 저는 고등학교 시절을 떠올립니다. 실은 제가 가수가 된 건 고등학생 때, 제가 노래를 부르는 모습을 친구가 SNS에 올린 것이 계기입니다. 그 친구는 '미키는 노래를 잘하니까 가수가 잘 맞아'라고 항상 말해 주었습니다. 아, 그 친구는 사에코라고 하는데, 제가 사에코와 만나지 않았더라면 지금 이렇게 여러분과 라디오에서 이야기할 일도 없었겠지요. 인생이란 참 재미있네요. 그런 제가 오늘은 졸업하는 여러분들에게 '축하'의 마음을 담아 이 노래를 보내 드리고 싶습니다. 그럼, 들어주세요. '새로운 문'.

</td></tr>
</table>

「新しい扉」。

女の人は何について話していますか。

1 歌を歌う楽しさ
2 歌手になったきっかけ
3 卒業する人へのお祝い
4 高校時代に好きだったこと

여자는 무엇에 대해 말하고 있습니까?

1 노래를 부르는 즐거움
2 가수가 된 계기
3 졸업하는 사람들에 대한 축하
4 고등학교 시절 좋아했던 것

해설 여자가 라디오에서, 자신은 졸업 시즌이 되면 고등학교 시절을 떠올린다고 하면서 자신이 어떻게 가수가 되었는지 그 계기에 대해서 말하고 있으므로 답은 2번이다. 1번은 본문에 없는 내용이며, 졸업하는 사람들에게 축하의 마음을 담아 노래를 부르겠다고 했지만 부수적으로 한 말이지 메인이 되는 내용은 아니므로 3번도 오답이다. 4번 역시 본문에서 전혀 언급하지 않은 내용이다.

어휘 卒業式(졸업식) | ～といえば(~라고 하면) | 思い出す(떠올리다) | 歌手(가수) | 姿(모습) | 友人(친구) | 載せる(올리다, 싣다) | きっかけ(계기) | 歌がうまい(노래를 잘한다) | ～に向いている(~에 맞다) | 出会う(만나다) | こうして(이렇게) | 人生(인생) | 気持ちを込める(마음을 담다) | 曲(곡) | 届ける(보내다) | 扉(문) | お祝い(축하)

3番

お店で男の人と女の人が話しています。

F：あのう、昨日この店でコートを買ったんですけど、ちょっとサイズが合わなくて。交換することはできますか。

M：そちらのコートですか。あー、ただ今、Lサイズ以外すべて売り切れとなっています。

F：困ったな。小さいサイズが欲しいのに。

M：ほかのサイズは在庫がない状態で、次の入荷は再来週の金曜日になりますね。

F：でも、そのときはもう交換できる期間が過ぎてしまいますよね？

M：それでは、購入なさったコートは今日ひとまず返品されて、ご希望のサイズを新たに予約するということでいかがでしょうか。

F：あ、そうします。同じコートのSサイズでお願いします。

女の人はお店に何をしに来ましたか。

1 コートを買うため
2 コートを返品するため
3 コートを交換するため
4 コートを予約するため

3번 정답 3

가게에서 남자와 여자가 이야기하고 있습니다.

F : 저기, 어제 이 가게에서 코트를 샀는데요. 사이즈가 좀 안 맞아서 그러는데. 교환할 수 있을까요?

M : 그 코트 인가요? 아~, 지금, L사이즈 이외는 모두 동났습니다.

F : 곤란하네. 작은 사이즈를 원하는데.

M : 다른 사이즈는 재고가 없는 상태이고, 다음 입고는 다음다음 주 금요일입니다.

F : 그렇지만, 그때는 이미 교환할 수 있는 기간이 지나버리는 거죠?!

M : 그럼, 구입하신 코트를 오늘 일단 반품하시고, 희망 사이즈를 새로 예약하시는 건 어떠세요?

F : 아, 그렇게 할게요. 같은 코트 S사이즈로 부탁드려요.

여자는 가게에 무엇을 하러 왔습니까?

1 코트를 사기 위해서
2 코트를 반품하기 위해서
3 코트를 교환하기 위해서
4 코트를 예약하기 위해서

여자는 가게에 와서「ちょっとサイズが合わなくて。交換することはできますか(사이즈가 좀 안 맞아서 그러는데. 교환할 수 있을 까요?)」라고 했다. 즉 이 여자는 코트를 교환하러 온 것을 알 수 있으니 답은 3번이고, 따라서 1번과 2번은 오답이 된다. 코트를 예약한 것은 원하는 사이즈가 없어서 어쩔 수 없이 한 것이지 처음부터 코트 예약하러 온 것은 아니므로 4번도 오답이다.

어휘 サイズが合う(사이즈가 맞다) | 交換(교환) | ただ今(지금 현재) | 以外(이외) | 売り切れ(품절) | 在庫(재고) | 状態(상태) | 入荷 (입하, 입고) | 再来週(다다음주) | 期間が過ぎる(기간이 지나다) | 購入(구입) | なさる(하시다) | ひとまず(일단, 우선) | 返品(반 품) | 希望(희망) | 新たに(새로)

問題 4 問題4では、えを見ながら質問を聞いてくださ い。やじるし（➡）の人は何と言いますか。1 から3の中から、最もよいものを一つえらんで ください。

문제 4 문제4 문제 4에서는 그림을 보면서 질문을 들으세 요. 화살표(➡)의 사람은 뭐라고 말합니까? 1부터 3 안에서 가장 적절한 것을 하나를 고르세요.

例

公園です。写真を撮ってほしいと言われました。何と言いま すか。

F：1　　では、撮りますよ。
　　2　　撮りましょうか。
　　3　　よろしくお願いします。

예 **정답** 1

공원입니다. 사진을 찍어 달라고 했습니다. 뭐라고 말합니까?

F：1　그럼, 찍겠습니다.
　　2　찍어드릴까요?
　　3　잘 부탁드립니다.

1番

遠くへ引っ越すことになりました。隣の家の人に挨拶をし ます。何と言いますか。

F：1　今まで本当にお世話になりました。
　　2　残念ですが、またいつか拝見しましょうね。
　　3　どうも長い時間お邪魔しました。

1번 **정답** 1

멀리 이사가게 되었습니다. 옆집 사람에게 인사합니다. 뭐라고 말 합니까?

F：1　지금까지 정말 신세 많이졌습니다.
　　2　아쉽지만, 또 언젠가 봅시다.
　　3　오랜 시간 실례했습니다.

해설「今まで本当にお世話になりました(지금까지 정말 신세 많이졌습니다)」는 헤어질 때 하는 인사 표현으로 먼 곳에 이사 가는 상황에서 옆집 사람에게 할 수 있는 적절한 표현이다. 2번의「拝見する」는「見る」의 겸양어로 이 경우에는 '또 만나자'라고 해야 맞으므로 오답이 다. 3번은 상대 집이나 사무실에 있다가 돌아갈 때 쓰는 표현이므로 오답이다.

어휘 遠く(먼 곳) | 引っ越す(이사하다) | 隣の家(옆집) | 挨拶(인사) | お世話になりました(신세졌습니다) | 残念だ(아쉽다) | 拝見す る(見る의 겸양어) | お邪魔しました(실례했습니다)

2番

駅にいます。線路に落としてしまった定期券を拾いたいで す。駅員に何と言いますか。

F：1　すみません。取るのが大変ですよ。

2번 **정답** 2

역에 있습니다. 선로에 떨어트린 정기권을 줍고 싶습니다. 역무원에 게 뭐라고 말합니까?

F：1　실례합니다. 줍는 게 힘들어요.

2　すみませんが、取ってもらえませんか。

3　定期券、拾ってもいいですよ。

2　죄송하지만, 주워 주실 수 있을까요?

3　정기권, 주워도 돼요.

해설 선로에 정기권을 떨어뜨려 역무원에게 부탁하는 장면이니 2번 표현을 사용해야 자연스럽다. 1번은 맥락이 맞지 않으며, 3번은 부탁할 때 쓰는 표현이 아니라 상대방이 동작하는 것을 허락할 때 쓰는 표현이므로 부적절한 표현이다.

어휘 線路(선로) | 落とす(떨어트리다) | 定期券(정기권) | 拾う(줍다)

3番

友達に、飲みに行こうと誘われました。用があるので断りたいです。何と言いますか。

M：1　仕方ない、次はとことん飲もう。

2　悪いけど、先に行ってもらえるかな。

3　今日は約束があるから、またの機会に。

3번 **정답** 3

친구에게 술 마시러 가자고 권유 받았습니다. 볼 일이 있어서 거절하고 싶습니다. 뭐라고 말합니까?

M：1　어쩔 수 없지, 다음엔 실컷 마시자

2　미안한데, 먼저 가 줄래?

3　오늘은 약속이 있으니까, 또 다음 기회에

해설 일본어에서는 보통 돌려 말하며 완곡히 거절하는데 그중 한 가지 표현이 바로 「またの機会に」로 답은 3번이다. 1번은 술 먹자고 권유한 사람이 거절당했을 때 하는 말이고, 2번은 상대보고 먼저 가 있으면 나중에 가겠다는 말이므로 거절의 표현이 아니다.

어휘 誘う(권유하다) | 用がある(볼 일이 있다) | 断る(거절하다) | 仕方ない(어쩔 수 없다) | とことん(끝까지, 철저하게, 실컷) | 悪いけど(미안한데) | 先に(먼저) | またの機会に(또 다음 기회에)

4番

スーパーのレジです。袋が必要か確かめたいです。何と言いますか。

F：1　袋はご利用になりますか。

2　もう少し大きな声で言ってください。

3　袋を買ったほうがいいですか。

4번 **정답** 1

슈퍼 계산대입니다. 봉지가 필요한지 확인하고 싶습니다. 뭐라고 말합니까?

F：1　봉지 이용하시나요?

2　좀더 큰 목소리로 말해주세요.

3　봉투를 사는 편이 좋을까요?

해설 봉지가 필요한지 확인하고 싶을 때 사용할 수 있는 적절한 표현은 1번이다. 2번과 3번은 손님이 점원에게 할 수 있는 말이므로 맥락에 맞지 않은 표현이니 적절하지 않다.

어휘 レジ(계산대) | 袋(봉지) | 確かめる(확인하다) | ご利用になる(이용하시다)

問題5では、問題用紙に何もいんさつされていません。まず文を聞いてください。それから、そのへんじを聞いて、1から3の中から、最もよいものを一つえらんでください。

제 5에서는 문제지에 아무것도 인쇄되어 있지 않습니다. 먼저 문장을 들으세요. 그리고 나서 그 문장에 맞는 대답을 듣고 1부터 3 안에서 하나를 고르세요.

例

M：久しぶりだね。元気だった？忙しかったの？

F：1 うん、私には難しい仕事だったの。
　　2 うん、息つく暇なく過ごしてたわ。
　　3 うん、目を回して過ごしてたわ。

예 정답 2

M：오랜만이야. 잘 지냈어? 바빴어?

F：1 응, 나한테는 어려운 일이었어.
　　2 응, 숨 돌릴 틈도 없이 지냈어.
　　3 응, 눈 굴리고 지냈어.

1番

F：ああ、楽しかった。あっという間に終わっちゃった気がするね。

M：1 とても短い映画だったね。
　　2 こんなに面白い映画、初めてだよ。
　　3 途中で飽きちゃったよね。

1번 정답 2

F：아아, 즐거웠다. 금세 끝나버린 기분이 드네.

M：1 매우 짧은 영화였어.
　　2 이렇게 재밌는 영화 처음이야.
　　3 도중에 싫증나 버렸어.

해설 영화를 보고나서 재미있어서 영화가 '금세 끝난 것 같다'는 말에 가장 어울리는 반응은 2번이다. 즉 상대도 재미있었다는 말에 맞장구 치고 있는 것이다. 실제 상영시간이 정말 짧았다는 말이 아니므로 1번은 오답이고 3번은 재미있었다는 말과 맥락이 맞지 않아 오답이다.

어휘 あっという間に(금세, 순식간에)｜気がする(기분이 들다)｜初めて(처음)｜途中(도중)｜飽きる(싫증나다, 질리다)

2番

M：明日の集まり、欠席させていただけないでしょうか。

F：1 ええ、用事があるんでしたよね。
　　2 はい、ありがたくいただきます。
　　3 ええ、どうも体調が良くならなくて。

2번 정답 1

M：내일 모임, 결석해도 괜찮을까요?

F：1 네, 볼 일이 있다고 했었죠.
　　2 네, 감사히 받겠습니다.
　　3 네, 도무지 몸 상태가 좋아지지 않아서.

해설 우선「させていただく」에 대해 알아야 한다. 사역동사에「いただく」를 접속하면 상대의 허가를 받아 화자가 그 행동을 하겠다는 말이 된다. 즉 남자는 내일 모임에 결석해도 되겠냐고 묻고 있고, 이 말에 대한 가장 자연스러운 반응은 1번이 된다. 2번은 상대에게 물건을 받았을 때 감사하며 받을 때 사용하는 표현이고, 3번은 내일 결석해야 하는 이유로 남자가 해야 하는 말이다.

어휘 集まり(모임)｜用事(볼 일)｜どうも(도무지)｜体調(몸 상태)

3番

F：昨日、真子ちゃん、すぐに帰っちゃったよね。

3번 정답 2

F：어제, 마코 금방 돌아가버렸었지.

M：1　午後3時くらいだと思うよ。

　　2　歯医者、予約していたんだって。

　　3　そうなんだ。いつ帰るの？

M：1　오후 3시 정도라고 생각해.

　　2　치과 의사 예약했었대.

　　3　그렇구나. 언제 돌아가?

해설　금방 돌아갔다는 말에 대해 왜 그랬는지 이유를 설명하고 있는 2번의 반응이 가장 자연스럽다. 구체적으로 돌아간 시간을 묻는 게 아니므로 1번은 오답이고, 3번은 미래의 일에 대해 묻는 의미가 되므로 문맥과 맞지 않는다.

어휘　歯医者(치과 의사)｜～だって(~래)

4番

F：レポートはいつまでに出せばいいですか。

M：1　あの窓の近くにある机に出しておいてください。

　　2　24日までなら、いつでもいいですよ。

　　3　昨日完成しました。

4번　정답　2

F：레포트는 언제까지 내면 될까요?

M：1　저 창문 근처에 있는 책상에 제출해 주세요.

　　2　24일까지라면, 언제든지 좋습니다.

　　3　어제 완성되었습니다.

해설　레포트를 「いつまでに(언제까지)」 제출하냐고 물었으니, 당연히 제출 기한을 언급한 2번이 가장 적당한 반응이다. 1번은 제출 장소이고, 3번은 언제 완성되었냐는 질문이 아니므로 적절치 않다.

어휘　いつまでに(언제까지)｜近く(근처)｜完成(완성)

5番

F：では、また近いうちにそちらに伺いますので。

M：1　はい、お待ください。

　　2　はい、お待ちしております。

　　3　はい、お待になってください。

5번　정답　2

F：그럼 또 가까운 시일 내에 그쪽에 찾아 뵙겠으니.

M：1　네, 기다려 주세요.

　　2　네, 기다리고 있겠습니다.

　　3　네, 기다려 주세요.

해설　여자가 「また近いうちにそちらに伺いますので(또 가까운 시일 내에 그쪽에 찾아 뵙겠으니)」라고 했으니 이에 대한 가장 적절한 대답은 2번이다. 1번은 기다려 주세요, 3번은 1번의 존경 표현인데, 상대보고 기다리라고 하는 표현이 나올 상황이 아니므로 둘 다 잘못된 반응이다.

어휘　近いうちに(가까운 시일 내에, 곧)｜伺う(찾아 뵈다)

6番

M：いや、そんな。ただでもらうわけにはいきませんよ。

F：1　では、まず正しいかどうかを考えますね。

　　2　遠慮なさらず、受け取ってください。

　　3　だったら2千円あげましょうよ。

6번　정답　2

M：아니 그런, 공짜로 받을 수는 없어요.

F：1　그럼 먼저, 맞는지 아닌지를 생각합니다.

　　2　사양하지 마시고, 받아 주세요.

　　3　그렇다면, 2천엔 줍시다.

해설　「～わけにはいかない」는 '~할 수는 없다'라는 표현으로 남자는 공짜로 받는 것을 사양하고 있음을 알 수 있고 이에 대한 적절한 반응은 2번이 된다. 「ただ」가 들렸다고 「正しい」가 나온 1번을 고르지 않도록 유의하자. 여자가 물건을 공짜로 주는 입장이란 것을 알 수 있는

데 여기에 다시 2천엔을 더 얹어 주겠다고 말하고 있는 3번도 적절치 못한 대답이다

어휘 いや(아니) | ただ(공짜) | ～わけにはいきません(~할 수는 없습니다) | 正しい(맞다, 옳다) | ～かどうか(~인지 아닌지) | 遠慮なさらず(사양하지 마시고) | 受け取る(받다, 수취하다) | だったら(그렇다면)

7番

F : このたくさんの荷物、どうやって片付けようか。

M : 1　うん、早く片付けたら？
　　2　結構きれいになっちゃったね。
　　3　山田さんにも手伝ってもらおうよ。

7번 정답 3

F : 이 많은 짐들, 어떻게 정리를 할까?

M : 1　응, 빨리 정리하지 그래?
　　2　꽤 깨끗하게 됐네.
　　3　야마다 씨한테도 도와 달라고 하자.

해설 짐이 너무 많아서 어떻게 해야 할 지 고민하고 있는 상황이므로, 해결책을 제시하는 대답이 나와야 하는데 해결책을 제시한 대답은 3번이다. 남녀 두 사람이 함께 정리하자는 내용인데, 1번은 여성보고 혼자 정리하라는 내용이므로 답이 될 수 없고, 2번은 이미 정리가 다 끝나서 깨끗해진 상태이므로 맞지 않는다.

어휘 どうやって(어떻게) | 片付ける(정리하다, 치우다) | 結構(꽤) | 手伝う(돕다)

8番

F : もうすっかり暗くなっちゃったね。私、早く帰らなきゃ。

M : 1　ぼくもそろそろ買おうかな。
　　2　気をつけて帰ってね。
　　3　うん、変えないとまずいね。

8번 정답 2

F : 이제 완전 어두워졌네. 나 빨리 돌아가야해.

M : 1　나도 슬슬 살까?
　　2　조심해서 돌아가.
　　3　응, 바꾸지 않으면 안 좋겠네.

해설 어두워져서 이제 돌아가겠다는 사람에게 할 수 있는 가장 적절한 반응은 2번이다. 「気をつけて帰ってね(조심해서 들어가)」는 헤어질 때 사용하는 표현이다. 1번은 맥락에 맞지 않으므로 오답, 3번은 「帰る(돌아가다)」와 「変える(바꾸다)」를 제대로 구분할 수 있는지를 묻기 위해 나온 표현으로 오답이다.

어휘 すっかり(완전히) | ～なきゃ(~해야지) | そろそろ(슬슬) | 気をつける(조심하다) | 変える(바꾸다) | まずい(좋지 않다)

9番

M : ここまで壊れちゃったら、もう直しようがないなあ。

F : 1　よかった。もう直らないかと思ったよ。
　　2　えー、卒業するまでずっと使いたかったのに。
　　3　そっか、いつまでに直せそう？

9번 정답 2

M : 여기까지 부서져버렸으면 이제 고칠 방법이 없어.

F : 1　다행이다. 이제 고쳐지지 않을 것이라고 생각했어.
　　2　에~, 졸업할 때까지 계속 사용하고 싶었는데.
　　3　그렇구나, 언제까지 고칠 수 있을 것 같아?

해설 우선 「～ようがない」란 표현을 알아야 하는데, '~할 방법이 없다, 도리가 없다'라는 뜻이다. 즉 더 이상 '고칠 수가 없다'라는 말을 남자가 했고, 이 말에 가장 적당한 반응은 더 이상 사용할 수 없게 된 사실에 아쉬움을 나타내고 있는 2번이다. 1번은 남자가 한 말과 반대되는 말, 즉 고칠 수 있을 것이라는 표현이므로 오답이고, 3번 역시 고칠 수 있다는 표현이므로 남자가 한 말과 내용이 모순된다.

어휘 壊れる(부서지다, 고장나다) | 直す(고치다) | ～ようがない(~할 방법이 없다) | 直る(고쳐지다) | ずっと(쭉, 계속)

언어지식(문자·어휘)

問題1		問題4	
1	2	26	2
2	1	27	1
3	2	28	1
4	1	29	3
5	4	30	1
6	3	**問題5**	
7	1	31	4
8	4	32	2
問題2		33	4
9	4	34	3
10	1	35	1
11	2		
12	1		
13	3		
14	2		
問題3			
15	2		
16	2		
17	1		
18	3		
19	3		
20	2		
21	1		
22	3		
23	1		
24	3		
25	2		

언어지식(문법)·독해

問題1		問題4	
1	3	24	1
2	2	25	2
3	1	26	3
4	3	27	4
5	3	**問題5**	
6	1	28	3
7	4	29	2
8	1	30	1
9	3	31	2
10	2	32	3
11	3	33	1
12	3	**問題6**	
13	3	34	4
問題2		35	3
14	2	36	3
15	3	37	3
16	2	**問題7**	
17	4	38	3
18	1	39	3
問題3			
19	2		
20	1		
21	3		
22	4		
23	1		

청해

問題1		問題4	
1	4	1	1
2	2	2	2
3	4	3	2
4	2	4	2
5	3	**問題5**	
6	2	1	2
問題2		2	3
1	2	3	1
2	2	4	3
3	2	5	3
4	2	6	3
5	2	7	3
6	1	8	3
問題3		9	2
1	2		
2	2		
3	3		

본책 123 페이지

1교시　언어지식(문자·어휘)

問題 1 _____단어의 읽는 법으로 가장 알맞은 것을 1·2·3·4에서 하나 고르세요.

1　정답 2

많은 사람이 영화를 보고 눈물을 흘렸다.

해설「流」의 훈독은「ながす(흘리다)」와「ながれる(흐르다)」가 있다. 음독「りゅう」도 자주 나오니 꼭 기억해 두자. 다른 선택지 1 垂らした(늘어뜨렸다), 3 落とした(떨어뜨렸다), 4 濡らした(적셨다)도 함께 알아 두자.

빈출 流れる(흐르다)｜一流(일류)｜流行(유행)｜交流(교류)

어휘 多くの人(많은 사람)｜涙(눈물)

2　정답 1

저 점원은 언제나 친절하게 응대해 준다.

해설「応」의 음독은「おう」이며,「対」의 음독은「たい」이므로「応対」는「おうたい(응대)」로 읽는다. 다른 선택지 2 応接(응접), 3 応援(응원), 4 応用(응용)의 읽는 법도 함께 알아 두자.

빈출 対応(대응)｜反対(반대)｜絶対(절대)

어휘 店員(점원)｜丁寧だ(정중하다, 공손하다)

3　정답 2

이 비행기는 오후 3시에 한국에 도착합니다.

해설「到」의 음독은「とう」이며「着」의 음독은「ちゃく」이므로,「到着」은「とうちゃく(도착)」으로 읽는다. 우리말 발음과 헷갈리지 않도록 유의하자.

빈출 至る(이르다, 도달하다)｜着く(도착하다)｜着る(입다)

어휘 飛行機(비행기)｜午後(오후)

4　정답 1

어제 인터넷으로 주문한 옷이 벌써 집에 도착했다.

해설「注」의 음독은「ちゅう」이며「文」의 음독은「ぶん・もん」인데,「注文」은「ちゅうもん(주문)」이라고 읽는다.「文」은 음독이「ぶん・もん」두 가지가 있으니 잘 기억해두자.

빈출 注意(주의)｜注目(주목)｜注射(주사)｜文句(불평, 불만)｜作文(작문)｜文化(문화)｜文章(문장)

어휘 服(옷)｜届く(도착하다)

5　정답 4

저 사람은 거짓말만 해서 신용할 수 없다.

해설「信」의 음독은「しん」이고,「用」의 음독은「よう」이므로「信用」은「しんよう(신용)」이라고 읽는다.

빈출 信じる(믿다)｜自信(자신)｜信号(신호)｜送信(송신)｜利用(이용)｜用事(볼일, 용건)｜応用(응용)｜用意(준비)

어휘 うそをつく(거짓말하다)

6　정답 3

저는 출퇴근 시간에 책 읽는 것을 좋아합니다.

해설「通」의 음독은「つう」이고「勤」의 음독은「きん」이므로,「通勤」은「つうきん(통근, 출퇴근)」으로 읽는다.「通」은 훈독이「かよう・とおす・とおる」3가지 있으니 잘 정리하여 기억해두자.

빈출 通る(지나가다)｜通う(다니다)｜通じる(통하다)｜共通(공통)｜通知(통지)｜交通(교통)｜通訳(통역)｜普通(보통)｜勤める(일하다, 근무하다)｜勤務(근무)｜出勤(출근)

어휘 読む(읽다)

7　정답 1

역 근처에 SNS에서 화제가 되고 있는 레스토랑이 생겨서 추운 날씨에 줄을 섰다.

해설「並」의 훈독은「ならぶ(줄 서다)」와「ならべる(나란히 세우다, 늘어 놓다)」가 있다. 다른 선택지 2 浮かんだ(떠올랐다), 3 選んだ(골랐다), 4 頼んだ(부탁했다)도 필수 어휘이니 함께 알아 두자.

빈출 並べる(나란히 세우다, 늘어 놓다)｜並行(병행)

어휘 駅(역)｜近く(근처, 가까운 곳)｜話題(화제)

8　정답 4

딸이 잘하는 과목은 영어입니다.

해설 「得」의 음독은 「とく」이고, 「意」의 음독은 「い」이므로 「得意だ」는 「とくいだ(잘한다, 자신 있다)」로 읽는다. 반대어 「苦手だ(서툴다, 자신 없다)」도 함께 기억하자.

빈출 得る·得る(얻는다) | 意識(의식) | 意外(의외) | 意見(의견) | 意志(의지) | 意味(의미) | 用意(준비)

어휘 娘(딸) | 科目(과목) | 満点をとる(만점을 받다)

問題2 ＿＿＿ 단어를 한자로 쓸 때, 가장 알맞은 것을 1·2·3·4에서 하나 고르세요.

9 정답 4

약속시간부터 30분이나 기다리게 하다니 심하잖아.

해설 「待つ(기다리다)」의 사역형 「待たせる(기다리게 하다)」를 묻고 있는 문제이다. 「持つ(갖다, 들다)」와 헷갈리지 않도록 주의하자.

빈출 期待(기대) | 招待(초대)

어휘 約束(약속) | ~なんて(~라니) | ひどい(심하다, 너무하다)

10 정답 1

병원에서 몸 검사를 했습니다.

해설 「けんさ」는 '검사'라는 뜻으로, 한자로 쓰면 「検査」가 된다.

빈출 検討(검토) | 調査(조사)

어휘 病院(병원)

11 정답 2

차 기름이 이제 곧 떨어지기 때문에 주유소에 들렀다.

해설 「から」는 비었다는 뜻으로 한자로 쓰면 「空」이 된다. 「空になる」는 '텅 비다'라는 뜻이다. 또한 「空(공)」은 「そら(하늘)」로도 읽을 수 있으니 문맥을 잘 보고 판단하자.

빈출 空(하늘) | 空港(공항) | 空気(공기)

어휘 車(차) | ガソリン(가솔린) | もうすぐ(이제 곧) | ガソリンスタンド(주유소) | 寄る(들르다)

12 정답 1

매일 일에 쫓겨서 친구와 만날 시간이 없다.

해설 「おう」는 '쫓다, 뒤따르다'라는 뜻으로 한자로 쓰면 「追う」가 된다. 문제에 나와 있는 수동형 「~に追われる(~에 쫓기다)」도 기억해두자.

빈출 追加(추가)

어휘 仕事(일)

13 정답 3

죄송합니다. 승차권을 전철 안에서 잃어버렸습니다.

해설 「じょうしゃけん」은 '승차권'이란 단어로, 한자로 쓰면 「乗車券」이 된다.

빈출 乗務員(승무원) | 停車(정차) | 駐車(주차) | 列車(열차) | 車道(차도)

어휘 無くす(잃어버리다, 없애다)

14 정답 2

아직 격렬한 운동은 할 수 없습니다.

해설 「はげしい」는 '격렬하다'라는 뜻으로 한자로 쓰면 「激しい」가 된다. 다른 선택지 1 忙しい(바쁜), 3 難しい(어려운), 4 美しい(아름다운)도 함께 기억해두자.

빈출 感激(감격) | 急激(급격)

어휘 運動(운동)

問題3 (   )에 들어갈 것으로 가장 알맞은 것을 1·2·3·4에서 하나 고르세요.

15 정답 2

그는 다른 사람에게 무슨 말을 듣던지 태연한 얼굴을 하고 전혀 신경 쓰지 않는다.

해설 「平気」는 '차분한, 침착한, 동요하지 않는'이란 뜻으로, 문맥상 '~한 얼굴(표정)을 하다'에 들어갈 수 있는 단어는 2번 「平気」 뿐이다.

오답 1 安全(안전) 2 異常(이상) 4 十分(충분한)

어휘 全然(전혀) | 気にする(신경을 쓰다)

16 정답 2

이불을 말리는 가장 큰 이유는, 습기를 날리기 위해서라고 한다.

해설 「干す」에는 '햇볕이나 바람에 말려서 수분을 없애다'라는 뜻이 있는데, 문장 뒤 부분에서 '습기를 날리기 위해서라고 한다'고 설명하고 있으므로 빈 칸에 들어갈 단어는 2번이 적당하다.

오답 1 迷う(헤매다, 망설이다) 3 掲げる(내걸다, 올리다) 4 挙げる(예시를 들다)

어휘 布団(이불) | 湿気(습기) | 飛ばす(날리다)

17 정답 1

컴퓨터는 퍼포먼스(성능)을 잘 (비교) 하고 나서 사는 편이 좋다.

해설 「パフォーマンス」에는 '1 연극, 무대 등의 위에서 하는 연기, 몸짓, 2 기계의 가격 대비 성능'이라는 뜻이 있으며, 여기에서는 '컴퓨터 성능'이란 뜻이 된다. 「比較(비교)」는 '2개 이상의 차이점 등을 비교하는 것'이란 뜻이며, 「区別(구별)」은, '어떤 것을 종류와 차이에 따라 나누다'라는 의미인데, 이 문장에서는 성능을 나누는 것이 아니라 '비교해 보고 사야 한다'가 자연스러우므로 정답은 1번이 된다.

오답 2 配達(배달) 3 競争(경쟁) 4 区別(구별)

어휘 パソコン(컴퓨터) | パフォーマンス(퍼포먼스) | ～た方がいい(~하는 편이 좋다)

18 정답 3

저는 자기 전에 알람을 7시에 (맞춰 놓습니다).

해설 「アラーム」는 '알람'이란 뜻인데, 관용적으로 쓰이는 「アラームをセットする(알람을 맞추다)」도 기억해두자. 또한 「テーブルをセットする(테이블을 세팅하다)」처럼 사용할 수도 있으니 체크해두자.

오답 1 クリアー(클리어) 2 チェンジ(체인지) 4 スイッチ(스위치)

어휘 アラーム(알람)

19 정답 3

학교에서 지진이 일어났을 때 적절한 (행동)을 취할 수 있도록 제대로 훈련합시다.

해설 본문은 '지진이 일어났을 때 적절한 ~를 취할 수 있도록 훈련하자'라는 내용이다. 선택지 중 문맥이 통하는 단어는 3번 「行動(행동)」이며, 「行動を取る(행동을 취하다)」를 기억해두자. 이 문제에서는 가능형 「行動を取れる(행동을 취할 수 있다)」가 쓰였다.

오답 1 主張(주장) 2 進行(진행) 4 運動(운동)

어휘 地震(지진) | 適切だ(적절하다) | しっかり(제대로, 단단히) | 訓練(훈련)

20 정답 2

아까부터 저 점원이 (빤히) 쳐다보고 있는 느낌이 들어.

해설 괄호 뒤에 「見る(보다)」가 등장하는데, 문맥상 어울리는 단어는 2번 「じろじろ(빤히, 뚫어지게)」이다. 「じろじろ見る(빤히, 뚫어지게 보다)」로 기억해 두자.

오답 1 ふらふら(휘청휘청) 3 ごろごろ(데굴데굴) 4 うきうき(들뜬 모습)

어휘 さっきから(아까부터) | 店員(점원) | 気がする(느낌이 들다)

21 정답 1

일본은 (사계절)이 뚜렷하다고 알려져 있습니다.

해설 본문에서 '일본은 ~가 뚜렷하다'라고 했는데 자연스럽게 이어질 수 있는 것은 1번 「四季(사계, 사계절)」뿐이다.

오답 2 風景(풍경) 3 変化(변화) 4 年間(연간)

어휘 はっきり(확실히, 뚜렷이)

22 정답 3

이 전철은 10시 55분에 출발하는 간사이 공항(행)입니다.

해설 「～行き」는 목적지를 나타내는 명사에 접속하여, 그 '목적지 행'이란 뜻을 나타낸다. 나머지 선택지 단어도 많이 쓰이는 어휘이니 함께 기억해 두자.

오답 1 沿い(~따라 난 길) 2 向き(~용) 4 付き(~부, 딸림)

어휘 ～発(~발, 출발) | 関西空港(간사이 공항)

23 정답 1

운동을 위해서 (일부러) 멀리 돌아 집에 간다.

해설 문맥을 보면 가까운 거리를 택하면 금방 갈 수 있음에도, 운동을 하기 위해 '일부러' 멀리 돌아간다는 내용임을 알 수 있다. 따라서 정답은 1번 「わざと(일부러)」가 된다.

오답 2 およそ(대략) 3 まさか(설마) 4 まるで(마치)

어휘 運動(운동) | 遠回りをする(멀리 돌아가다)

24 정답 3

다음 화면에서 티켓을 (받을) 장소를 선택해 주세요.

해설 「受け取る」에는 '1 물건을 받다, 수취하다, 2 다른 사람의 행동이나 말 등을 이해하다, 해석하다'는 뜻이 있는데, 이 문장에서는 '티켓을 ( ) 장소를 선택하라고 했으니 괄호에는 3번이 들어가야 자연스러운 문장이 된다. 4번의 「引き受ける」는 '어떤 역할을 맡다, 담당하다'는 뜻이므로 답이 될 수 없다.

오답 1 話し合う(논의하다) 2 飛び出す(뛰어 나가다) 4 引き受ける(맡다)

어휘 画面(화면) | 選択(선택)

정답 2

> 아이들이 자고 있으니 문은 (살짝) 닫아.

해설 아이들이 자고 있으면 큰소리 나지 않게 조심해야 할 것이니 정답은 2번 「そっと(살짝, 가만히)」가 된다. 1번 「じっと(가만히)」는 소리를 내지 않는다는 뜻이 아니라, 움직임이 없다는 뜻이므로 오답이고, 4번 「しんと(조용한 모습)」은 동작에 쓰는 표현이 아니라, 조용한 상황에 대해 쓰는 표현이니 역시 오답이다.

오답 1 じっと(가만히) 3 ほっと(안심하는 모습) 4 しんと(조용한 모습)

어휘 閉める(닫다)

問題 4　＿＿＿에 들어갈 것으로 가장 알맞은 것을 1·2·3·4에서 하나 고르세요.

26 **정답** 2

> 우리 형은 급한 성격이다.

해설 「短気だ」는 '성질이 급하다, 급한 성질이다'란 뜻으로 가장 가까운 표현은 2번 「怒りっぽい(화를 잘 내다)」이다. 유의어 「気が短い(성미가 급하다)」도 같이 기억해 두자.

오답 1 大人っぽい(어른스럽다) 3 学生っぽい(학생 같다) 4 忘れっぽい(잘 잊어버린다)

어휘 性格(성격)

27 **정답** 1

> 11시 40분이 되면 답안지를 회수하겠습니다.

해설 「回収する」는 '회수하다'라는 뜻으로, '사람들에게 나누어 주었던 물건을 다시 모은다'라는 의미이다. 가장 가까운 유의어는 1번 「集めます(모읍니다)」이다.

오답 2 配ります(나누어 줍니다) 3 探します(찾습니다) 4 回します(돌립니다)

어휘 回答(회답, 답) | 用紙(용지)

28 **정답** 1

> 실례합니다, 이 치마를 입어 봐도 될까요?

해설 「試着」는 '시착'이란 뜻이다. '시착'이란 옷을 사기 전에 맞는지 확인하기 위해 시험 삼아 입는 행위를 가리키므로, 가장 의미가 가까운 단어는 1번 「はいても((바지, 치마 등) 입다)」이다.

오답 2 被っても((모자 등) 써봐도) 3 作っても(만들어도) 4 使用しても(사용해도)

어휘 すみません(실례합니다, 저기요)

29 **정답** 3

> 아버지 수술은 무사히 끝났습니다.

해설 「無事に」는 '무사히'란 뜻으로 어떤 일이 특별한 문제없이 진행되는 모습을 의미하므로, 정답은 3번 「問題なく(문제없이)」가 된다.

오답 1 事前に(사전에) 2 心配もなく(걱정도 없이) 4 安定に(안정적으로)

어휘 手術(수술)

30 **정답** 1

> 오래 기다리셨습니다, 곧 공연을 시작하겠습니다.

해설 「間もなく」는 '곧, 이윽고, 머지않아'란 뜻이므로, 가장 가까운 단어는 1번 「もうすぐ(이제 곧)」이다. 「お待たせいたしました」는 기다린 사람들에게 감사와 사과를 나타내는 정중한 표현이다.

오답 2 やっと(겨우) 3 実際に(실제로) 4 たまに(가끔)

어휘 開演(개연. 음악, 연극 등을 시작함)

問題 5　다음 단어가 가장 알맞게 사용된 것을 1·2·3·4에서 하나 고르세요.

31 **정답** 4

> 걱정하지 마. 단지 지쳐 있을 뿐이야.

해설 「単に」는 '단지, 그저, 다만'이란 뜻으로 가장 맞게 쓰인 문장은 4번이다. 「単に」는 뒤에는 「〜だけ・〜のみ(~만, ~뿐)」가 오는 경우가 많다는 것도 함께 기억해두자.

오답 1번은 「決して(결코)」, 2번은 「たくさんの(많은)」, 3번은 「いちいち(하나하나, 일일이)」가 들어가야 자연스러운 문장이 된다.

어휘 30年近くも(30년 가까이나) | 町(마을) | 通り(거리) | あちこち(여기저기) | すっかり(완전히) | 年をとる(나이를 먹다) | 昔(옛날) | 思い出す(생각해 내다) | 心配する(걱정하다) | 楽しい(즐겁다) | 〜だけ(~뿐)

32 **정답** 2

> 그는 아침부터 밤까지 일에 열중해 있었다.

해설 「夢中だ(열중하다, 몰두하다)」는, '다른 것을 잊고 하나에 집중하다'라는 의미이며, 「熱中(열중)」은 연구나 학문 등

'어떤 의미 있는 것, 좋아하는 것에 임한다'는 뜻으로 주로 '스포츠나 취미 등에 열중한다'처럼 사용된다. 2번 문장에는 '일에 집중한 나머지 다른 것을 하지 못하다'라는 뉘앙스가 담겨 있으므로 정답은 2번이 된다.

오답 1번에는 「努力(노력)」, 3번은 「集中(집중)」, 4번은 「熱中(열중)」이 들어가야 자연스러운 문장이 된다.

어휘 医者(의사) | もっと(더욱) | 必要だ(필요하다) | 朝から晩まで(아침부터 밤까지) | 試合(시합) | 読書(독서) | 気づく(깨닫다, 알다)

---

33 정답 4

그가 지금까지 거짓말하고 있던 것은 <u>분명합니다</u>.

해설 「明らかだ」는 '명백하다, 분명하다'라는 뜻으로 가장 자연스러운 문장은 4번이다.

오답 1번은 「はっきり(확실하게)」, 2번은 「全部(전부)」, 3번은 「わがまま(제멋대로임)」가 되어야 자연스러운 문장이 된다.

어휘 答え(답, 대답) | 鉛筆(연필) | 解決(해결) | ～てほしい(~하기 바라다) | 約束(남의 일) | 守る(지키다) | 解格(성격) | 嘘をつく(거짓말하다)

---

34 정답 3

그는 사람보는 눈이 있어서, 도움을 받을 수 있다니 <u>믿음직하다</u>.

해설 「頼もしい」는 '믿음직하다, 미덥다'라는 뜻의 사람에게 쓰이는 표현으로 가장 맞게 쓰인 문장은 3번이다.

오답 1번은 「見たくて(보고 싶어서)」, 2번은 「貧しい(가난하다)」, 4번은 「広い(넓다)」가 되어야 자연스러운 문장이 된다.

어휘 公開(공개) | チケット(티켓) | 予約(예약) | 小さい頃(어렸을 때) | まともに(제대로, 변변히) | 生活(생활) | 人を見る目がある(사람을 보는 눈이 있다) | 手伝う(돕다) | 観光客(관광객)

---

35 정답 1

파이를 만들 때에는 사과를 같은 크기로 <u>가지런하게</u> 자릅니다.

해설 「揃える」는 '가지런히 하다, 맞추다, 일치시키다'라는 뜻으로 가장 맞게 쓰인 문장은 1번이다.

오답 2번은 「集める(모으다)」, 3번은 「合わせて(맞추어)」, 4번은 「浮かべる(띄우다)」가 들어가서 「涙を浮かべて(눈물을 글썽이고)」가 되어야 자연스러운 문장이 된다.

어휘 パイ(파이) | りんご(사과) | 大きさ(크기) | 飲み会(회식) | 村(마을) | 祭り(축제) | 音楽(음악) | 踊る(춤추다) | 涙(눈물)

1교시 언어지식(문법)

본책 131 페이지

問題 1 **다음 단어가 가장 알맞게 사용된 것을 1·2·3·4에서 하나 고르세요.**

1 정답 3

(전화로)

점원 "그러면 금요일 같은 시간으로 예약 변경이라는 것(으로) 괜찮으실까요?"

손님 "네, 잘 부탁드립니다."

해설 ★ ～で : ～로

「명사 + で」는 '충분하다, 만족하다'는 의미를 나타낼 때 쓰이는 경우가 있다. 예를 들면 「これでいいです(이것으로 좋습니다)」에서 「で」는, '충분하다, 족하다, 만족하다'는 의미를 나타낸다. 이 문장에서는 점원이 '금요일로 변경으로 괜찮냐'고 묻고 있으므로 3번이 정답이다.

오답 1 を(을/를) 2 と(와/과) 4 に(~에, ~에게)

어휘 予約(예약) | 変更(변경)

2 정답 2

나는, 남자친구를 약을 사러 (보냈다).

해설 ★ ～せる・～させる : ~하게 하다, ~시키다

「동사 ない형 + せる・させる」는 '~하게 하다, ~시키다'라는 뜻의 사역표현이다. 이 문장에서는 '내가 남자친구에게 (약을 사러) 시키다'이므로 사역형 표현이 들어가야 문장이 자연스럽게 연결된다. 1번 行かれた('상대에게' 가는 행위를 당하다)는 수동형, 3번 行かせられた와 4번 行かされた('가기 싫은데 억지로' 갔다)는 '사역 수동'이다.

오답 1 行かれる(상대가 가다) 3 行かせられる (억지로 가다) 4 行かされる(억지로 가다)

어휘 彼氏(남자친구) | 薬(약)

③ 정답 1

다무라　"어제 보낸 회의 자료는 (보셨습니까?)"
모리타　"네. 봤습니다."

해설 ★ ご覧になる : 보시다
「ご覧になる」는 '보시다'란 뜻으로, 見る의 존경어이다. 어제 보낸 자료를 상대에게 보았냐고 묻고 있는데, 상대의 행위이므로 존경어로 높여 표현해야 한다. 그리고, 상대는 자신이 보았다는 행위를 겸손하게 표현하여 見る의 겸손어 「拝見する」라고 하였다.

오답 2 拝見する(뵙다) 3 見てくれませんか(봐 주지 않겠습니까?, 가벼운 의뢰) 4 ご覧くださいませんか(봐 주시지 않겠습니까?, 정중한 의뢰)

어휘 送る(보내다)｜会議(회의)｜資料(자료)｜拝見する(見る의 겸손어)

④ 정답 3

올해는, 대만에서 인기있는 대형 가라아게 '지파이'가 유행할 거 (라고 한다).

해설 ★ ～と言われている : ～라고 한다
「～と言われている」는 '～라고 한다'로 해석하는데, 이 표현은 많은 사람들이 갖고 있는 일반적인 평가나 객관적인 사실을 나타내는 문형으로, 뉴스나 신문 등에서 자주 쓰인다. 유의표현으로 「～と見られている」가 있는데 '많은 사람들이 ～라 생각하고 있다'라는 뜻인데 함께 기억해 두자.

오답 1 ～ことがある(～적이 있다) 2 ～ことがわかる(～것을 알 수 있다) 4 ～と言いそうだ(～라고 말할 것 같다)

어휘 台湾(대만)｜人気(인기)｜からあげ(닭튀김)｜流行(유행)

⑤ 정답 3

도와 줄 사람이 없다면 여동생(에게라도) 부탁할 수 밖에 없다.

해설 ★ Aにでも : A에게라도
「Aにでも」는 'A에게라도'란 뜻으로, 여러가지 중에서 하나의 예시를 들 때 사용한다. 이 문장에서는 도와줄 사람이 없다면 여러 선택지가 있겠지만 '예를 들자면 여동생에게라도 부탁하겠다'는 의미이므로 정답은 3번이 된다. 1번 「～からでも(～에서부터)」는 상대방이 나에게 부탁할 때 사용하며, 「にだけ」는 '～에게 만'으로 한정할 때 사용한다.

오답 1 ～からでも(～에서부터) 2 ～にだけ (～에만) 4 ～ごろでも(～무렵이라도)

어휘 手伝う(돕다)｜頼む(부탁하다, 의지하다)｜～しかない(～밖에 없다)

⑥ 정답 1

아버지는 나(에게)는 자상하지만, 형에게는 매우 엄격하다.

해설 ★ Aに対して : A에게
「Aに対して」에는 '1 동작의 대상, 2 대비, 대조'라는 2개의 용법이 있다. 예를 들면, 「父に対して悪い態度をとる(아버지에 대해서 나쁜 태도를 취하다)」는 '나쁜 태도를 취한다'는 '동작의 대상'을 나타낸다. 또한, 「兄はスポーツがうまいのに対して、弟は成績がよい(형은 스포츠를 잘하는데 대해서, 남동생은 성적이 좋다)」는 '형과 남동생'을 '대조, 비교'하고 있다. 이 문장에서는 아빠가 자상하게 대해주는 대상이 '나'이고, 엄격하게 대하는 대상이 '형'이므로 동작의 대상을 나타내는 「Aに対して」가 들어가야 한다. 「AについてB」는 'B라는 동작을 하는 내용물 A'를 나타낼 때 쓰는 표현이며, 「のことで」는 「Aのことで～したいです(A에 대해서～하고 싶습니다)」처럼 상대방에게 부탁하거나, 질문하는 장면에서 사용한다.

오답 2 ～のほかに(～외에) 3 ～について(～에 관해) 4 ～のことで(～에 대해서)

어휘 優しい(자상하다)｜兄(형, 오빠)｜厳しい(엄하다)

⑦ 정답 4

남편　"올 여름휴가는 어디로 갈까?"
아내　"해외여행 가는 (대신에) 국내 고급호텔에서 푹 쉬자."

해설 ★ Aかわりに : A대신에
「A代わりに」는 'A대신에'란 뜻이다. 어려운 표현은 아니지만 「父の代わりに私が行きます(아버지 대신에 제가 가겠습니다)」와 같이 명사에 접속할 경우에는 「명사の代わりに」처럼 반드시 「の」가 들어가야 한다는 것을 꼭 기억해두자.

오답 1 ～というより(～라기 보다) 2 ～一方で(～한편), 3 ～反面(～반면)

어휘 夫(남편)｜休暇(휴가)｜妻(아내)｜海外旅行(해외여행)｜国内(국내)｜高級(고급)｜ゆっくりする(푹 쉬다)

⑧ 정답 1

혼자서 생활을 하(고 비로소) 집안 일의 힘든 것을 알았습니다.

해설 ★ てはじめて : ～하고 비로소
「AてはじめてB」는 이전에는 몰랐거나 처음 깨달은 것을 나타낼 때 사용한다. A에는 'B라는 것을 깨닫게 된 계기'가 온다. 「AからでないとB」는 'A를 하지 않으면 B를 하는 것이 불가능하다'라는 의미를 나타낼 때 사용되는데, 이 문장에서는 '집안 일이 힘든 것을 깨닫게 된 계기가 혼자서 생활한 것'이라는 의미이므로 정답은 1번이 된다.

오답 2 ～てからでないと(~하고 나서가 아니면) 3 ～でも(~라도) 4 ～てまで(~해서까지)

어휘 一人暮らし(혼자 삶) | 家事(집안 일) | たいへん(힘든, 큰 일인)

---

9 정답 3

> 이벤트에서 내 마술을 (보여드릴)테니 부디 기대해 주세요.

해설 ★お目にかける：보여 드리다

「お目にかける」는 「見せる(보이다)」의 겸양어로, 자신의 마술을 손님 등에게 '보여드리다'는 의미로 자신의 행동에 대해서는 겸양어를 사용해야 하므로 정답은 3번이 된다.

오답 1 召し上がる(드시다 食べる의 존경어) 3 なさる(~하는 する의 존경어) 4 いらっしゃる(오시다, 가시다, 계시다, 行く、来る、居る의 존경어)

어휘 イベント(이벤트) | マジック(마술) | お楽しみに(기대해 주세요)

---

10 정답 2

> 아버지는 오이를 싫어하지만, 양념하지 않은 것은 먹는 (경우도 있다).

해설 ★Aこともある：A 경우도 있다

「Aこともある」는 '항상은 아니지만 때때로, 종종 A하는 경우가 있다'라는 의미로, 문맥상 '오이를 싫어하지만 먹는 경우도 있다'라고 이어져야 자연스러우므로 정답은 2번이다. 「ことになった(~하게 되었다)」는 '자신의 의지와는 상관 없이 그렇게 결정되었다'라는 뉘앙스를 갖고 있다.

오답 1 ～ことになった(~하게 되었다), 3 ～こともできない(~할 수도 없다), 4 ～ことにするそうだ (~하기로 한다고 한다)

어휘 キュウリ(오이) | 味付け(맛을 냄, 양념)

---

11 정답 3

> 발렌타인데이 날 여자친구가 나에게 초콜릿을 (만들어 주었다).

해설 ★～てくれる：~해 주다

「～てくれる」는 '(상대가 나에게) ~해 주다'는 뜻이다. 「～てあげる」는 '(내가 상대에게) ~해 주다'이므로 2번 作ってあげた는 오답이다. 「～てもらう」는 '(내가 상대에게) ~해 받다'는 뜻인데, 1번 作ってもらった와 4번 作っていただいた는 사실상 같은 뜻이다. 1번과 4번이 답이 되려면, 「バレンタインデーの日に僕は彼女にチョコレートを作ってもらった」(발렌타인데이 날 나는 여자친구에게 초콜릿을

만들어 받았다)가 되어야 한다.

오답 1 作ってもらった(만들어 받았다) 2 作ってあげた(만들어 주었다) 4 作っていただいた(만들어 받았다)

어휘 バレンタインデーの日(발렌타인데이 날) | 僕(나) | チョコレート(초콜릿) | 作る(만들다)

---

12 정답 3

> 초등학생 때, 자주 복도를 뛰어다니다 선생님한테 혼났다.

해설 ★走り回る：뛰어다니다, 동분서주하다

「走り回る」는 여기저기 '뛰어다니다'는 뜻과, 일이 있어 여기저기 바쁘게 '동분서주하다, 돌아다니다'는 뜻이 있는데, 이 문제에서는 첫번째 의미가 사용되었다.

오답 1 走りきって(다 뛰어) 2 走り通して(완주하여) 4 走り出して(뛰기 시작하여)

어휘 小学生(초등학생) | よく(자주, 잘) | 廊下(복도) | 叱る(혼내다)

---

13 정답 3

> (텔레비전 광고에서)
> 이쪽이 다음 달부터 발매되는 신상품 "쫄깃쫄깃 빵"(입니다).

해설 ★～でございます：~입니다

「～でございます」는 '~입니다'란 뜻으로, 「～です」의 겸양어이다. 자신을 겸손하게 표현할 때 사용한다. 2번 「～でいらっしゃいます」는 '~이십니다'란 뜻으로, 상대를 존경하는 표현이 된다.
「担当の山田でございます。」(담당인 야마다입니다 .)
「いいお天気でございますね。」(좋은 날씨군요 .)

오답 1 召し上がる(食べる、飲む의 존경어) 2 ～でいらっしゃいます(~이십니다) 4 ござる(있다의 정중어)

어휘 コマシャル(광고) | 発売(발매) | 新商品(신상품) | もちもち(쫄깃쫄깃)

問題 2 다음 문장의 ＿★＿ 에 들어갈 가장 알맞은 것을 1 · 2 · 3 · 4에서 하나 고르세요.

14 정답 2 (4-3-2-1)

> 4出よう 3として 2★いる 1ところに
>
> 나오려고 하고 2★있는 참에

해석 막 집을 나오려고 하고 있는 참에 전화가 걸려 왔다.

해설 「ているところに」는 '막~하려는 참에, 그야말로 ~하려는

찰나에'라는 뜻으로 배열하면, 3번+2번+1번이 된다. 그리고 「~ようとする」는 '~하려고 하다'라는 뜻이므로, 바르게 나열하면 4-3-2-1이 된다.

어휘 ちょうど(꼭, 마침) | 電話がかかってくる(전화가 걸려오다)

---

15 정답 3 (2-4-3-1)

2 もらった 4 この時計を 3 ★なんとかして 1 直してほしい

받은 이 시계를 3 ★어떻게든 고쳤으면 한다.

해석 시계 가게 "어서 오세요. 무슨 일이십니까?"
오다 "어머니께 받은 이 시계를 어떻게든 고쳤으면 좋겠는데요…"

해설 우선 문장을 마칠 수 있는 표현이 「直してほしい(고쳤으면 한다)」와 「もらった(받았다, 받은)」인데, 앞에 「母から(어머니께)」가 있으니 「もらった(받은)」가 맨 앞에 오며, 「直してほしい(고쳤으면 한다)」가 맨 뒤로 가게 된다. 「もらった」의 목적어는 「この時計を(이 시계를)」이므로 우선 2번+4번 「もらったこの時計を」가 되고, 1번이 맨 뒤로 가야 하므로 3번 「なんとかして(어떻게든)」가 그 앞에 오게 된다. 따라서 나열하면 2-4-3-1이 된다.

어휘 直す(고치다, 수리하다) | ~てほしい(~하기 바란다, ~해 주었으면 한다)

---

16 정답 2 (1-3-2-4)

1 息子ぐらいの 3 男の子が 2 ★一人で 4 飛行機に

아들쯤 되는 남자 아이가 2 ★혼자 비행기에

해석 우리 아들쯤 되는 남자 아이가 혼자 비행기를 타고 있었다.

해설 「Aぐらいの」는 'A쯤 되는, A정도의'란 뜻으로, 대략적인 수량이나 정도를 의미하는 표현인데, 「ぐらい」대신에 「くらい」를 사용해도 된다. 문맥을 보면 '남자 아이'가 나오는데 앞에는 '우리 아들쯤 되는'이 와야 자연스러우므로, 우선 1번+3번 「息子ぐらいの男の子が」가 되고, 뒤에는 3번+4번이 되야 문맥이 맞게 된다. 나열하면 1-3-2-4가 된다.

어휘 うちの~(우리~) | 息子(아들) | 飛行機(비행기)

---

17 정답 4 (3-1-4-2)

3 からすると 1 日本式のトイレは 4 ★とても 2 使いづらい

입장에서 보면 일본식 화장실은 4 ★정말 사용하기 힘들

해석 외국인 입장에서 보면 일본식 화장실은 정말 사용하기 힘들

겠지요.

해설 「Aからすると」는 'A입장에서 보면, A입장에서 생각하면'이란 뜻인데 A에는 사람이나 단체가 온다. 유의표현인 「Aからすれば・Aからしたら」도 함께 기억해 두자. 우선 3번은 사람 뒤에 접속해야 하므로 「人」 뒤에 와야 한다. 2번은 '사용하기 힘들다'라는 뜻인데, 1번 '일본식 화장실은' 뒤에 와야 문맥이 맞고, 그 사이에 4번이 들어가야 자연스러우므로 나열하면 3-1-4-2가 된다.

어휘 外国人(외국인) | 日本式(일본식) | 使いづらい(사용하기 어렵다, 사용하기 힘들다)

---

18 정답 1 (4-2-1-3)

4 理由も 2 なく 1 ★遅刻をする 3 わけが

이유도 없이 1 ★지각을 할 리가

해석 부장 "기노시타 군은 아직 오지 않았어? 지각을 하다니 곤란하군"
다나카 "그처럼 성실한 사람이 이유도 없이 지각을 할 리가 없어요. 걱정이 되니까 연락해 보겠습니다."

해설 우선 「~わけがない(~리가 없다)」는 어떤 근거, 이유를 토대로 확신을 가지고 가능성을 부정하는 표현이며, 보통형에 접속한다. 따라서 1번+3번을 만들 수 있다. 문맥상 '이유도 없이 지각을 할 리가 없다'가 자연스러우므로, 나열하면 4-2-1-3이 된다.

어휘 理由(이유) | 遅刻(지각) | まじめな(근면, 성실한) | 心配(걱정) | 連絡(연락)

問題3 다음 문장을 읽고 문장 전체 내용을 생각하여, 19 ~ 23 안에 들어갈 가장 알맞은 것을 1·2·3·4에서 가장 알맞은 것을 하나 고르세요.

19~23

금연한지 올해로 1년이 된다. 20살 무렵부터 담배를 피기 시작해, 몸에 나쁘다는 것은 알고 있었으나, 아무리 주위 사람들로부터 끊으라고 해도, 좀처럼 끊을 수 없었다.

그런 내가 담배를 끊은 것은, 아버지의 암이 발견되고 나서다. 아버지도 19 마찬가지로 젊을 때부터 담배를 피었는데 틈 20 만 나면 담배에 손이 가는 헤비 스모커였다. 그런 아버지가 어느 날, 건강 진단을 받고 식도암이란 것을 알았다. 괴로운 듯이 치료를 받고 있는 아버지를 보고, 깜짝 21 놀라게 되었다.

금연을 결심한다고 해도, 처음 1주일은, 담배를 필 수 없는 짜증과, 졸음으로 괴로웠으나, 괴로워 보이는 아버지의 얼굴을

떠올릴 때마다, 피고 싶은 마음이 없어졌다. 또, 금연할 때 인터넷에서 금연 방법에 관해 많이 조사하여 참고로 하기도 했다.

자신이 건강할 때에는 모르지만, 실제로 자신이나 주변 사람이 병으로 괴로워하고 있는 모습을 보고 비로소 건강의 소중함을 깨달을 수 있다. 담배 피우는 것은 개인의 자유이므로 끊어야 한다고 하지는 않지만, 건강을 악화시킬 우려가 있으므로, 한 번 다시 생각해 보는 것도 좋을 지도 모른다.

어휘 禁煙(금연) | 二十歳(20살) | 吸い始める(피기 시작하다) | いくら〜ても(아무리 ~해도) | 周り(주위, 주위 사람) | やめる(끊다) | なかなか〜ない(좀처럼 ~하지 않다) | がん(암) | 発覚(발각) | 〜てから(~하고 나서) | 同じく(마찬가지로) | 若い(젊다) | ひま(틈, 짬) | 手が伸びる(손이 가다) | ある日(어느 날) | 健康診断(건강진단) | 受ける(받다) | 食道(식도) | 苦しい(괴롭다) | 治療(치료) | はっとする(깜짝 놀라다) | 決心(결심) | 〜といっても(~라고 해도) | 最初(처음) | イライラ(짜증, 조바심) | 眠気(졸음) | つらい(괴롭다) | 思い出す(떠 올리다, 생각해 내다) | 〜度に(~할 때마다) | 〜にあたって(~에 즈음하여) | 方法(방법) | 調べる(조사하다) | 参考(참고) | 〜たりもする(~하기도 하다) | 実際に(실제로) | 病気(병) | 苦しむ(괴로워하다) | 姿(모습) | 〜て初めて(~하고 비로소) | 大事さ(소중함) | 気づく(깨닫다) | 個人(개인) | 自由(자유) | 〜べきだ(~해야 한다) | 悪化(악화) | 考え直す(다시 생각하다)

---

19 **정답** 2

1	우선	2	마찬가지로
3	항상	4	처음으로

해설 앞에서 「二十歳の頃からたばこを吸い始め」(20살 무렵부터 담배를 피기 시작해)라고 했고, 「父も〜 若いころからたばこを吸っていて」(아버지도~ 젊을 때부터 담배를 피웠는데)라고 했으니 아버지도 나와 '마찬가지로' 젊었을 때부터 담배를 피웠다는 말이 들어가야 자연스러우니 답은 2번이 된다.

---

20 **정답** 1

1	만 있으면	2	이라기 보다도
3	은 별도로 하고	4	에 걸쳐서

해설 뒤에 아버지는 '헤비 스모커'였다고 했다. 그렇다면 「ひまさえあれば(틈만 있으면)」 담배를 피우는 분이었다는 것을 알

수 있다. 「〜さえ〜ば(~만 ~하면)」이란 문형은 문법시험 및 독해에 상당히 자주 나오니 기억해 두자. 「お金さえあれば(돈만 있으면)」「天気さえよければ(날씨만 좋으면)」

---

21 **정답** 3

1	놀라는 척을 했다	2	놀랄 게 틀림없다
3	놀라게 되었다	4	놀라도 어쩔 수 없다

해설 담배를 좀처럼 끊지 못했던 화자가 끊게 된 것은 암에 걸린 아버지를 보았기 때문인데, 괴로운 치료를 받는 아버지 모습에 놀랐다는 표현을 「はっとさせられる(깜짝 놀라게 되었다)」로 나타냈는데, 이 표현은 '사역 수동태' 표현이다. '사역 수동태'는 이렇게 본인의 의사와 관계없이 사람의 감정을 유발시킬 때 사용하는 표현이다. 잘 쓰이는 표현으로 「考えさせられる(생각하게 하다)」가 있으니 함께 기억해 두자. 「人生の意味を考えさせられる小説だ(인생의 의미를 생각하게 하는 소설이다)」

---

22 **정답** 4

1	즉	2	그러면
3	역시	4	또한

해설 앞에서 필자는 「最初の一週間は、たばこが吸えないイライラと、眠気でつらかった」(처음 1주일은, 담배를 필 수 없는 짜증과, 졸음으로 괴로웠다)고 했지만, 「苦しそうな父の顔を思い出す度に、吸いたい気持ちがなくなった」(괴로워 보이는 아버지의 얼굴을 떠올릴 때마다, 피고 싶은 마음이 없어졌다)고 하며, 뒤에서 「禁煙をするにあたって、インターネットで禁煙の方法についてたくさん調べ、参考」(금연할 때 인터넷에서 금연 방법에 관해 많이 조사하여 참고)로 했다고 했다. 즉, 금연을 위해 아버지의 괴로워 보이는 얼굴을 떠올리며 '또한' 인터넷에서 금연 방법에 관해서도 많이 조사하여 참고로 했다가 되어야 문맥이 자연스러우니 답은 4번이 된다.

---

23 **정답** 1

1	모르지만	2	알지만
3	알고 있어도	4	안다고

해설 뒤에서 「実際に自分や周りの人が病気で苦しんでいる姿を見て初めて健康の大事さに気づくことができる」(실제로 자신이나 주변 사람이 병으로 괴로워하고 있는 모습을 보고 비로소 건강의 소중함을 깨달을 수 있다)고 했다. 즉 건강할 때는 '모르지만' 자신이 주변 사람이 아파야 비로소 건강의 소중함을 깨달을 수 있다는 내용이니 1번이 들어가야 문맥이 자연스럽게 연결된다.

問題4 다음 (1)부터 (4)의 문장을 읽고 질문에 답하세요. 답은 1·2·3·4에서 가장 알맞은 것을 하나 고르세요.

24 정답 1

(1) 다음은 요금 안내이다.

현립 박물관 입장 요금 변경에 관하여

항상 저희 박물관을 이용해 주셔서 감사합니다.
소비세 증세로 인해, 다음 달부터 입장 요금 변경을 시행하게 되었습니다.

일반 (개인) 요금은 500엔에서 550엔
일반 (단체) 요금은 450엔에서 500엔
대학생 요금은 400엔에서 450엔
초등학생 이상, 고등학생 이하는 300엔에서 350엔
초등학생 미만은 무료입니다.

또한, 단체 요금은 10명 이상일 경우에만 적용됩니다.
내관하시는 여러분께 불편을 끼쳐 죄송합니다만,
아무쪼록 잘 부탁드리겠습니다.

유치원생 1명과 초등학생 1명, 성인 2명이 다음 달 내관할 경우 입장료는 얼마인가?
1 1,450엔
2 1,300엔
3 1,800엔
4 1,600엔

해설 다음 달 내관하는 것이니 변경 전 요금이 아니라 다음 달에 변경 후 요금으로 계산해야 한다.
유치원생 1명: 무료
초등학생 1명: 350엔
성인 2명: 550엔 x 2=1,100엔이니 합계 1,450엔이 된다.

어휘 以下(이하) | 料金案内(요금 안내) | 県立博物館(현립 박물관) | 入場(입장) | 料金(요금) | 変更(변경) | 平素より(평소부터) | 利用(이용) | 消費税(소비세) | 増税(증세) | ~により(~로 인해) | 行う(행하다, 시행하다) | 一般(일반) | 個人(개인) | 団体(단체) | 以上(이상) | 以下(이하) | 未満(미만) | 無料(무료) | なお(또한, 그리고) | 10名様(열 분) | 場合のみ(경우에만) | 適用(적용) | ご来館いた

だく(내관하시다) | 迷惑をかける(불편을 끼치다, 폐를 끼치다) | 申し訳ございません(죄송합니다) | 何卒(아무쪼록, 부디) | 幼稚園児(유치원생) | 大人(성인) | いくら(얼마)

25 정답 2

(2)
국민의 여가생활 조사에 따르면, '국내 관광 여행'이 2011년 이래 8년 연속 1위가 되었다. '비디오 감상(대여 포함)' 대신 '동영상 감상(대여, 인터넷 전송 포함)'이 7위가 되었다. 순위가 오른 항목으로는 12위 '노래방', 15위 '복권', 17위 '음악회, 콘서트', 20위 '텔레비전 게임(가정에서의)' 등이 있다. 참가 인구별로 보면 특히 '외식'은 전년보다 150만 명, '걷기'는 전년도보다 180만 명 증가했다.

이 글의 내용에 맞는 것은 어느 것인가?
1 2018년, 대여를 포함한 '비디오 감상'은 작년보다 순위가 올랐다.
2 2011년부터 2018년까지 '국내 관광 여행'이 1위였다.
3 '노래방'이나 '복권'등은 해마다 순위가 떨어지고 있다.
4 해마다 집에서 밥을 먹는 사람이 증가하고 있다.

해설 국내 관광 여행이 「2011年来8年連続の首位(2011년 이래 8년 연속 1위)」가 되었다고 했으니 2번이 정답이다. '비디오 감상' 대신 '동영상 감상'이 7위가 되었다고 했으나, '비디오 감상'이 작년보다 순위가 올랐는지는 알 수 없으므로 1번은 오답이고, '노래방'과 '복권'은 순위가 오른 항목에 포함되어 있으니 3번도 역시 오답이다. '외식'이 전년보다 150만 명 증가했다고 했으니 4번도 오답이다.

어휘 国民(국민) | 余暇生活(여가생활) | 調査(조사) | 国内観光旅行(국내 관광 여행) | 連続(연속) | 首位(수위, 1위) | 鑑賞(감상) | 動画(동영상) | 含む(포함하다) | ~に代わって(~대신에) | 配信(전송, 배포) | ~位(위) | 順位が上がる(순위가 오르다) | 項目(항목) | 宝くじ(복권) | 音楽会(음악회) | 家庭(가정) | 参加人口 別(참가 인구별) | 外食(외식) | 前年(전년도) | ~より(~보다) | 増加(증가) | 年々(해마다) | 内容(내용)

26 정답 3

(3)

　영어 학습 의욕이 생기지 않아 고민하고 있는 분, 계속할 방법을 알고 싶은 분은, 오디오 전자서적 '이상한 나라의 앨리스'를 꼭 시험해 봐 주세요.

　이 오디오 전자서적은 누구라도 즐기면서 영어를 공부할 수 있습니다. 모두가 알고 있는 이야기이기 때문에, 다음 이야기를 간단하게 예상할 수 있습니다. 또한 음성이 있어, 눈에서 뿐만이 아니라 귀에서도 영어가 들어 옵니다. 귀여운 삽화가 있어서 자녀분에게도 추천합니다. 이야기에 나온 단어를 퀴즈 형식으로 즐길 수 있는 구성입니다. 책갈피가 필요 없이 닫은 부분에서부터 시작하는 기능도 있습니다.

　흥미가 있는 분은 무료 자료를 신청해 봐 주세요.

이 광고가 말하는 즐기면서 영어를 공부할 수 있는 이유는 무엇인가?
1　공짜로 필요한 자료를 신청할 수 있으니까.
2　스토리가 새롭고 재미있으니까
3　널리 알려져 있는 내용이고 음성도 있으니까
4　아이가 좋아하는 그림과 퀴즈가 있는 교재이니까

해설 밑줄의 바로 뒤 문장에 즐기며 영어를 공부할 수 있는 이유를 설명하고 있다. '1. 누구나 알고 있는 이야기라 스토리를 쉽게 예상할 수 있으며 2 음성이 있어 귀로도 즐길 수 있고 3 귀여운 그림이 있고 4 단어를 퀴즈 형식으로 즐길 수 있는 구성'이라 누구나 즐길 수 있다고 설명하고 있다. 따라서 정답은 3번이 된다. 귀여운 그림이 있어 아이들에게도 추천한다고 했지 아이들이 좋아한다는 언급은 없었으므로 4번은 오답이다.

어휘 学習(학습) | やる気(의욕) | 悩む(고민하다) | 電子書籍(전자서적) | 不思議(이상한) | 試す(시험하다, 시도하다) | どなた(누구) | 勉強(공부) | 簡単に(간단하게) | 予想(예상) | 音声(음성) | 挿絵(삽화) | 物語(이야기, 스토리) | クイズ(퀴즈) | 楽しむ(즐기다) | 構成(구성) | しおり(책갈피) | 要らず(필요 없는) | 閉じる(닫다) | 機能(기능) | 興味(흥미) | 無料(무료) | 資料(자료) | 申請(신청)

27 정답 4

(4)

총무부장님께

　연수보고서를 메일에 첨부하여 제출합니다. 이번에는 귀중한 연수에 참가하게 해 주셔서 감사드립니다.

　이번 연수의 내용은 관심이 높은 테마였습니다. 토론이나 실

습도 많아 공부가 되었습니다. 업무를 볼 때 즉시 사용하고 싶습니다. 특히 비즈니스 메일을 쓸 때의 주의점을 알고, 앞으로의 과제를 알 수 있었습니다. 또한 참가한 사람들과 함께 스터디를 계획하고 있습니다.

　　　　　　　　　　　　영업부　후지이

후지이가 이 메일을 쓴 이유는 무엇인가?
1　연수가 업무에 유용한 내용이라 만족했기 때문에.
2　연수에 참가하지 못했기 때문에 스터디를 열기 위해.
3　비즈니스 메일을 쓰지 못했기 때문에.
4　연수 후, 상사에게 성과를 보고하기 위해.

해설 이 메일은 상사에게 참가했던 연수에 대한 보고서를 제출하기 위함으로 보기 4번이 정답이 된다. 한편 업무를 볼 때에 즉시 사용하고 싶다고 말하고 있는 만큼, 후지이는 연수가 업무에 유용한 내용이었기에 만족하고 있다는 것을 알 수 있다. 그러나 이는 어디까지나 보고서를 제출하면서 함께 전하는 내용으로 본래의 목적이라고 보기 어렵다. 따라서 보기 1번은 오답이 된다. 후지이는 연수에 함께 참가한 사람과 스터디를 계획하고 있기 때문에 보기 2번은 오답이 되며, 비즈니스 메일을 쓸 때 주의 점을 알게 되었다는 것은 맞으나, 이것이 메일을 쓴 본래의 목적이 아니므로 보기 3번도 오답이 된다.

어휘 総務部長(총무부장) | 研修(연수) | 報告書(보고서) | 添付する(첨부하다) | 提出する(제출하다) | この度(이번, 금번) | 貴重だ(귀중하다) | 参加する(참가하다) | 関心(관심) | テーマ(테마) | 勉強(공부) | ビジネスメール(비즈니스 메일) | 注意点(주의점) | 課題(과제) | 勉強会(스터디 그룹)

問題 5 다음 (1)과 (2)의 문장을 읽고 질문에 답하세요. 답은 1·2·3·4에서 가장 알맞은 것을 하나 고르세요.

28~30

(1)

　회화체와도 문어체와도 다른 '입력어'를 알고 있습니까? 28 전자메일이나 SNS에서의 의사소통에 사용되는 독특한 표현을 '회화체 부분을 많이 가진 새로운 문어체'라 하여 '입력어'라고 부르고 있습니다. 이것은 2018년에 문화청이 발표했습니다.

　'입력어'의 특징은 문어체이면서 29 회화체에 보다 가까운 점과 그림 문자 등의 기호가 많이 사용되는 점입니다. 'OK'는 'ｏk(오k)'가 되고, 웃는 것은 'warau'의 'w'처럼 한 글자만

적습니다.

　이러한 이유에서 '의미를 모르겠다', '올바른 언어가 아니다'라고 생각하는 사람도 있을지 모르지만, '입력어'는 인터넷 세계에서는 널리 알려져 있습니다. ▢30 이제는 새로운 의사소통 표현으로 생각하는 게 좋을 것 같습니다. 하지만, 올바른 표현이 아니란 점과 사용 방법에는 연령대에 따라 차이가 있다는 것을 알아 두는 것이 좋겠지요.

어휘 話し言葉(회화체, 구어체) | 書き言葉(문어체, 문장어) | 打ち言葉(입력어) | 電子メール(전자메일, 이메일) | 使う(사용하다) | 変わった~(독특한~, 특이한~) | 表現(표현) | 部分(부분) | 呼ぶ(부르다) | 文化庁(문화청) | 発表(발표) | 特徴(특징) | ~でありながら(~이면서) | より(보다) | 絵文字(그림 문자) | 記号(기호) | 笑う(웃다) | 一文字(한 글자) | 正しい(올바르다) | 言葉(말, 언어) | 世界(세계) | 広く(널리) | 年代(연대) | ~によって(~에 따라, ~로 인해) | 違い(틀림, 차이) | 誰もが(누구나가) | まちがう(잘못되다) | 説明(설명) | 作りだす(만들어내다) | 年に関係なく(나이에 관계없이) | 必要だ(필요하다) | 時代とともに(시대와 함께) | 変わる(변화하다) | どんどん(계속)

---

28 **정답** 3

'입력어'란 무엇인가?

1　인터넷에서 정해진 의미로 사용되는 말
2　전자메일을 쓸 때 사용해야 하는 언어
3　**전자메일이나 SNS에서 사용되는 새로운 언어**
4　인터넷 세계에서 사용해야 하는 말

해설　「電子メールやSNSでのコミュニケーションに使われる変わった表現を話し言葉の部分を多く持つ新しい書き言葉として打ち言葉」と呼んでいます(전자메일이나 SNS에서의 의사소통에 사용되는 독특한 표현을 '회화체 부분을 많이 가진 새로운 문어체'라 하여 '입력어'라고 부르고 있습니다)라고 했으니 3번이 정답이고, 같은 맥락에서 1번은 오답이 된다. 전자메일에서 반드시 사용해야 하는 언어는 아니므로 2번도 오답이며, 인터넷 세계에서는 널리 사용되고 있다고는 했지만 잘못된 언어라는 말은 하지 않았으므로 4번도 오답이다.

---

29 **정답** 2

'입력어'만의 특징은 무엇인가?

1　기호가 사용되는 말인 점
2　**전자기기 입력 방법에 영향을 받는 점**
3　문자로 나타낼 수가 있는 말인 점
4　회화체 같은 표현이 많은 점

해설　입력어는 회화체와 문어체의 특징을 고루 갖고 있다. 따라서 보기 1번처럼 기호가 사용되는 것, 보기 3과 같이 문자로 표현할 수 있는 점은 문어체에서도 볼 수 있는 특징이며, 구어체도 문자로 표현할 수 있기 때문에 오답이 된다. 마찬가지로 구어와 같은 표현이 많은 것은 회화체의 특징이기도 하기 때문에 오답이 된다. 그러나 예시를 통해 확인할 수 있는 것처럼 입력어는 전자기기에서 말을 입력하는 과정에서 입력 방법의 영향을 받아 나타난 새로운 표현이기 때문에 보기 2번이 정답이 된다.

---

30 **정답** 1

이 문장을 쓴 사람은 '입력어'를 어떻게 생각하고 있는가?

1　**새로운 표현이고 모르는 사람도 있으니까 사용할 때에는 주의가 필요하다.**
2　말은 시대와 함께 변해가는 법이니까 새로운 표현으로서 사용하자.
3　올바르지 않은 표현이 퍼지는 것은 좋지 않으니까 사용하지 않는 편이 좋다.
4　전세계에서 널리 사용되고 있으니까 모르면 배워서 자꾸 사용하는 것이 좋다.

해설　저자는 입력어를 새로운 의사소통 표현으로 생각하자고 하면서, 동시에 입력어를 사용할 때의 주의사항에 관해서도 언급하고 있다. 그러나 이에 반드시 모두가 동조하는 것은 아니기에 '올바른 언어가 아니다'라고 생각하는 사람도 있을 것이라 말하고 있다. 이는 'w'와 같은 예시와 같이 입력어에 기존의 정서법, 맞춤법과 다른 독특한 표현이 많기 때문이기 때문으로, 보기 1번이 정답이 된다. 새로운 커뮤니케이션 수단이라 생각하고 있지만 바르지 않은 표현인 것과 연령대에 따라 차이가 있는 점에 주의하자고 했으므로 2번과 3번은 오답이고, 4번은 언급되지 않은 내용이다.

31~33

(2)

　일본에서 자주 보는 까마귀는 우리들 인간에게 있어서는 골칫거리이고, 무서운 존재라는 이미지가 강하다. ▢31 소리가 크고 시끄럽다, 몸이 커서 가까이 갈 수 없다 등의 이유로 까마귀를 싫어하는 사람이 많은 것도 ①문제가 되고 있다. 하지만 이 까마귀는 상당히 지능이 높고, 말을 사용하거나 도구를 사용하거나 할 수 있다는 사실은 잘 알려져 있다.

한 실험에서 까마귀가 울음 소리로 동료에게 자신이 있는 장소를 알리는 것이 확인되었다고 한다. 까마귀는 사는 지역에 따라서 종류도, 울음 소리도 다르다. 32 눈 위를 미끄럼 타면서 노는 까마귀 모습이 사진에 찍혀 화제가 된 적이 있는데, 도로에 호두를 두고 차에 치이게 해서 깨서 먹었다는 ②보고도 있다.

33 이 까마귀가 도시에 많은 것은 인간이 음식물 쓰레기를 많이 버리기 때문이라고 말해지고 있다. 뭐든지 먹는 까마귀에 있어서, 음식물이 흘러 넘치고 있는 도시야말로, 집을 만들고 살아가는데 가장 적합한 장소라는 것이다.

숲도 까마귀가 좋아하는 야생의 과일도 없어진 지금, 까마귀가 도시에 모이는 것도 어떤 의미 당연한 것이 아닐까라고 생각한다.

어휘 見かける(눈에 띄다, 우연히 보다) | カラス(까마귀) | 人間(인간) | 厄介者(귀찮은 존재, 애물단지) | 存在(존재) | 理由(이유) | 嫌がる(싫어하다) | 相当に(상당히) | 知能(지능) | 言葉(말, 단어, 언어) | 道具(도구) | 事実(사실) | 知られる(알려지다) | 実験(실험) | なき声(울음 소리) | 居場所(있는 곳, 있는 장소) | 地域(지역) | 種類(종류) | すべる(미끄러지다) | 話題(화제) | 道路(도로) | クルミ(호두) | 割る(깨다) | 報告(보고) | 都会(도시) | 生ごみ(음식물 쓰레기) | あふれる(흘러 넘치다) | 巣(새나 곤충의 집) | 適する(적합하다) | 野生(야생) | 果物(과일) | 集まる(모이다) | 当たり前(당연)

---

31 정답 2

문제란 무엇인가?

1 일본에서는 도시에 까마귀가 많은 것.
2 고민거리라고 생각하고 있는 사람이 많은 것.
3 까마귀가 현명한 동물인 것.
4 커뮤니케이션 능력이 있는 것.

해설 첫번째 단락에서, 까마귀 울음 소리가 크고 시끄럽고, 몸이 커서 무섭다 등의 이유로 싫어하는 사람이 많은 것도 '문제'라고 설명하고 있으므로「悩みの種(고민거리)と考える」, 즉 '곤란해 하는' 사람이 많은 점이라는 2번이 정답이다.

---

32 정답 3

어떤 보고인가?

1 인간의 음식을 빼앗는다는 것.
2 까마귀를 싫어하는 사람이 많다는 것.
3 도구를 사용할 수가 있다는 것.
4 까마귀가 문화를 갖고 있다는 것.

해설 「ある実験で」로 시작되는 단락에서는 까마귀가 울음 소리로 무리 동료에게 자신이 있는 장소를 알린다. 눈 위를 미끄럼 타며 논다(=놀이를 즐긴다) 등의 까마귀 지능이 높다는 설명으로 시작하고 있다. 그리고, 길 위에 호두를 두고 차가 밟고 지나가면 호두가 깨지는 것을 이용해서(=도구를 사용한다) 호두를 먹는다는 '보고'도 있다고 했으므로 정답은 3번이다.

---

33 정답 1

이 문장을 쓴 사람은 까마귀에 대해서 어떻게 생각하고 있는가?

1 까마귀가 도시에 많은 것은 인간의 탓이기도 하다.
2 지금부터는 까마귀와의 공생을 생각해야 한다.
3 쓰레기를 줄이는 등, 까마귀가 늘지 않도록 하는 편이 좋다.
4 까마귀는 뭐든지 먹을 수 있기 때문에, 어디서라도 살 수 있다.

해설 「このカラスが都会に多いのは」로 시작되는 세번째 단락과 네번째 단락에서 까마귀가 도시에 많은 것은 '1. 도시에 음식물 쓰레기 등 먹을 것이 많고 2. 야생의 숲과 먹을 것이 없으니까'라고 설명하고 있으므로 정답은 1번이다. 까마귀가 도시에 많은 것은 숲을 없애고 쓰레기를 많이 만든 인간의 탓이기도 하다고 했지만, '까마귀와 공생을 생각해야 한다'거나 '쓰레기를 줄이자'는 언급은 없으므로 2번과, 3번은 오답이다. 그리고, 본문에서는 '먹을 것이 많은 도시야말로 까마귀가 살아가는데 가장 적합한 장소일지도 모른다'고 설명하고 있으나, 어디서도 살 수 있다'는 설명은 없으므로 4번도 오답이다.

問題6 다음 문장을 읽고 질문에 답하세요. 답은 1·2·3·4에서 가장 알맞은 것을 하나 고르세요.

34~37

블랙 아르바이트라는 말을 알고 있는가? 블랙 기업, 블랙 교칙, 블랙 아르바이트 등 최근 블랙이 붙는 말을 자주 본다. 34 블랙 아르바이트란, 좋지 않은 조건에서 학생을 일하게 하는 아르바이트를 말한다. 예를 들어, 사원과 마찬가지로 많은 일을 시켜 학생이 공부할 수 없게 되거나, 급여를 제대로 지불하지 않는 등의 문제가 일어나고 있다.

학생 아르바이트 상담에 응하고 있는 '블랙 아르바이트 유니온'은 [35] 블랙 아르바이트가 늘어난 원인에는 아르바이트나 파트타임 등에 의지하는 회사가 늘어난 것과 관련이 있다고 말하고 있다. 아르바이트나 파트 타임 사원은 정사원보다 싸게 일을 시킬 수 있기 때문에 그들에게 많은 일을 하게 하면, 급료를 그다지 지불하지 않아도 된다고 생각하는 것이다. 이와 같은 회사 사정으로 피해를 보는 학생이 많아졌다.

[36] 학생도 아르바이트를 시작하기 전에 계약조건 등을 확인하고 시작하기는 해야 하지만, 첫 아르바이트라서 잘 모르고 계약해 버리는 일도 있을 것이다. 나도 학생 시절에는 계약에 관해서는 아무것도 몰랐다. 일하는 조건에 대해서 깊이 생각하게 된 것은, 사회인이 되고 나서다. 장래를 위해서 희망을 품고 일과 공부를 열심히 하려는 학생이 무리하게 나쁜 조건으로 일하게 되는 것은 매우 유감스러운 일이다. [37] 일하는 학생도 조심해야 하지만, 사회 전체 모두가 바꾸어 나가야 할 것이다.

어휘 言葉(말) | 企業(기업) | 校則(교칙) | 最近(요즘) | つく(붙다) | ～とは(～란) | 条件(조건) | ～べき(～해야 할) | 例えば(예를 들면) | 給料(급료) | きちんと(제대로) | 払う(지불하다) | 増える(늘어나다) | 原因(원인) | 相談にのる(상담에 응하다) | 頼る(의지하다) | 関係(관계) | 都合(형편, 사정) | 被害(피해) | 受ける(받다) | 契約条件(계약조건) | 確認(확인) | 初めての～(첫~) | 筆者(필자) | 自身(자신) | 深く(깊이) | ～てからだ(~하고 나서이다) | 将来(장래) | 希望(희망) | 無理に(억지로, 강제로) | 残念だ(유감스럽다) | 気を付ける(조심하다, 주의하다) | 全体(전체) | 変える(바꾸다) | 頼る(의존하다, 의지하다) | 服(옷) | 人気(인기) | できる(생기다) | 優秀(우수) | 能力(능력) | 増やす(늘리다) | 説明(설명) | どうしようもない(어쩔 수 없다) | 恥ずかしい(부끄럽다)

---

34 정답 4

블랙 아르바이트란 무엇인가?

1 검은 옷을 입은 최근 인기 있는 아르바이트
2 올해 새롭게 생긴 아르바이트
3 최근 학생들이 자주 하는 아르바이트
4 나쁜 조건으로 학생을 일하게 하는 아르바이트

해설 첫 번째 단락에서 「ブラックバイトとは、よくない条件

で学生を働かせるアルバイトのこと(블랙 아르바이트란, 좋지 않은 조건에서 학생을 일하게 하는 아르바이트)」라고 블랙 아르바이트에 대한 설명을 하고 있으므로 정답은 4번이 된다.

---

35 정답 3

이 문장을 쓴 사람이 생각하는 블랙 아르바이트가 늘어난 원인은 무엇인가?

1 최근에 우수한 학생이 늘어났기 때문에
2 아르바이트를 하고 싶은 사람이 이전보다 많아졌기 때문에
3 싼 아르바이트에게 일하게 하려는 회사가 많아졌기 때문에
4 회사가 급료를 지불할 수 없게 되었기 때문에

해설 블랙 아르바이트가 늘어난 이유에 관해 두 번째 단락에서 「ブラックバイトが増えた原因を～アルバイトやパートは社員より安く働かせることができるため、彼らにたくさんの仕事をやらせれば、給料をあまり払わなくていいと思っている会社があるようだ(블랙 아르바이트가 늘어난 원인을 ~아르바이트나 파트타임은 사원보다 싸게 일을 시킬 수 있기 때문에 그들에게 많은 일을 하게 하면, 급료를 많이 지불하지 않아도 된다고 생각하는 회사가 있는 것 같다)」라고 분석하고 있으니 정답은 3번이 된다. 회사가 급여를 지불할 능력이 없어서 지불 못하는 것이 아니므로 4번은 답이 될 수 없다.

---

36 정답 3

필자는 학생에게 어떠한 점을 주의하도록 말하고 있는가?

1 사전에 일하는 회사에 대해서 잘 조사한다.
2 평균적인 급료를 머리에 넣어 둔다.
3 조건을 잘 확인하고 나서 계약한다.
4 계약하고 있는 아르바이트 숫자를 조사한다.

해설 마지막 단락에서 「学生もアルバイトを始める前に契約条件などを確認し、始めるべきだ(학생도 아르바이트를 시작하기 전에 계약 조건 등을 확인하고, 시작해야 한다)」고 언급하고 있으므로 정답은 3번이 된다. 1번과 2번은 언급이 없었고, 4번은 주의할 사항과는 관련이 없으므로 오답이 된다.

---

37 정답 3

이 글을 쓴 사람의 생각과 맞는 것은 어느 것인가?

1 일하는 사람이 조심하면 블랙 아르바이트는 문제없다.
2 블랙 아르바이트는 유감스럽지만 어쩔 수 없는 일이다.

3 일하고 있는 사람뿐만 아니라 사회에서 생각해야 할 문제이다.

4 블랙 아르바이트는 매우 부끄러운 일본 사회의 문제이다.

해설 이런 유형의 문제는 대개 마지막 단락에 힌트가 나오는 경우가 많다. 「働く学生も気を付けるべきだが、社会全体で変えていかなければならないだろう(일하는 학생도 조심해야 하지만, 사회 전체에서 바꾸어 나가야 할 것이다)」라고 했다. 즉 일하는 사람에게 모든 책임을 전가하지 말고, 사회 전체가 인식을 바꾸어 가야만 이 문제가 해결된다고 말하고 있으므로 정답은 3번이 된다. 일하는 사람이 조심해야 한다고는 했지만 그렇다고 블랙 아르바이트가 문제없다는 말은 하지 않았으므로 1번은 오답이고, 블랙 아르바이트에 관해 유감스럽다고는 했지만 어쩔 수 없다는 언급은 하지 않았으므로 2번도 오답이다. 4번은 언급하지 않은 내용이므로 답이 될 수 없다.

問題7 오른쪽 페이지는 홀 공연안내이다. 이를 읽고 아래 질문에 답하세요. 답은、1·2·3·4에서 가장 적당한 것을 하나 고르시오.

아마노 홀
2월 12일 (일)~2월 18일(토)의 공연 안내

공연명	날짜	시간	내용	공지
피아노 콘서트	2월 12일	17:00	유명한 피아니스트 2명에 의한 콘서트입니다.	출연자의 사정에 의해 10일에서 12일로 연기되었습니다.
스타레인저 히어로 쇼	2월 17일	14:00	스타레인저가 세계를 구하는 히어로 쇼입니다.	없음
블루레인즈 앨범 발매 기념 이벤트	2월 15일	15:00	아이돌 그룹 블루레인즈의 첫 앨범 발매 기념 이벤트입니다	초등학생 이하의 자녀분은 관람하실 수 없습니다
뮤지컬 '도그'	2월 13일	18:00	개들의 이야기입니다.	없음
클래식 콘서트	2월 16일	18:30	클래식 음악을 즐기실 수 있는 공연입니다.	없음

J-POP 콘서트	2월 18일	19:00	J-POP을 즐기실 수 있는 공연입니다.	중학생 이하의 자녀분은 관람하실 수 없습니다
뮤지컬 '마스터'	2월 17일	17:00	마스터를 목표로 하는 대학생의 이야기입니다.	없음

＊모든 공연 티켓은 1시간 전까지 구매할 수 있습니다.

어휘 公演(공연) | 発売記念(발매 기념) | 購入(구입) | 公演名(공연명) | 日にち(날짜) | 内容(내용) | おしらせ(공지, 알림) | 出演者(출연자) | 都合(사정, 형편) | 延期(연기) | 世界(세계) | 救う(구하다) | なし(없음) | お子様(자녀분) | ご覧いただけません(보실 수 없습니다) | 物語(이야기) | 音楽(음악) | 楽しむ(즐기다) | 楽しんでいただける(즐기실 수 있다) | 目指す(목표하다, 지향하다) | すべての~(모든~) | チケット(티켓)

38 정답 3

나카무라 씨는 대학생이며 초등학교 6학년 동생이 있다. 가족이 다같이 공연을 보고 싶다.
나카무라 씨의 학교는 15시에 끝난다. 가족이 다같이 볼 수 있는 공연은 어느 것인가?

1 블루레인즈 앨범 발매 기념 이벤트
2 J-POP 콘서트
3 뮤지컬 '마스터'
4 스타레인저 히어로 쇼

해설 나카무라 씨가 볼 수 있는 공연의 조건은 ①초등학교 6학년 동생도 볼 수 있고 ②15시 이후에 진행되는 공연이다. 1번은 15시 공연 시작이고, 2번은 '중학생 이하 관람 불가'이므로 볼 수 없다. 4번은 연령에 관한 문제는 없지만 14시 공연이므로 시간이 맞지 않으므로 볼 수 없다. 따라서 조건에 맞는 공연은 3번이 된다.

39 정답 3

요시노 씨는 매일 16시에 일이 끝난다. 직장에서 아마노 홀까지 가는 데에는 1시간 30분이 걸린다. 요시노 씨가 티켓을 구입하고 볼 수 있는 공연은 어느 것인가?

1 스타레인저 히어로 쇼
2 뮤지컬 '도그'
3 클래식 콘서트

해설 요시노 씨는 16시에 일을 마치고 1시간 30분 후인 17시 30분에 공연장에 도착하게 되는데, 안내 밑에 보면 「すべての公演のチケットは1時間前まで買うことができます(모

든 공연 티켓은 1시간 전까지 구매할 수 있습니다)」고 했으니, 17시 30분에 1시간을 더하여 18시 30분 이후에 시작되는 공연을 볼 수 있다. 'J-POP 콘서트'도 시간은 맞지만 선택지에 없으므로 답은 3번이 된다.

2교시   청해

본책 153 페이지

問題1 | 問題1では、まず質問を聞いてください。それから話を聞いて、問題用紙の1から4の中から、最もよいものを一つ選んでください。

문제1 | 문제 1에서는 우선 질문을 들으세요. 그러고 나서 이야기를 듣고 문제지의 1부터 4 안에서 가장 알맞은 것을 하나 고르세요.

例 / 예 정답 2

男の人と女の人が話しています。資料はいつまでに作らなければなりませんか。

M：会議の資料できましたか。

F：いえ、最後の表を少し直しているところです。

M：会議の前に、部長に確認をお願いしないといけないので、私も手伝います。

F：ありがとうございます。でも、会議は明後日11時ですよね？

M：部長が明日出張になったんです。

F：そうだったんですね。知らなかったです。では、これとこれをお願いします。

M：はい。

資料はいつまでに作らなければなりませんか。
1 明日の11時まで
2 部長がしゅっちょうに行く前まで
3 あさっての11時まで
4 明日中

남자와 여자가 이야기하고 있습니다. 자료는 언제까지 만들어야 합니까?

M : 회의 자료 다 됐어요?

F : 아니요, 마지막 표를 조금 수정하고 있는 중이에요.

M : 회의 전에 부장님께 최종 확인을 부탁드려야 하니, 저도 도울게요.

F : 감사합니다. 근데 회의는 모레 11시죠?

M : 부장님이 내일 출장을 가시거든요.

F : 그랬군요. 몰랐어요. 그럼 이거랑 이거를 부탁해요.

M : 네!

자료는 언제까지 만들어야 합니까?
1 내일 11시까지
2 부장님이 출장 가기 전까지
3 모레 11시까지
4 내일 중

1番 / 1번 정답 4

家で妻と夫が話しています。二人は明日、何を持っていきますか。

F：明日のキャンプに持っていく物は、こんな感じでいいかしら。

집에서 아내와 남편이 이야기하고 있습니다. 두 사람은 내일 무엇을 가지고 갑니까?

F : 내일 캠핑에 가져갈 물건은 이거면 되려나?

M：大人数が集まるから、紙皿と紙コップは多めに持っていこう。それから、懐中電灯があると便利じゃないかな。山の夜は暗いだろうからね。

F：オッケー。とりあえず全部入れたわ。明後日の帰る日が雨の予報なのよね。どうしよっか。

M：うーん、降るかもしれないし、レインコートと傘を一応持っていこう。

F：うん。あ、携帯メールが来てたわ。「紙皿は要りません」って書いてある。

M：誰かがまとめて用意してくれるのかな。

F：あと、「足場が悪いので運動靴で来るのをお忘れなく」だって。

二人は明日、何を持っていきますか。

1　ア　イ　ウ
2　イ　ウ　オ
3　ウ　エ　オ
4　イ　ウ　エ

M : 많은 인원이 모이니까, 종이 접시랑 종이컵은 넉넉히 가져가자. 그리고, 손전등도 있으면 편리하지 않을까? 산은 밤에 어두우니까.

F : 오케이. 일단 전부 넣었어. 내일모레 돌아오는 날 비 예보였지? 어떻게 할까?

M : 음. 내릴지도 모르니까, 우비랑 우산은 일단 가져가자.

F : 응. 아, 휴대폰 문자가 왔네. '종이 접시는 필요 없습니다'라고 써 있어.

M : 누군가가 모아서 준비해 주는 건가?

F : 그리고 '걷기 좋지 않으니 운동화로 오는 것을 잊지 마세요'래.

두 사람은 내일 무엇을 가져갑니까?

1　아, 이, 우
2　이, 우, 오
3　우, 에, 오
4　이, 우, 에

해설 이런 유형의 문제는 갖고 갈 물건과 아닌 물건을 잘 체크하며 들어야 한다. 우선 종이 접시는 필요 없다는 문자가 왔으니 ア가 있는 1번은 오답이고, 신발에 관해서는 운동화 신고 오라는 내용은 있었지만 레인부츠는 등장하지 않으므로 オ가 있는 2번, 3번은 오답이다. 종이컵, 우산, 손전등은 가져갈 물건이므로 정답은 4번이다.

어휘 妻(아내) | 夫(남편) | キャンプ(캠핑) | 感じ(느낌) | 大人数(많은 인원) | 紙皿(종이 접시) | 紙コップ(종이컵) | 多めに(많이, 넉넉하게) | 懐中電灯(손전등) | とりあえず(일단) | 予報(예보) | 一応(우선, 일단) | 携帯メール(휴대폰 문자) | 要る(필요하다) | まとめる(모으다, 한꺼번에 하다) | 用意(준비) | 足場が悪い(걷기 나쁘다) | 靴(운동화) | お忘れなく(잊지 마세요) | ~だって(~래)

2番

英会話スクールで女の人と男の人が話しています。男の人はこのあとまず何をしますか。

F：では、これで入会方法に関する説明は終了となります。このあとは授業にお入りいただく前のレベルテストを行います。テストは外国人講師が担当しますので、このまま少々お待ちください。

M：分かりました。あのう、テストが終わったら、すぐ授業に参加することができますか。

F：はい、田中様に合ったレベルのクラスをご案内しますので、本日からでも授業にお入りいただけますよ。

M：そうですか。それはよかったです。あと、そこの紙に書

2番 정답 2

영어학원에서 여자와 남자가 이야기하고 있습니다. 남자는 이 후 먼저 무엇을 합니까?

F : 그럼 이것으로, 입회 방법에 관한 설명은 종료하도록 하겠습니다. 이 다음은, 수업에 들어가기 전에 레벨테스트를 합니다. 테스트는 외국인 강사가 담당하니까, 여기서 잠시 기다려주세요

M : 알겠습니다. 저기, 테스트가 끝나면, 바로 수업에 참가할 수 있나요?

F : 네, 다나카 님에게 맞는 레벨 클래스로 안내할 테니, 오늘부터라도 수업에 들어가실 수 있으세요.

M : 그렇군요. 그거 다행이네요. 그리고, 거기 종이에 적힌 '프리 토

いてある「フリートーク」というのは何ですか。

F：はい、こちらは授業とは違うのですが、生徒の皆様に
　　いろいろな講師と話してもらうのが目的で、毎週1
　　回、外国人講師とお茶を飲みながら自由に会話をしてい
　　ただける会です。

M：毎週木曜日と書いてありますが、今日ですよね。僕も参
　　加できますか。

F：はい、当校の生徒であれば、無料でご参加いただけま
　　す。ただ、申し訳ないのですが、今週だけ講師の都合
　　により金曜日に変更となりました。

M：そうでしたか。分かりました。ありがとうございます。

F：はい、それでは少々お待ちください。

男の人はこのあとまず何をしますか。

1　じゅぎょうにさんかする
2　試験をうける
3　外国人とじゆうに話をする
4　お茶を飲みながら待つ

크'라는 건 뭔가요?

F : 네, 이쪽은 수업과는 다른 것입니다만, 학생 여러분이 여러 강
사와 이야기하는 것이 목적이며, 매주 한번, 외국인강사와 차
를 마시며, 자유롭게 회화하실 수 있는 모임입니다.

M : 매주 목요일이라고 써 있는데, 오늘이네요. 저도 참가할 수 있
나요?

F : 네, 본 학원 학생이라면, 무료로 참가하실 수 있습니다. 다만 죄
송합니다만 이번 주만 강사 사정에 의해 금요일로 변경되었습
니다.

M : 그랬군요. 알겠습니다. 감사합니다.

F : 네. 그럼 잠시 기다려 주세요.

남자는 이 다음 우선 무엇을 합니까?

1　수업에 참가한다.
2　**시험을 본다.**
3　외국인과 자유롭게 이야기를 한다.
4　차를 마시면서 기다린다.

해설　여자의 첫번째 대화내용에「このあとは授業にお入りいただく前のレベルテストを行います(이 다음은, 수업에 들어가기 전에 레
벨테스트를 합니다)」라는 내용이 있었으니 답은 2번이 된다. 수업에 들어가기 전에 레벨테스트를 한다고 했으니 1번은 오답이고, 3번과
4번은 프리 토크 모임에 관한 내용이므로 오답이다.

어휘　英会話(영어 회화)｜入会方法(입회 방법)｜終了(종료)｜授業(수업)｜外国人講師(외국인 강사)｜担当(담당)｜このまま(이대로,
여기서)｜少々(잠시)｜本日(오늘)｜生徒(학생)｜目的(목적)｜自由に(자유롭게)｜会(모임)｜当校(본 학원)｜ただ(다만)｜申し訳
ない(죄송하다)｜都合により(사정에 의해)｜変更(변경)

3番

留守番電話のメッセージを聞いています。メッセージを聞い
た人はこれから何を買いますか。

F：もしもし？梨花？LINEだと打つの長くなるから、留守電
　　にするね。もしかして、もう由美の家に向かってる？駅
　　着いたら、駅の隣のスーパーに寄ってくれないかな。
　　今日のパーティー、思ったよりも参加者が増えちゃっ
　　て、飲み物、足りなくなりそうなんだ。私は今、デパ
　　ートでケーキ買ってるんだけど、荷物が多くてスーパー
　　は寄れないと思うから、お願いね。たぶんペットボトル
　　あと2本くらいあれば足りると思う。あと、紙コップと
　　箸は足りてるんだけど、お皿が足りなくなると思うか

3번 정답 4

전화자동응답기 메시지를 듣고 있습니다. 메시지를 들은 사람은 이
제부터 무엇을 삽니까?

F : 여보세요? 리카? LINE으로 하면 쓰는 게 길어지니까, 음성 사
서함으로 할게. 혹시 벌써 유미집으로 가고 있어? 역 도착하면,
역 옆에 있는 슈퍼마켓에 들러 주지 않을래? 오늘 파티 생각보
다 참가자가 늘어나서 음료수가 부족할 것 같아. 나는 지금, 백
화점에서 케이크를 사고 있는데 짐이 많아서 슈퍼마켓에는 들
리지 못할 것 같으니까, 부탁할게. 아마도 페트병 음료 2병 정
도 더 있으면 충분할 거라고 생각해. 그리고 종이컵이랑 젓가락
은 충분한데, 접시가 부족할 것 같으니까 좀 넉넉하게 사오면
좋겠어. 만약 모르는 게 있으면, 즉시 전화해줘. 부탁할게.

ら、ちょっと多めに買ってきてほしいの。もし分かんないことあったら、折り返し電話ちょうだい。よろしくね。

メッセージを聞いた人はこれから何を買いますか。

メ시지를 들은 사람은 이제부터 무엇을 삽니까?

1　紙コップと紙ざら
2　飲み物と紙コップ
3　はしとペットボトル
4　飲み物と紙ざら

1　종이 컵이랑 종이 접시
2　음료수랑 종이 컵
3　젓가락이랑 페트병 음료
4　음료수와 종이 접시

해설 여자가 사오라고 부탁한 물건을 찾을 수 있는 힌트는 「飲み物、足りなくなりそうなんだ(음료수가 부족할 것 같아)」와 「お皿が足りなくなると思うから、ちょっと多めに買ってきてほしいの(접시가 부족할 것 같으니까 좀 넉넉하게 사오면 좋겠어)」이다. 즉 메시지를 들은 사람이 사 갈 품목은 음료수와 접시이니 정답은 4번이다. 종이컵과 젓가락은 충분하다고 했으니 1번 2번 3번은 답이 될 수 없다.

어휘 留守番電話(전화자동응답기) | 打つ(치다, 쓰다) | 留守電(留守番電話의 줄임말) | もしかして(혹시) | 向かう(향하다) | 着く(도착하다) | 寄る(들르다) | 増える(늘어나다) | 足りない(부족하다) | ペットボトル(페트병) | 足りる(충분하다) | あと(그리고) | 紙コップ(종이컵) | 箸(젓가락) | お皿(접시) | 多めに(많이, 넉넉하게) | 折り返し(즉시) | ちょうだい(줘) | 紙ざら(종이 접시)

4番

会社で女の人と男の人が話しています。女の人はこのあとまず何をしますか。

F：はじめまして、田中由紀と申します。これからどうぞよろしくお願いします。
M：田中さん、こちらこそよろしく。みんないい人達だから、緊張しないで大丈夫ですよ。まず席に案内しますね。席に荷物を置いたら、課長から仕事の簡単な説明があるので、メモするものとノートパソコンを持って、あそこの会議室に行ってください。
F：分かりました。あのう、パソコンは会社からいただけると聞いたのですが。
M：あ、そうでした。それは課長が準備してくれているはずです。僕も会議に出るから、そこで聞きますね。それと、お昼のお弁当とか持ってきたりしてます？
F：いえ、コンビニで買おうと思っていました。
M：それならよかったです。うちの食堂、おいしいんですよ。会議のあと、一緒に食べましょう。
F：はい、ありがとうございます。
M：じゃ、僕も自分のパソコン取ってくるので、またあとで。

4番 정답 2

회사에서 여자와 남자가 이야기하고 있습니다. 여자는 이 후 먼저 무엇을 합니까?

F : 처음 뵙겠습니다. 다나카 유키라고 합니다. 앞으로 잘 부탁드립니다.
M : 다나카 씨. 앞으로 잘 부탁드립니다. 다들 좋은 분들이니까, 긴장하지 않아도 괜찮아요. 먼저 자리로 안내할게요. 자리에 짐을 두면, 과장님이 간단한 업무 설명을 할 테니, 메모할 거랑 노트북을 갖고, 저기 회의실로 가주세요.

F : 알겠습니다. 저기. 노트북은 회사에서 줄 거라고 들었는데요….

M : 아. 그렇죠. 그건 과장님이 준비해줄 거예요. 저도 회의에 참석할 거니까 그때 물어볼게요. 그리고, 혹시 점심 도시락 가져왔나요?

F : 아니요. 편의점에서 사려고 했습니다.

M : 그렇다면 잘 되었네요. 우리 사원식당 맛있거든요. 회의 후에 같이 드시죠.

F : 네. 감사합니다.

M : 그럼, 저도 제 노트북을 가져와야 해서 잠시 후에 뵙죠.

女の人はこのあとまず何をしますか。

1　せきで仕事の説明を聞く

2　かいぎ室に行く

3　パソコンを取りに行く

4　会社の食堂に行く

여자가 이 후 먼저 무엇을 합니까?

1　자리에서 일의 설명을 듣는다.

2　회의실에 간다.

3　컴퓨터를 가지러 간다.

4　회사 식당에 간다.

해설 남자는 여자에게 과장님의 업무 설명이 있을 테니「メモするものとノートパソコンを持って、あそこの会議室に行ってください (메모할 거랑 노트북을 갖고, 저기 회의실로 가주세요)」라고 했으므로 정답은 2번이 된다. 자리에 짐을 두고 회의실로 가면 과장으로부터 간단한 설명이 있을 것이라고 했으므로 1번은 오답이고, 과장님이 노트북을 준비해줄 거라고 했으니 3번도 오답이다. 회사 식당에 가는 것은 회의 후이므로 4번도 오답이다.

어휘 ～と申します(~라고 합니다) | 緊張(긴장) | うちの社員食堂(우리 사원식당) | 取ってくる(가져오다) | 用意する(준비하다)

5番

スーパーで男の人と女の人が話しています。二人はこのあと買い物かごに何を入れますか。

M：えっと、野菜は全部いつもの八百屋で買えたから、あと何を買うんだったっけ。

F：卵と牛乳よ。

M：あれ？牛乳は昨日、仕事の帰りに僕が買ってきたよ。もうないの？いつの間に全部飲んだの？

F：あ、そうだよね。冷蔵庫にあったよね。せっかく買ってきてくれたのに、私、すっかり忘れてた。ないものだとばかり思ってたから、今朝は飲んでもいないし。じゃ、あと買うものは。

M：あれは？目覚まし時計の電池。

F：あ、そうそう。ありがとう、思い出してくれて。レジの横にあるから、会計のときに取ればいいね。

M：そうだね。お、このプリン、新製品だよ。おいしそうだから買おうよ。

F：うん、食べてみたい。

二人はこのあと買い物かごに何を入れますか。

1　やさい、たまご

2　たまご、ぎゅうにゅう、電池

3　たまご、電池、プリン

4　ぎゅうにゅう、電池

5번 정답 3

슈퍼에서 남자와 여자가 이야기하고 있습니다. 두 사람은 이 후 쇼핑바구니에 무엇을 넣습니까?

M：음, 야채는 전부 늘 가는 채소가게에서 샀으니까, 그리고 뭘 사기로 했지?

F：계란이랑 우유.

M：어? 우유는 어제 퇴근 길에 내가 사왔어. 벌써 없어? 어느 틈에 다 마신 거야?

F：아, 맞다. 냉장고에 있었지. 모처럼 사와 줬는데, 내가 완전히 잊어버렸어. 없는 줄로만 알고, 오늘 아침에는 전혀 마시지도 않았고. 그럼 더 살 것이.

M：그건? 자명종 시계 건전지.

F：아, 맞아 맞아, 고마워, 기억해 줘서. 계산대 옆에 있으니까, 계산할 때 집으면 되겠다.

M：그래. 오, 이 푸딩 신제품이네. 맛있을 것 같은데 사자.

F：응 먹어보고 싶어

두 사람은 이 후 쇼핑바구니에 무엇을 넣습니까?

1　야채, 달걀

2　달걀, 우유, 건전지

3　달걀, 건전지, 푸딩

4　우유, 건전지

해설 우유에 관해「牛乳は昨日、仕事の帰りに僕が買ってきた(우유는 어제 퇴근 길에 내가 사왔다)」라고 했으니 우유가 들어간 2번 4번은 오답이다. 건전지와 푸딩을 사자고 했는데, 대화 첫 부분에서 달걀과 우유를 말했을 때, 우유는 어제 사다 놓았다고 했지만 달걀에 관

한 언급은 없었으므로 달걀도 추가해야 한다. 따라서 정답은 3번이 된다.

어휘 買い物かご(쇼핑바구니) | いつもの八百屋(늘 가는 채소가게) | いつの間に(어느 틈에) | せっかく(모처럼) | すっかり(완전히) | ～とばかり(~라고만) | 目覚まし時計(자명종시계) | 電池(건전지) | 思い出す(생각해 내다) | レジ(계산대) | 横(옆) | 会計(회계, 계산) | 新製品(신제품)

6番

会社で男の人と女の人が話しています。男の人はこのあと まず何をしますか。

M：ただいま戻りました。

F：あ、高橋さん、お疲れさま。どう？明日の会社説明会の 準備は大丈夫そう？

M：はい、先ほど会場を確認してきました。パソコンを使 って練習もしたので大丈夫そうです。あとは明日、ポ スターを持っていくだけです。

F：ポスター？今朝までに広報課からもらうはずじゃなかっ たっけ。

M：あ、実は朝、広報の山本さんから、直したいところがあ るから午後になると言われていたんです。そろそろ完成 しているはずなので、これから連絡してみます。

F：そうだったのね。じゃあ、よろしく。そういえば、さっ き課長から言われたんだけどね、会社のことを学生さ んたちにもっとよく知ってもらうために、説明会でうち の商品の実物を見せたらどうかって。で、そうすること になったから、それはこっちで準備しておくわ。

M：あ、はい。ありがとうございます。一応、学生に渡す資 料には商品の写真と説明も入ってますが、実際に商品 があると分かりやすいと思います。

F：そうね。じゃ、明日は頑張りましょう。

男の人はこのあとまず何をしますか。

1 会場にポスターを持っていく
2 ポスターのたんとう者にかくにんする
3 しりょうに写真と説明をいれる
4 しょうひんを用意する

6번 정답 2

회사에서 남자와 여자가 이야기하고 있습니다. 남자는 이 후 먼저 무엇을 합니까?

M : 지금 돌아왔습니다.

F : 아, 다카하시 씨, 수고했어. 어때? 내일 회사 설명회 준비는 괜 찮을 것 같아?

M : 네, 방금 전에 행사장을 확인하고 왔어요. 컴퓨터를 써서 연습 도 했으니까 괜찮을 것 같아요. 나머지는 내일 포스터만 가져 가면 됩니다.

F : 포스터? 오늘 아침까지 홍보과에서 받는 거 아니었어?

M : 아, 실은 오늘 아침에, 홍보과의 야마모토 씨한테 고치고 싶은 부분이 있어 오후에 주겠다고 들었어요. 슬슬 완성되었을 테니 이제 연락해 보겠습니다.

F : 그랬군. 그럼 잘 부탁해. 그러고 보니, 아까 과장님한테 들었는 데, 학생들에게 회사를 더 잘 알릴 수 있도록 설명회에서 우리 상품 실물을 보여주면 어떻겠냐고 하셨어. 그래서, 그렇게 하 기로 되었으니, 그건 내가 준비해 둘 게.

M : 아, 네. 감사합니다. 일단 학생에게 건네 줄 자료에는 상품의 사 진과 설명도 들어가 있는데, 실제로 상품이 있으면 알기 쉬울 것 같아요.

F : 그래. 그럼 내일 열심히 해 봅시다.

남자는 이 다음 우선 무엇을 합니까?

1 행사장에 포스터를 가져간다.
2 포스터 담당자에게 확인한다.
3 자료에 사진과 설명을 넣는다
4 상품을 준비한다.

해설 남자가 남은 일은 내일 포스터만 가져가면 된다고 하자, 여자는 오늘 아침에 받는 거 아니었냐고 묻고 있다. 그러자 남자는 수정할 부분이 있어 오후에 주기로 했다고 하며「そろそろ完成しているはずなので、これから連絡してみます(슬슬 완성되었을 테니 이제 연락해 보겠습니다)」고 했으니 남자가 가장 먼저 할 일은 2번이다. 행사장에 포스터를 가져 가는 것은 내일이므로 오답이고, 자료에는 상품 사진 과 설명이 들어가 있다고 하였으므로 3번도 오답이다. 상품을 준비하겠다고 한 것은 여자이므로 4번도 오답이다.

어휘 ただいま(지금) | お疲れさま(수고했어) | 会社説明会(회사 설명회) | 先ほど(방금 전) | 会場(행사장) | 確認(확인) | 練習(연습) | 広報課(홍보과) | ～はずじゃなかったっけ(~하는 거 아니었어?) | 直す(고치다) | ところ(부분) | そろそろ(슬슬) | 完成(완성) | ～はずだ(~일 것이다) | 連絡(연락) | そういえば(그러고 보니) | うちの商品の実物(우리 상품 실물) | 一応(우선, 일단) | 渡す(건네 주다) | 資料(자료) | 実際に(실제로)

<table><tr><td>

問題2 問題2では、まず質問を聞いてください。そのあと、問題用紙のせんたくしを読んでください。読む時間があります。それから話を聞いて、問題用紙の1から4の中から、最もよいものを一つ選んでください。

例

学校で学生が話しています。女の人はどうしてピアノをやめましたか。

M：来月のピアノの発表会の曲、もう決めた？
F：実は私、先月でピアノやめたんだ。
M：えっ、本当に？そっか。せっかく上手だったのに、残念だな。でもそうだよね、授業料も上がったし、高校に入って授業も難しくなったしね。
F：そうそう。でもまあ、それだけなら何とかなったんだけどさ。
M：え、何かあった？
F：うん、最近、英語の勉強が楽しくって、英会話スクールに通い始めたんだ。
M：そうだったの？　まあ、英語なら受験にも役に立つしね。
F：うん、ピアノよりいいかなと思って。
M：そっかそっか。残念だけど仕方ないね。

女の人はどうしてピアノをやめましたか。
1　学校の勉強がたいへんだから
2　じゅけん勉強を始めたから
3　新しいしゅみをもったから
4　ピアノのじゅぎょう料が高くなったから

</td><td>

문제2 문제2에서는 우선 질문을 들으세요. 그 후 문제지의 선택지를 읽으세요. 읽을 시간이 있습니다. 그러고 나서 이야기를 듣고 문제지의 1부터 4 안에서 가장 알맞은 것을 하나 고르세요.

예 정답 3

학교에서 학생이 이야기하고 있습니다. 여자는 왜 피아노를 그만두었습니까?

M : 다음 달 피아노 발표회에서 칠 곡 벌써 정했어?
F : 사실, 나 지난 달에 피아노 그만뒀어.
M : 어? 진짜? 그렇구나, 모처럼 잘 쳤었는데. 아쉽다. 하지만 그렇지, 수업료도 올랐고, 고등학교에 들어와서 수업도 어려워졌잖아.
F : 맞아 맞아. 근데 뭐, 그것만이라면 어떻게든 할 수 있었는데…
M : 뭐? 무슨 일 있었어?
F : 응, 요즘 영어공부가 재미있어서 영어회화학원에 다니기 시작했거든.
M : 그랬어? 뭐 영어라면 수험에도 도움이 되니까.
F : 응, 피아노보다 나을 것 같아서.
M : 그래, 아쉽긴 한데 어쩔 수 없네.

여자는 왜 피아노를 그만두었습니까?
1 공부가 바빠졌으니까
2 수업료가 많이 올랐으니까
3 새로운 취미를 시작했으니까
4 피아노가 재미없어졌으니까

</td></tr></table>

M：テレビでアナウンサーが話しています。今日はどうする
のがいいと言っていますか。

F：今日のお天気をお伝えします。
今日は一日晴れますが、台風が 近づいている影響で
非常に強い風が吹きます。強い風が吹く日は色々な物
が飛んでくる恐れがあるので、とても危険です。
今日のような天気の日は、外に出ないで家にいるに限り
ます。もし用事があってお出かけになる時は、十分に気
を付けてください。
来週、台風が過ぎたあとは、気温が30度を超えるで
しょう。急な気温の変化がありますので、体の調子に
注意しましょう。
ここまで、今日のお天気でした。

M：今日はどうするのがいいと言っていますか。

1　ものが動かないようしておく
2　出かけないようにする
3　水をいっぱい飲む
4　体の調子の変化に注意する

정답 2

M：TV에서 아나운서가 말하고 있습니다. 오늘은 어떻게 하는 것
이 좋다고 말하고 있습니까?

F：오늘의 날씨를 전해드리겠습니다.

오늘은 종일 맑지만, 태풍이 접근하고 있는 영향으로 매우 강
한 바람이 붑니다. 강한 바람이 부는 날은 여러 물건이 날아올
우려가 있어서, 매우 위험합니다.

오늘과 같은 날씨일 때는, 밖으로 나가지 말고, 집에 있는 것이
좋습니다. 만약 용무가 있어 외출하실 때는, 충분히 주의해주
세요.

다음 주, 태풍이 지나간 뒤, 기온이 30도를 넘어갈 것입니다.
급한 기온의 변화가 있으니, 몸의 컨디션의 주의합시다.

지금까지, 오늘의 날씨였습니다.

M：오늘은 어떻게 하는 것이 좋다고 말하고 있습니까?

1　물건이 움직이지 않도록 한다.
2　외출하지 않도록 한다.
3　물을 많이 마신다.
4　몸 상태의 변화에 주의한다.

해설　아나운서가 태풍과 관련된 일기예보를 전하면서 「今日のような天気の日は、外に出ないで家にいるに限ります(오늘 같은 날씨일
때에는 밖에 나가지 말고 집에 있는 것이 좋습니다)」라고 시청자들에게 외출 자제를 요청하고 있다. 「〜は…〜に限る(〜는 ~하는 것이
최고, 가장 좋다」라는 표현을 이해한다면 보기 2번이 정답이 된다는 것을 알 수 있게 된다.

어휘　アナウンサー(아나운서)｜晴れる(맑다)｜台風(태풍)｜近づく(접근하다)｜影響(영향)｜非常に(매우)｜吹く(불다)｜恐れ(우려)｜
危険(위험)｜限る(제한하다, 〜に限る ~하는 것이 제일 좋다)｜用事(용무)｜気温(기온)｜調子(상태)

男の人がお店に電話しています。男の人はどうして歌のサ
ービスを断りましたか。

F：お電話ありがとうございます。「レストラン・ローズ」
でございます。

M：あ、もしもし。今度の日曜日の８時に予約を入れたいん
ですが。

F：日曜日の８時ですね。はい、ご予約可能です。お名前と
人数を伺ってもよろしいですか。

M：高野で、二人です。あの、当日は妻の誕生日なんで
す。お祝いのケーキもお願いすることはできますか。

정답 2

남자가 가게에 전화하고 있습니다. 남자는 왜 노래서비스를 거절했
습니까?

F：전화 주셔서 감사합니다. 「레스토랑·로즈」입니다

M：아, 여보세요. 이번 일요일 8시에 예약을 하고 싶은데요

F：일요일 8시군요. 네, 예약 가능합니다. 성함과 인원수를 여쭤봐
도 괜찮습니까?

M：다카노로 2명입니다. 저기, 그날은 아내의 생일이거든요. 축하
케이크도 부탁드릴 수 있나요?

F : すてきですね。誕生日ケーキも、もちろん可能です。お誕生日の方がいる場合は、お店で誕生日の歌を流して、みんなでお祝いすることもできますよ。

M : 歌ですか。みんなから注目されるのは、ちょっと。ケーキだけで結構です。あ、あと当日お花を渡したいんですが、当日の午後に一度お店に伺って、預かってもらうことはできますか。

F : はい、可能です。ご予約日の前日に一度確認のお電話をさせていただきますね。

M : 分かりました。ありがとうございます。よろしくお願いします。

男の人はどうして歌のサービスを断りましたか。

1 妻にひみつのパーティーだから

2 おおくの人に見られるのがはずかしいから

3 花とケーキをプレゼントしたいから

4 前の日までに考えて決めたいから

F : 근사하네요. 생일 케이크도 물론 가능합니다. 생일인 분이 있는 경우에는 가게에서 생일 축하 노래를 틀고, 다같이 축하하는 것도 가능합니다.

M : 축하노래요? 모두의 주목을 받는 건 좀. 케이크만으로 괜찮습니다. 아, 그리고 그 날 꽃을 전해주고 싶은데, 당일 오후에 한 번 가게에 찾아 뵐 테니, 맡아 주실 수 있나요?

F : 네, 가능합니다. 예약 전날, 한번 확인 전화를 드리겠습니다.

M : 알겠습니다. 감사합니다. 잘 부탁드립니다.

남자는 왜 노래 서비스를 거절했습니까?

1 아내에게 비밀 파티이니까

2 많은 사람이 보는 것은 창피하니까

3 꽃과 케이크를 선물할 거니까

4 전날까지 생각해서 정하고 싶으니까

해설 아내를 위한 생일 파티를 준비하기 위해 예약을 하고 있는데, 호텔 측에서는 생일 주인공을 위해 생일 축하노래를 틀어주겠다고 했다. 그러자 남편은 「みんなから注目されるのは、ちょっと。ケーキだけで結構(모두의 주목을 받는 건 좀. 케이크만으로 괜찮다)」고 했으니 답은 2번이 된다. 축하노래를 거절한 것과 비밀 파티는 관계없으므로 1번은 오답. 꽃과 케이크를 선물하는 것과 축하 노래와도 관계가 없으므로 3번도 오답. 4번은 등장하지 않는 내용이다.

어휘 断る(거절하다) | ~でございます(~입니다) | 予約を入れる(예약을 하다) | 可能(가능) | 人数(인원수) | 伺う(여쭙다) | 当日(당일) | お祝い(축하) | すてきだ(근사하다, 멋지다) | 方(분) | 歌を流す(노래를 틀다) | お祝いする(축하하다) | 結構だ(됐다, 괜찮다) | あと(그리고) | 預かる(맡다) | 予約日(예약일) | 前日(전날) | 秘密(비밀) | おおぜい(많은 사람)

3番

うちで妻と夫が話しています。夫はどうして早く帰ると言いましたか。

F : あなた、ここしばらく帰りが遅いわね。仕事、忙しいの？

M : うん。最近、お客さんが増えたせいで、忙しいんだ。残業しないと仕事が終わらないんだよ。

F : 大変ね。あのね、子供たちが「お父さんはいつ帰ってくるのかなあ」ってよく言うようになったの。ちょっと寂しがってるみたい。

M : えっ、そうなんだ。

F : このところ、子供たちと一緒に夕飯を食べることもで

3번 정답 2

집에서 부인과 남편이 이야기하고 있습니다. 남편은 왜 빨리 귀가하겠다고 말했습니까?

F : 여보, 요즘 며칠동안 귀가시간이 늦네. 일이 바빠?

M : 응. 최근 고객이 늘어난 탓에 바쁘네. 야근하지 않으면 일이 끝나질 않아.

F : 힘들겠네. 있잖아, 아이들이 '아빠는 언제 올까?'라고 자주 말하더라고. 좀 쓸쓸해하는 것 같아.

M : 뭐? 그렇구나!

F : 요즘 아이들과 같이 저녁밥도 못 먹잖아. 주말에는 당신 피곤

きなかったでしょう。週末は、あなたは疲れて昼寝ばかりしているしね。

M：そっか。これからはできるだけ早く帰るように頑張るよ。

F：ありがとう。あなたも残業ばかりだと、体が心配だしね。

夫はどうして早く帰ると言いましたか。

1　仕事が早く終わるから
2　こどもが待っているから
3　昼寝をしなくなったから
4　体がしんぱいだから

해서 낮잠만 자고 있고.

M：그래. 앞으로는 가능한 한 일찍 귀가하도록 노력할게.

F：고마워. 당신도 야근만 하면, 건강이 걱정되기도 하고

남편은 왜 빨리 귀가하겠다고 말했습니까?

1　일이 빨리 끝나니까
2　아이들이 기다리고 있으니까
3　낮잠을 안자게 되었으니까
4　건강이 걱정되니까

해설 아내가 아이들이 '아빠 언제 올까?'라고 한다고 하며, 「このところ、子供たちと一緒に夕飯を食べることもできなかったでしょう。週末は、あなたは疲れて昼寝ばかりしている(요즘 아이들과 같이 저녁밥도 못 먹었잖아. 주말에는 당신 피곤해서 낮잠만 자고 있고)」라고 했다. 그러자 남편은 「そっか。これからはできるだけ早く帰るように頑張る(앞으로는 가능한한 빨리 귀가하도록 노력할게)」라고 했으니 2번이 정답이다. 일은 많지만 아이들이 쓸쓸해하니까 일찍 귀가하겠다는 것이므로 1번은 오답, 낮잠을 자는 것은 주말이므로 3번도 오답, 남편의 건강을 걱정하고 있는 것은 아내이므로 4번도 오답이다.

어휘 ここしばらく(요즘 며칠동안) | 帰りが遅い(귀가시간이 늦다) | 〜せいで(〜탓에) | 残業(야근) | 寂しがる(외로워하다, 쓸쓸하하다) | このところ(요즘) | 週末(주말) | 昼寝(낮잠) | できるだけ(가능한한)

4番

女の留学生と男の学生が話しています。男の学生はどうしてうらやましいと言っていますか。

F：田中さん、日本の学校では掃除の時間があるって本当ですか。

M：はい、ありますよ。僕も小学校のときから、毎日学校をきれいに掃除していました。一緒にやってくれる先生もいますよ。

F：わあ、本当なんですね。びっくりしました。私の国では掃除をする清掃員のおばさんがいます。だから、生徒は授業が終わったら、すぐ家に帰ります。

M：そうなんですか。うらやましいです。日本では、学校や公園などの公共の場所をきれいに使おうとする意識が高まるように、この掃除の時間が作られたみたいですよ。

F：へえー、そう考えるといいことですね。私の国では掃除をしてくれる人がいるので、掃除は自分のやることじゃないと思っている人が少なくないんです。

4번 **정답** 2

여자 유학생과 남학생이 이야기하고 있습니다. 남학생은 왜 부럽다고 했습니까?

F：다나카 씨, 일본 학교에는 청소시간이 있다던데, 정말이에요?

M：네 있어요. 나도 초등학생 때부터, 매일 학교를 깨끗하게 청소했어요. 함께 해주는 선생님도 있어요.

F：와, 정말이군요. 깜짝 놀랐어요. 우리나라에는 청소하는 청소원 아줌마가 있어요. 그래서 학생들은 수업이 끝나면 바로 집에 돌아가요.

M：그래요. 부럽네요. 일본에서는 학교나 공원 등의 공공 장소를 깨끗하게 사용하자는 의식이 높아지도록 이 청소시간이 만들어진 것 같아요.

F：아~ 그렇게 생각하면 좋은 일이네요. 우리 나라에는 청소해주는 사람이 있어서, 청소는 내가 할 일이 아니라고 생각하는 사람이 적지 않아요.

M：それは困りますね。そんな人が増えたら町も汚くなりますよね。

F：そうなんですよ。私の国でもこの掃除の時間を作ってほしいです。

男の学生はどうしてうらやましいと言っていますか。

1 先生がそうじを手伝ってくれるから
2 学校が終わったら　すぐ帰宅できるから
3 いっしょにそうじをする時間があるから
4 町をきれいにしようという意識が高まるから

M : 그건 좀 곤란하네요. 그런 사람이 늘어나면 동네도 지저분해지겠네요.

F : 맞아요. 우리나라에서도 이 청소 시간을 만들었으면 좋겠어요.

남학생은 왜 부럽다고 했습니까?

1 선생님이 청소를 도와주니까
2 학교가 끝나면 바로 귀가할 수 있으니까
3 함께 청소할 시간이 있으니까
4 동네를 깨끗하게 하고자 하는 의식이 높아지니까

해설 일본인 남학생이 부러워하는 내용은 바로 앞줄에 나와있다. 「私の国では掃除をする清掃員のおばさんがいます。だから、生徒は授業が終わったら、すぐ家に帰ります(우리 나라에는 청소하는 청소원 아줌마가 있어요. 그래서 학생들은 수업이 끝나면 바로 집에 돌아가요)」즉 수업이 끝나면 바로 집에 갈 수 있다는 사실을 부러워하고 있으므로 답은 2번이 된다.

어휘 うらやましい(부럽다) | 掃除(청소) | 清掃員(청소원) | おばさん(아줌마) | 生徒(학생) | 授業(수업) | 公共(공공) | 意識(의식) | 高まる(높아지다, 고양되다) | 増える(늘어나다) | 手伝う(돕다)

5番

女の学生が留守番電話にメッセージを残しました。女の学生は何を心配しなくていいと言っていますか。

F：もしもし、お母さん？　私、ユミ。試験は無事に終わりました。やりきったと思います。おなかが痛かったのはね、まるで嘘みたいに治った。試験のストレスだったのかも。だから、もう大丈夫だよ。心配させてごめんね。今から友達と買い物に行くことにしたから、今日の夜ご飯は家で食べません。じゃあね。

女の学生は何を心配しなくていいと言っていますか。

1 試験をうけること
2 体のちょうしが悪かったこと
3 友だちとショッピングにいくこと
4 家で夕飯を食べないこと

5번 **정답** 2

여학생이 자동응답기에 메시지를 남겼습니다. 여학생은 무엇을 걱정하지 않아도 된다고 말하고 있습니까?

F : 여보세요? 엄마? 나야 유미. 시험은 무사히 끝났어요. 할 만큼은 한 것 같아요. 배가 아팠던 건 미치 거짓말이었던 것처럼 나았어. 시험 스트레스였을지도 몰라. 그래서 이젠 괜찮아요. 걱정시켜서 미안. 지금부터 친구랑 쇼핑 가기로 했으니까, 오늘 저녁은 집에서 안 먹어요. 그럼~.

여학생은 무엇을 걱정하지 않아도 된다고 말하고 있습니까?

1 시험을 치르는 것
2 몸 상태가 나빴던 것
3 친구와 쇼핑하러 가는 것
4 집에서 저녁을 먹지 않는 것

해설 여학생은 어머니에게 걱정시켜서 미안이라고 했는데, 그 걱정시킨 내용은 바로 앞에 나와 있다. 「おなかが痛かったのはね、まるで嘘みたいに治った。試験のストレスだったのかも。だから、もう大丈夫だよ(배가 아팠던 건 꼭 거짓말처럼 나았어. 시험 스트레스였을지도 몰라. 그래서 이젠 괜찮아요)」즉 어머니는 딸이 배가 아프다는 사실을 걱정하고 있었고, 답은 2번이다. 시험은 이미 치르고, '할 만큼은 했다'고 했으므로 1번은 오답, 3번과 4번은 걱정하지 않아도 된다는 것이 아니고 친구와 쇼핑하고 저녁을 먹고 온다고 알린 것이므로 답이 될 수 없다.

어휘 留守番電話(전화자동응답기) | 残す(남기다) | 無事に(무사히) | やりきる(끝까지 하다) | まるで(마치) | 治る(낫다) | 泊まる(묵다) | うまくいく(잘 되다) | 夕飯(저녁밥) | 体の調子が悪い(몸 상태가 나쁘다)

大学で女の学生と男の学生が話しています。女の学生はどうして合宿で免許を取りましたか。

F：拓真、ケータイで何を調べてるの？

M：あ、ちょっと運転免許のことをね。そろそろ車を運転したいなと思って。

F：そっか。私も免許を取るときにいろいろ調べたなあ。

M：さくらは、ホテルに泊まりながら免許を取る合宿コースにした？　それとも自動車学校に通った？

F：私は2週間の合宿コースにしたよ。自動車学校は時期によって授業の予約が取れないことがあるみたいなの。だから私は、早く免許を取ることができる合宿にしたんだ。

M：そうなんだ。別に早く取りたいわけじゃないんだけど、自動車学校は家から少し距離があるしな。費用も合宿のほうが安い？

F：うーん、それは通う時期だとか、免許が取れるまでにかかる日数にもよるかな。でも、早く免許を取る必要がないなら、自分のペースで通える自動車学校も悪くないと思うよ。

女の学生はどうして合宿で免許を取りましたか。
1　短期間でめんきょを取りたかったから
2　家から自動車学校まで遠いから
3　料金が安くなるから
4　自分のペースでめんきょが取れるから

6번 정답 1

대학에서 여학생과 남학생이 이야기하고 있습니다. 여학생은 왜 합숙으로 면허를 땄습니까?

F : 다쿠마, 휴대폰으로 뭐 알아보고 있어?

M : 아, 운전면허 좀 알아보고 있어. 슬슬 자동차 운전하고 싶어서.

F : 그래? 나도 면허 딸 때 이것저것 알아봤지.

M : 사쿠라는 호텔에 묵으면서 면허를 따는 합숙코스로 했어? 아니면 자동차 학원에 다녔어?

F : 나는 2주짜리 합숙코스로 했어. 자동차 학원은 시기에 따라 수업 예약을 못하는 경우가 있는 것 같아. 그래서 나는 빨리 면허를 딸 수 있는 합숙으로 한 거야.

M : 그랬구나. 딱히 빨리 따고 싶은 건 아니지만, 자동차 학원이 집에서 좀 거리가 있어서. 비용도 합숙 쪽이 싸?

F : 음, 그건 다니는 시기라든가, 면허를 딸 때까지 걸리는 날짜에 따라서도 다를 거야. 근데 빨리 면허를 딸 필요가 없다면, 자기 페이스대로 다닐 수 있는 자동차 학원도 괜찮다고 생각해.

여학생은 왜 합숙으로 면허를 땄습니까?

1　면허를 단기간에 따고 싶었기 때문에
2　집에서 자동차 학원까지 멀기 때문에
3　요금이 싸지기 때문에
4　자신의 페이스로 면허를 딸 수 있으니까

해설 여학생이 합숙을 선택하여 면허를 딴 이유는 「私は、早く免許を取ることができる合宿にした(나는 빨리 면허를 딸 수 있는 합숙으로 했다)」에 나와 있다. 정답은 1번이 된다. 어려운 단어는 아니지만 「短期間で(단기간에)」란 표현을 이해하면 바로 풀 수 있는 문제이다. 집과 거리가 멀다고 한 것은 남학생 이므로 2번은 오답이다. 3번의 요금은 다니는 시기와 날짜에 따라 다르다고 했으므로 합숙을 택한 이유가 될 수 없다. 여학생은 자신의 페이스로 딸 수 있는 자동차 학원도 나쁘지 않다고 한 것이므로 4번도 오답이다.

어휘 合宿(합숙)｜免許を取る(면허를 따다)｜そろそろ(슬슬)｜泊まる(묵다)｜それとも(아니면)｜自動車学校(자동차 학원)｜通う(다니다)｜時期(시기)｜授業(수업)｜予約を取る(예약을 하다)｜～わけじゃない(~인 것은 아니다)｜距離(거리)｜費用(비용)｜日数(일수, 날자)｜よる(의하다, 따르다)｜料金(요금)｜誘う(권유하다)

問題3では、問題用紙に何も印刷されていません。この問題は、ぜんたいとしてどんなないようかを聞く問題です。話の前に質問はありません。まず話を聞いてください。それから、質問とせんたくしを聞いて、1から4の中から、最もよいものを一つ選んでください。

例

女の人と男の人が新しいドラマについて話しています。

F：昨日から始まったドラマ、見た？

M：あ、あの刑事ドラマのこと？

F：そうそう。

M：見た見た。見ている間ずっとどきどきしたよ。音楽もすばらしかったね。

F：そう？　私は音楽はちょっとやりすぎかなって思ったけど。

M：そうかな。場面ごとの音楽が効果的だったと思うけど。

F：うーん、ま、でもストーリーは最高だったね。

M：そうだね、刑事ものだから難しいかなと思ったけど、思ったより見やすかったね。

F：そうそう。来週が今から楽しみ。

M：そうだね。

男の人はドラマについてどう思っていますか。

1　想像よりもおもしろくなかった

2　内容が難しかった

3　音楽とストーリーが合っている

4　今までのドラマの中でいちばんおもしろい

1番

料理番組で女の人が話しています。

F：秋の野菜といえば、かぼちゃ、なす、栗。今日は、かぼちゃ料理をご紹介します。用意するものは、かぼちゃのほかに、しょうゆ、酒、砂糖、みりんの調味料だけです。最初にかぼちゃを切りますが、かぼちゃは固いので切るのが大変ですよね。実は、このかぼちゃを簡単に切る方法があるんで

문제 3 문제3에서는 문제지에 아무것도 인쇄되어 있지 않습니다. 이 문제는 전체로서 어떤 내용인지를 묻는 문제입니다. 이야기 전에 질문은 없습니다. 우선 이야기를 들으세요. 그러고 나서 질문과 선택지를 듣고 1부터 4 안에서 가장 알맞은 것을 하나 고르세요.

예 정답 3

여자와 남자가 새로운 드라마에 대해 이야기하고 있습니다.

F : 어제부터 시작한 드라마 봤어?

M : 아, 그 형사 드라마?

F : 응응.

M : 봤어 봤어. 보는 내내 두근거렸어. 음악도 멋지던데.

F : 그래? 난 음악이 좀 과한가 했는데.

M : 그런가? 장면별 음악이 효과적이었던 것 같은데.

F : 음, 뭐 그래도 스토리는 최고였어.

M : 맞아. 형사 드라마라서 어려울 거라고 생각했는데, 생각보다 보기 편했어.

F : 맞아 맞아. 다음 주가 벌써부터ㅁ 기대된다.

M : 그러게.

남자들은 드라마에 대해서 어떻게 생각합니까?

1　상상보다도 재미없었다.

2　내용이 어려웠다.

3　음악과 스토리가 어울린다.

4　지금까지 본 드라마 중 가장 재미있다.

1번 정답 2

요리프로그램에서 여자가 이야기하고 있습니다.

F : 가을 채소라고 하면, 호박, 가지, 밤. 오늘은 호박요리를 소개하겠습니다. 준비하실 것은, 호박 외에, 간장, 술, 설탕, 미림 등의 조미료뿐입니다. 우선 호박을 자를건데요, 호박은 딱딱해서 자르기 힘들죠. 실은 이 호박을 간단하게 자르는 방법이 있습니다. TV앞 여러분. 주목해 주세요. 호박을 자르기 전에, 전자렌지에서 데웁니다. 이것만으로 아주 편해집니다. 그럼, 잠깐 해

す。テレビの前の皆さん、注目してください。かぼちゃを切る前に電子レンジで温める。これだけでとっても楽になります。じゃあ、ちょっとやってみますね。電子レンジから出すときは熱いので気をつけてくださいね。ほら、あんなに固かったかぼちゃがこんなに簡単に切れます。かぼちゃを切ったら、あとは簡単ですね。

女の人は何をいちばん伝えたいですか。

1 かぼちゃをおいしく食べる方法
2 かぼちゃを切る方法
3 秋のおいしい野菜
4 かぼちゃ料理と材料

해설 얼핏 1번에 낚일 수 있으나, 이야기의 대부분은 호박을 어떻게 하면 쉽게 자를 수 있는가에 관한 내용이므로 답은 2번이 된다. 호박 맛있게 먹는 방법은 한마디도 없으므로 1번은 오답이다. 3번과 4번은 언급은 하였지만 핵심내용이라 볼 수 없으므로 오답이다.

어휘 料理番組(요리프로그램) | ～といえば(~라고 하면) | かぼちゃ(호박) | なす(가지) | 栗(밤) | 用意する(준비하다) | しょうゆ(간장) | 砂糖(설탕) | みりん(미림) | 調味料(조미료) | 電子レンジ(전자렌지) | 温める(데우다, 덥히다) | 楽だ(편하다) | 材料(재료)

女の学生が友達のうちに来て、話しています。

F：こんにちは。山本です。
M：おう、どうした？　入って入って。さっきまで母さんの友達が遊びに来てて、散らかってるけど。
F：いや、ここで大丈夫。あのさ、この前借りた英語のノートなんだけど、コーヒーこぼして汚しちゃって。
M：えー、ほんと？マジで？どこ？
F：うん。ほら、ここ。ほんと、ごめんね。
M：冗談だよ。いいよ、これくらい。俺もたまにやるし。
F：いや、でも。あの、これよかったらケーキ、皆さんで食べて。
M：え？　何、気つかってんの？　やだなあ。じゃあ、食べていきなよ。今、お茶いれるよ。母さん、ミカにケーキもらった。
F：じゃ、お言葉に甘えて、お邪魔しちゃうね。

女の学生は友達のうちへ何をしに来ましたか。

1 ノートを借りに来た
2 お茶を飲みに来た

볼게요. 전자렌지에서 꺼낼 때는 뜨거우니까 조심하세요. 자, 그렇게 딱딱했던 호박을 이렇게나 간단히 자를 수 있습니다. 호박을 자르면 나머지는 간단합니다.

여자가 가장 전하고 싶은 것은 무엇입니까?

1 호박을 맛있게 먹는 방법
2 호박을 자르는 방법
3 가을의 맛있는 채소
4 호박요리와 재료

2번 정답 3

여학생이 친구 집에 와서 이야기하고 있습니다.

F : 안녕하세요~. 야마모토입니다.
M : 야, 어쩐 일이야? 들어와 들어와. 방금 전까지 엄마 친구가 놀러 와 있어서 어질러져 있지만.
F : 아냐, 여기서 괜찮아. 저기, 저번에 빌린 영어 노트 말인데, 커피 쏟아서 더럽혀 버렸어.
M : 아~ 진짜? 진짜? 어디?
F : 응, 자 여기. 진짜 미안해.
M : 농담이야. 괜찮아, 이 정도. 나도 가끔 그래.
F : 아니 그래도. 저기, 이거 괜찮다면 케이크. 다같이 먹어.

M : 엥? 뭐야, 신경쓰고 있는 거야? 에이. 먹고 가. 지금 차 내 올게. 엄마, 미카한테 케이크 받았어!

F : 그럼, 고맙게 받아들이고 실례할게.

여학생은 친구 집에 무엇을 하러 왔습니까?

1 노트 빌리러 왔다.
2 차 마시러 왔다.

3 謝りに来た

4 遊びに来た

3 사과하러 왔다.

4 놀러왔다.

해설 대화 전체를 살펴보면 여학생이 남학생에게 영어 노트를 빌렸는데 실수로 커피를 쏟았고, 이를 미안하게 생각한 여학생이 케이크를 들고 온 것을 알 수 있다. 따라서 여학생은 남학생 집에 사과하러 온 것임을 알 수 있으니 답은 3번이 된다.

어휘 さっきまで(방금 전까지) | 散らかる(어질러지다) | 借りる(빌리다) | こぼす(엎지르다, 쏟다) | 汚す(더럽히다) | マジで？(진짜?) | 冗談(농담) | たまに(가끔) | 気つかう(신경 쓰다) | 〜な(〜해) | お茶いれる(차 내오다) | お言葉に甘えて(고맙게 받아들이고) | お邪魔する(실례하다) | 謝り(사과)

ラジオで医師が話しています。

F：女性が職場を長く休む理由として、出産、育児があり
ますが、医師も例外ではありません。私も一年間仕事
を休むことを30代で二度経験しました。一年もの間、
医療の現場を離れることに不安を持つ女性医師も多い
と思います。新しい薬や新しい医療技術、ルールの変
更など、医療の世界では大きな変化が常に起こってい
るからです。しかし、休職した人が働きやすいように
サポートしてくれる病院もあります。ですから、医師と
して働く女性の皆さんに伝えたいことは、過去の経験
に縛られず、これからの自分にとって働きやすい職場
について考えるなど、幅広く物事を見てほしいという
ことです。自分に合った方法を探して、医師として現場
に復帰してもらいたいと思います。

この医師が女性医師たちに伝えたいことは何ですか。
1 長い休みは仕事に影響を与えるということ
2 医師を辞めるのは仕方がないということ
3 医師の仕事を諦めないでほしいということ
4 医療の世界は女性が働きにくいということ

3번 정답 3

라디오에서 의사가 말하고 있습니다.

F：여성이 직장을 오래 쉬는 이유로 출산, 육아가 있는데요, 의사
도 예외는 아닙니다. 저도 1년 동안 일을 쉬는 것을 30대에 두
번 경험했습니다. 1년이나 되는 시간 동안 의료 현장을 떠나는
것에 불안을 갖는 여성 의사도 많다고 생각합니다. 새로운 약
이나 새로운 의료 기술, 룰(rule)의 변경 등, 의료 세계에서는
큰 변화가 늘 일어나고 있기 때문입니다. 그러나, 휴직한 사람
이 일하기 편하게 지원해 주는 병원도 있습니다. 그러니, 의사
로 일하는 여성 여러분에게 전하고 싶은 것은, 과거의 경험에
얽매이지 말고, 지금부터의 자신에게 있어 일하기 편한 직장에
대해 생각하는 등, 폭넓게 일을 봤으면 좋겠다는 것입니다. 자
신에게 맞는 방법을 찾아, 의사로서 현장에 복귀하셨으면 합니
다.

이 의사가 여성 의사들에게 전하고 싶은 것은 무엇입니까?
1 긴 휴가는 일에 영향을 준다는 것
2 의사를 그만두는 것은 어쩔 수 없다는 것
3 의사 일을 그만두지 않으면 좋겠다는 것
4 의료 세계는 여성이 일하기 힘들다는 것

해설 질문은 이 의사가 여성 의사들에게 전하고 싶은 것이 무엇이냐고 묻고 있는데, 결정적 힌트는 「医師として働く女性の皆さんに伝えた いこと(의사로 일하는 여성 여러분에게 전하고 싶은 것)」 다음에 나와 있다. 「過去の経験に縛られず、〜自分に合った方法を探し て、医師として現場に復帰してもらいたい(과거의 경험에 얽매이지 말고, 〜자신에게 맞는 방법을 찾아, 의사로서 현장에 복귀하기 바란다)」가 힌트이다. 즉 여러모로 힘든 일이 있겠지만 포기하지 말고 의사 일을 계속하기 바란다는 내용이므로 정답은 3번이 된다.

어휘 医師(의사) | 職場(직장) | 出産(출산) | 育児(육아) | 例外(예외) | 経験(경험) | 一年もの間(1년이나 되는 시간 동안) | 医療(의료) | 現場(현장) | 離れる(떠나다, 떨어지다) | 技術(기술) | 変更(변경) | 常に(늘) | 伝える(전하다) | 過去(과거) | 縛る(묶다, 얽매다) | 〜にとって(〜에게 있어) | 幅広く(폭 넓게) | 物事(일) | 復帰(복귀) | 影響を与える(영향을 주다) | 諦める(포기하다)

問題4では、えを見ながら質問を聞いてください。やじるし（➡）の人は何と言いますか。1から3の中から、最もよいものを一つえらんでください。

문제4 문제 4에서는 그림을 보면서 질문을 들으세요. 화살표(➡)의 사람은 뭐라고 말합니까? 1부터 3 안에서 가장 적절한 것을 하나를 고르세요.

例

公園です。写真を撮ってほしいと言われました。何と言いますか。

F：1 では、撮りますよ。

2 撮りましょうか。

3 よろしくお願いします。

예 **정답** 1

공원입니다. 사진을 찍어 달라고 했습니다. 뭐라고 말합니까?

F：1 그럼, 찍겠습니다.

2 찍어드릴까요?

3 잘 부탁드립니다.

1番

友達の家にお土産を持っていきました。何と言いますか。

F：1 よろしければ皆さんで召し上がってください。

2 ぜひ今度、一緒にいただきましょう。

3 これ、とてもおいしくいただきました。

1번 **정답** 1

친구집에 선물을 가져갔습니다. 뭐라고 말합니까?

F：1 괜찮으면 가족분들과 드세요.

2 꼭 다음에 같이 먹어요.

3 이거 매우 맛있게 먹었어요.

해설 「お土産」의 종류는 여러가지가 있겠지만 가장 보편적인 건 과자 등과 같은 먹거리이다. 포인트는 「召し上がってください(드세요)」이고 답은 1번이다. 2번은 미래 이야기이고, 3번은 과거 이야기이므로 오답이다.

어휘 お土産(선물) | よろしければ(괜찮으면) | 召し上がる(드시다, 잡수시다) | ぜひ(꼭) | 今度(다음 번)

2番

レストランです。注文したものが来ていません。何と言いますか。

F：1 すみません、注文はまだですか。

2 あのう、ビールがまだなんですが。

3 申し訳ございません。確認してまいります。

2번 **정답** 2

레스토랑입니다. 주문한 것이 아직 오지 않습니다. 뭐라고 말합니까?

F：1 죄송합니다. 주문은 아직인가요?

2 저기, 맥주 아직 안 왔는데요.

3 죄송합니다. 확인하고 오겠습니다.

해설 주문한 음식이 안 왔을 때 완곡하게 재촉하는 표현이 「まだなんですが(아직입니다만)」로 답은 2번이다. 1번과 3번은 종업원이 손님에게 하는 말이므로 오답이다.

어휘 申し訳ございません(죄송합니다) | 確認(확인) | まいる(行く・来る의 겸양어)

3番

友達を家に招いて遊びたいです。何と言いますか。

M：1 招待してくれるなんてありがとう。

2 今度うちに来なよ。

3 今日は一緒に帰ろうか。

3번 **정답** 2

친구를 집에 초대해 놓고 싶습니다. 뭐라고 말합니까?

M：1 초대해 주다니 고마워.

2 다음에 우리집에 놀러 와.

3 오늘은 같이 갈까?

해설 「来なよ」란 회화체 표현을 알아야 한다. 「동사ます형＋な」는 부드럽게 지시하는 뜻이다. 그리고 「今度」는 '이번'이란 뜻도 있지만 '다음'이란 뜻도 있으니 주의해야 한다. 답은 2번이다. 1번은 초대받은 사람이 하는 말이고, 3번은 초대와 아무 관계없는 표현이다.

어휘 招く(초대하다) | 招待(초대) | 今度(다음 번) | 来な(와라)

4番

メールで届いた書類の中に足りないものがありました。すぐに送ってほしいです。何と言いますか。

F：1 すみませんが、書類を確認して、メールを送らせてくださいませんか。

2 申し訳ありませんが、書類を確認して、もう一度メールで送っていただけますか。

3 すぐに送らせていただけますか。もう二度と間違えないはずです。

4번 정답 ②

메일로 도착한 서류 중에, 부족한 것이 있었습니다. 바로 보내줬으면 합니다. 뭐라고 말합니까?

F：1 실례합니다만, 서류를 확인하고 메일을 보내게 해주시지 않겠습니까?

2 죄송합니다만, 서류를 확인해서, 다시 한번 메일을 보내주실 수 있겠습니까?

3 바로 보내도 괜찮을까요? 이제 두 번 다시 틀리지 않을 것입니다.

해설 상대에게 ~해 달라고 요구하는 표현으로 「～てくださいませんか」와 「～ていただけますか」가 나왔다. 한가지 혼동하면 안 되는 점은 이 표현 앞에 오는 동사의 「て형」이다. 일반동사의 「て형」이 오면 상대보고 해달라고 요구하는 표현이고, 사역동사의 「て형」이 오면 화자가 그 동사를 하겠다는 뜻이 된다는 점을 반드시 기억하고 있어야 한다. 따라서 「もう一度メールで送っていただけますか(다시 한번 메일을 보내주실 수 있겠습니까?)」라고 말한 2번이 답이 되고, 1번 3번은 내가 보내겠다는 뜻이 되므로 답이 될 수 없다.

어휘 届く(도착하다) | 書類(서류) | 足りない(부족하다) | 送る(보내다) | ～てほしい(~하기 바란다) | 間違える(틀리다) | ～はずだ(~일 것이다)

問題5 問題5では、問題用紙に何もいんさつされていません。まず文を聞いてください。それから、そのへんじを聞いて、1から3の中から、最もよいものを一つえらんでください。

문제5 제 5에서는 문제지에 아무것도 인쇄되어 있지 않습니다. 먼저 문장을 들으세요. 그러고 나서 그 문장에 맞는 대답을 듣고 1부터 3 안에서 하나를 고르세요.

例

M：久しぶりだね。元気だった？忙しかったの？

F：1 うん、私には難しい仕事だったの。

2 うん、息つく暇もなく過ごしてたわ。

3 うん、目を回して過ごしてたわ。

예 정답 ②

M : 오랜만이야. 잘 지냈어? 바빴어?

F : 1 응, 나한테는 어려운 일이었어.

2 응, 숨 돌릴 틈도 없이 지냈어.

3 응, 눈 굴리고 지냈어.

1番

M：明後日は、ちょっとバイトを休まないといけないんだ。

F：1 そうなんだ。いつから行くの？

2 何か用事でもできた？

3 休めば来られるんだね。

1번 정답 ②

M : 내일 모레는 조금 아르바이트를 쉬지 않으면 안 돼.

F : 1 그렇구나. 언제부터 가는 거야?

2 무언가 볼 일이라도 생겼어?

3 쉴 수 있으면 올 수 있는 거네.

해설 아르바이트를 쉬겠다는 말에 그 이유를 물어보는 2번이 가장 자연스럽다. 1번에서 「行く」가 들리지만 「いけない」와는 아무 관계없다. 3번도 대화의 맥락과 전혀 맞지 않는 오답이다.

2番

F : 資料ですか？机の上にあるじゃないですか。ちゃんと
　　見てくださいよ。

M : 1　資料をなくしてしまったの？

　　2　うん、よく捜してみるといいよ。

　　3　あ、ほんとだ。ごめんごめん。

2번　정답 3

F : 자료요? 책상 위에 있지 않나요? 제대로 봐주세요.

M : 1　자료를 잃어버리고 말았어?

　　2　응, 잘 찾아보면 돼.

　　3　아, 정말이다. 미안 미안.

해설 여자는 책상 위에 자료가 있는데 왜 없다고 하냐며 넌지시 따지고 있다. 다시 책상 위를 확인하여 자료가 있었다면 3번처럼 사과를 해야
할 것이다. 1번과 2번은 여자가 자료를 찾는 입장일 때 할 수 있는 말이므로 오답이다.

어휘 資料(자료) | ちゃんと(제대로) | なくす(잃어버리다) | 捜す(찾다) | ごめん(미안)

3番

M : 来週のこの授業って休みだよね？

F : 1　教授からのメール、見てないの？

　　2　課題って来週までなの？

　　3　講義室まで一緒に行こうか？

3번　정답 1

M : 다음 주 이 수업 휴강이지？

F : 1　교수님에게서 온 메일 안 봤어？

　　2　과제는 다음 주 까지야？

　　3　강의실까지 같이 가줄까？

해설 남자가 다음 주에 이 수업이 휴강이냐고 여자에게 확인하고 있다. 여자의 대답으로는 휴강 여부는 둘째치고 교수님이 메일로 다 알려준
사실이라고 하며 남자에 대한 불신감을 나타내고 있는 1번이 정답이다. 과제 제출을 묻는 내용이 아니므로 2번은 오답이고, 강의실에 함
께 가자는 내용도 휴강여부와 아무 관계없으니 3번도 오답이다.

어휘 授業(수업) | 教授(교수) | 課題(과제) | 講義室(강의실)

4番

F : ここに引っ越してきてどれくらいになるんですか。

M : 1　2回くらいですかね。

　　2　ちょうど5時ですよ。

　　3　もう3年ですね。

4번　정답 3

F : 여기 이사 온 지 어느 정도 됐습니까？

M : 1　2번정도일까요.

　　2　딱 5시에요.

　　3　벌써 3년이에요.

해설 이사 온 지 얼마나 되었냐는 질문에 가장 맞는 반응은 3번이다. 1번은 이사한 횟수이므로 오답이고, 2번은 시간에 관련된 말을 하고 있으
므로 역시 오답이다.

어휘 引っ越す(이사하다) | ちょうど(딱, 정확히)

5番

M : そんなこと生まれて初めて聞いたよ。

F : 1　まあ。お祝いに何をあげましょう。

　　2　あなたにも知らないことがあるのね。

　　3　ついに始めることにしたわけね。

5번　정답 2

M : 그런 거 태어나서 처음 들었어.

F : 1　이런! 축하의 의미로 무엇을 줄까？

　　2　당신도 모르는 것이 있구나.

　　3　마침내 시작하기로 했다는 거네？

해설 「生まれて初めて(태어나서 처음)」가 포인트이다. 태어나서 처음 들었다는 남자의 말에 당신도 모르는 게 있냐고 한 2번이 가장 자연스러운 반응이다. 1번은 「生まれる(태어나다)」, 즉 출산의 뜻으로 오해할 수 있으니 조심하자. 「初めて(처음)」이 들렸지만 「始める(시작하다)」와는 아무 상관없으니 3번도 오답이다.

어휘 生まれて初めて(태어나서 처음으로) | お祝い(축하) | ついに(마침내) | ～ことにする(~하기로 하다) | ～わけだ(~인 것이다)

6番

M : こちらにかばんを預けることってできますか。

F : 1　大丈夫ですよ。預かってもらいますか。

　　2　はい、預けましょうか。

　　3　はい、12時までならご利用いただけます。

6번　정답 3

M : 이쪽에서 가방을 맡길 수 있습니까?

F : 1　괜찮습니다. 맡겨 받을 수 있습니까?

　　2　네, 맡길까요?

　　3　네, 12시까지라면 이용하실 수 있습니다.

해설 가방을 맡길 수 있냐는 요구에 12시까지라면 이용할 수 있다고 답한 3번이 답이 된다. 1번은 표현자체가 잘못된 표현으로 「預かってもらえますか(맡아줄 수 있습니까?)」가 되야 말이 된다. 2번은 가방을 맡는 사람이 할 말이 아니라 맡기는 사람이 할 말이므로 오답이다.

어휘 預ける(맡기다) | 預かる(맡다) | ご利用いただけます(이용하실 수 있습니다)

7番

F : だから気をつけてって何度も言ったのに。

M : 1　ほんと、おかげで助かったよ。

　　2　でも、そんなに何回も行くことないよ。

　　3　こんな大きな事故になるとは思わなかったからさ。

7번　정답 3

F : 그러니까 조심하라고 몇 번을 말했는데.

M : 1　정말, 덕분에 살았어.

　　2　그래도 그렇게 몇 번이고 갈 것 없어.

　　3　이렇게 큰 사고가 될 것이라고는 생각도 못했으니깐.

해설 여자의 말을 들어보면 전부터 여러 번 주의를 주었음에도 그 말을 안 듣고 있다가 사고를 저질렀다는 것을 알 수 있고 가장 자연스러운 반응은 3번이 된다. 1번은 아무 일도 없었다는 말이니 문맥에 맞지 않고, 2번은 「何度も行ったのに(몇 번이나 갔는데)」로 오해하면 낚일 수 있는 내용이다.

어휘 だから(그러니까) | 気をつける(조심하다) | おかげで(덕분에) | 助かる(살다, 도움이 되다) | ～ことない(~할 필요없다) | 事故(사고)

8番

M : 20代のころに比べて、かなり体力が落ちちゃったよ。

F : 1　運動を続けてきたおかげだね。

　　2　ダイエット成功ね。うらやましい。

　　3　何かスポーツを始めてみたら？

8번　정답 3

M : 20대 무렵에 비해 꽤 체력이 떨어져버렸어.

F : 1　운동을 계속해서 해온 덕분이네.

　　2　다이어트 성공이네. 부럽다.

　　3　무언가 스포츠를 시작해 보면?

해설 20대란 젊은 시절에 비해 체력이 약해졌다는 말을 듣고 그에 대한 조언을 하고 있는 3번이 가장 자연스러운 반응이다. 1번은 남자의 말과 완전히 모순되는 내용이고, 2번은 체중이 빠진 이야기가 아니므로 오답이다.

어휘 ～に比べて(~에 비해) | かなり(꽤) | 体力が落ちる(체력이 떨어지다) | 運動(운동) | 続ける(계속하다) | ～おかげだ(~덕분이다) | 成功(성공) | うらやましい(부럽다)

F：大勢の前で説明するなんて、私にはできそうにない
　　な。

M：1　もっと分かるように言ってもらうといいね。

　　2　やってみないと分からないだろ。

　　3　うん、君ならできると思っていたよ。

9번　정답 2

F : 많은 사람들 앞에서 설명하라니, 나는 못할 것 같아.

M : 1　좀 더 이해할 있도록 말해주면 좋겠어.

　　2　해보지 않으면 모르는 거잖아.

　　3　응, 너라면 가능할 것이라고 생각했어.

해설　많은 사람들 앞에서 설명하는 것을 어려워하고 있는 사람에게 해 줄 수 있는 조언으로는 2번이 가장 적당하다. 1번의 「言ってもらう」란
　　　표현은 설명하는 사람이 여자가 아니라 제3자가 되므로 오답이다. 3번의 시제는 이미 끝난 일에 대한 과거이므로 역시 오답이다.

어휘　大勢(많은 사람들) | 説明する(설명하다) | ～なんて(~라니) | できそうにない(못할 것 같아) | もっと(더욱) | 君(너, 자네)

にほんごのうりょくしけん かいとうようし

N3 げんごちしき（もじ・ごい）

JLPT 최신 기출 유형
실전모의고사 N3 제1회

じゅけんばんごう
Examinee Registration
Number

なまえ
Name

問題 1

1	①	②	③	④
2	①	②	③	④
3	①	②	③	④
4	①	②	③	④
5	①	②	③	④
6	①	②	③	④
7	①	②	③	④
8	①	②	③	④

問題 2

9	①	②	③	④
10	①	②	③	④
11	①	②	③	④
12	①	②	③	④
13	①	②	③	④
14	①	②	③	④

問題 3

15	①	②	③	④
16	①	②	③	④
17	①	②	③	④
18	①	②	③	④
19	①	②	③	④
20	①	②	③	④
21	①	②	③	④
22	①	②	③	④
23	①	②	③	④
24	①	②	③	④
25	①	②	③	④

問題 4

26	①	②	③	④
27	①	②	③	④
28	①	②	③	④
29	①	②	③	④
30	①	②	③	④

問題 5

31	①	②	③	④
32	①	②	③	④
33	①	②	③	④
34	①	②	③	④
35	①	②	③	④

にほんごのうりょくしけん かいとうようし

N3 げんごちしき (ぶんぽう)・どっかい

じゅけんばんごう
Examinee Registration
Number

なまえ
Name

問題 1

1	①	②	③	④
2	①	②	③	④
3	①	②	③	④
4	①	②	③	④
5	①	②	③	④
6	①	②	③	④
7	①	②	③	④
8	①	②	③	④
9	①	②	③	④
10	①	②	③	④
11	①	②	③	④
12	①	②	③	④

問題 2

13	①	②	③	④
14	①	②	③	④
15	①	②	③	④
16	①	②	③	④
17	①	②	③	④
18	①	②	③	④

問題 3

19	①	②	③	④
20	①	②	③	④
21	①	②	③	④
22	①	②	③	④
23	①	②	③	④

問題 4

24	①	②	③	④
25	①	②	③	④
26	①	②	③	④
27	①	②	③	④

問題 5

28	①	②	③	④
29	①	②	③	④
30	①	②	③	④
31	①	②	③	④
32	①	②	③	④
33	①	②	③	④

問題 6

34	①	②	③	④
35	①	②	③	④
36	①	②	③	④
37	①	②	③	④

問題 7

38	①	②	③	④
39	①	②	③	④

にほんごのうりょくしけん かいとうようし

N3 ちょうかい

JLPT 최신 기출 유형
실전모의고사 N3 제1회

じゅけんばんごう
Examinee Registration
Number

なまえ
Name

<ちゅうい Notes>

1. <ろいえんぴつ(HB、No.2)でかいてください。
（ペンやボールペンではかかないでください。）
Use a black medium soft (HB or No.2) pencil.
(Do not use any kind of pen.)

2. かきなおすときは、けしゴムできれいにけしてくださ
い。
Erase any unintended marks completely.

3. きたなくしたり、おったりしないでください。
Do not soil or bend this sheet.

4. マークれい Marking examples

よいれい Correct Example	わるいれい Incorrect Examples
●	⊘ ◯ ⊖ ◐ ◑ ◓

問題 1

	1	2	3	4
れい	①	②	③	④
1	①	②	③	④
2	①	②	③	④
3	①	②	③	④
4	①	②	③	④
5	①	②	③	④
6	①	②	③	④

問題 2

	1	2	3	4
れい	①	·	③	④
1	①	②	③	④
2	①	②	③	④
3	①	②	③	④
4	①	②	③	④
5	①	②	③	④
6	①	②	③	④

問題 3

	1	2	3	4
れい	①	②	③	④
1	①	②	③	④
2	①	②	③	④
3	①	②	③	④

問題 4

	1	2	3	4
れい	①	②	③	④
1	①	②	③	④
2	①	②	③	④
3	①	②	③	④
4	①	②	③	④

問題 5

	1	2	3	4
れい	①	②	③	④
1	①	②	③	④
2	①	②	③	④
3	①	②	③	④
4	①	②	③	④
5	①	②	③	④
6	①	②	③	④
7	①	②	③	④
8	①	②	③	④
9	①	②	③	④

にほんごのうりょくしけん かいとうようし

N3 げんごちしき(もじ・ごい)

じゅけんばんごう
Examinee Registration
Number

なまえ
Name

<ちゅうい Notes>

1. くろいえんぴつ(HB、No.2)でかいてください。
（ペンやボールペンで かかないでください。）
Use a black medium soft (HB or No.2) pencil.
(Do not use any kind of pen.)

2. かきなおすときは、けしゴムできれいにけしてください。
Erase any unintended marks completely.

3. きたなくしたり、おったりしないでください。
Do not soil or bend this sheet.

4. マークれい Marking examples

よいれい	わるいれい
Correct Example	Incorrect Examples
●	◌ ◯ ◑ ◐ ⦸ ⊘

問題 1

1	①	②	③	④
2	①	②	③	④
3	①	②	③	④
4	①	②	③	④
5	①	②	③	④
6	①	②	③	④
7	①	②	③	④
8	①	②	③	④

問題 2

9	①	②	③	④
10	①	②	③	④
11	①	②	③	④
12	①	②	③	④
13	①	②	③	④
14	①	②	③	④

問題 3

15	①	②	③	④
16	①	②	③	④
17	①	②	③	④
18	①	②	③	④
19	①	②	③	④
20	①	②	③	④
21	①	②	③	④
22	①	②	③	④
23	①	②	③	④
24	①	②	③	④
25	①	②	③	④

問題 4

26	①	②	③	④
27	①	②	③	④
28	①	②	③	④
29	①	②	③	④
30	①	②	③	④

問題 5

31	①	②	③	④
32	①	②	③	④
33	①	②	③	④
34	①	②	③	④
35	①	②	③	④

にほんごのうりょくしけん かいとうようし

N3 げんごちしき (ぶんぽう)・どっかい

じゅけんばんごう
Examinee Registration
Number

なまえ
Name

問題 1

1	①	②	③	④
2	①	②	③	④
3	①	②	③	④
4	①	②	③	④
5	①	②	③	④
6	①	②	③	④
7	①	②	③	④
8	①	②	③	④
9	①	②	③	④
10	①	②	③	④
11	①	②	③	④
12	①	②	③	④
13	①	②	③	④

問題 2

14	①	②	③	④
15	①	②	③	④
16	①	②	③	④
17	①	②	③	④
18	①	②	③	④

問題 3

19	①	②	③	④
20	①	②	③	④
21	①	②	③	④
22	①	②	③	④
23	①	②	③	④

問題 4

24	①	②	③	④
25	①	②	③	④
26	①	②	③	④
27	①	②	③	④

問題 5

28	①	②	③	④
29	①	②	③	④
30	①	②	③	④
31	①	②	③	④
32	①	②	③	④
33	①	②	③	④

問題 6

34	①	②	③	④
35	①	②	③	④
36	①	②	③	④
37	①	②	③	④

問題 7

38	①	②	③	④
39	①	②	③	④

にほんごのうりょくしけん かいとうようし

N3 ちょうかい

じゅけんばんごう
Examinee Registration
Number

なまえ
Name

<ちゅうい Notes>
1. <ろいえんぴつ(HB、No.2)でかいてください。
（ペンやボールペンではかかないでください。）
Use a black medium soft (HB or No.2) pencil.
(Do not use any kind of pen.)
2. かきなおすときは、けしゴムできれいにけしてくださ
い。
Erase any unintended marks completely.
3. きたなくしたり、おったりしないでください。
Do not soil or bend this sheet.
4. マークれい Marking examples

よいれい Correct Example	わるいれい Incorrect Examples
●	○ ⊘ ◌ ◑ ○ ◍

問題 1

れい	①	②	③	④
1	①	②	③	④
2	①	②	③	④
3	①	②	③	④
4	①	②	③	④
5	①	②	③	④
6	①	②	③	④

問題 2

れい	①	②	③	④
1	①	②	③	④
2	①	②	③	④
3	①	②	③	④
4	①	②	③	④
5	①	②	③	④
6	①	②	③	④

問題 3

れい	①	②	③	④
1	①	②	③	④
2	①	②	③	④
3	①	②	③	④

問題 4

れい	①	②	③	④
1	①	②	③	④
2	①	②	③	④
3	①	②	③	④
4	①	②	③	④

問題 5

れい	①	②	③	④
1	①	②	③	④
2	①	②	③	④
3	①	②	③	④
4	①	②	③	④
5	①	②	③	④
6	①	②	③	④
7	①	②	③	④
8	①	②	③	④
9	①	②	③	④

にほんごのうりょくしけん かいとうようし

N3 げんごちしき（もじ・ごい）

じゅけんばんごう
Examinee Registration
Number

なまえ
Name

<ちゅうい Notes>

1. <ろいえんぴつ(HB、No.2)でかいてください。
（ペンやボールペンで かかないでください。）
Use a black medium soft (HB or No.2) pencil.
(Do not use any kind of pen.)

2. かきなおすときは、けしゴムできれいにけしてください。
Erase any unintended marks completely.

3. きたなくしたり、おったりしないでください。
Do not soil or bend this sheet.

4. マークれい Marking examples

よいれい Correct Example	わるいれい Incorrect Examples
●	⊘ ⊗ ⊕ ⦸ ◐

問題 1

1	①	②	③	④
2	①	②	③	④
3	①	②	③	④
4	①	②	③	④
5	①	②	③	④
6	①	②	③	④
7	①	②	③	④
8	①	②	③	④

問題 2

9	①	②	③	④
10	①	②	③	④
11	①	②	③	④
12	①	②	③	④
13	①	②	③	④
14	①	②	③	④

問題 3

15	①	②	③	④
16	①	②	③	④
17	①	②	③	④
18	①	②	③	④
19	①	②	③	④
20	①	②	③	④
21	①	②	③	④
22	①	②	③	④
23	①	②	③	④
24	①	②	③	④
25	①	②	③	④

問題 4

26	①	②	③	④
27	①	②	③	④
28	①	②	③	④
29	①	②	③	④
30	①	②	③	④

問題 5

31	①	②	③	④
32	①	②	③	④
33	①	②	③	④
34	①	②	③	④
35	①	②	③	④

にほんごのうりょくしけん かいとうようし

N3 げんごちしき (ぶんぽう)・どっかい

じゅけんばんごう
Examinee Registration Number

なまえ
Name

問題 1

1	①	②	③	④
2	①	②	③	④
3	①	②	③	④
4	①	②	③	④
5	①	②	③	④
6	①	②	③	④
7	①	②	③	④
8	①	②	③	④
9	①	②	③	④
10	①	②	③	④
11	①	②	③	④
12	①	②	③	④
13	①	②	③	④

問題 2

14	①	②	③	④
15	①	②	③	④
16	①	②	③	④
17	①	②	③	④
18	①	②	③	④

問題 3

19	①	②	③	④
20	①	②	③	④
21	①	②	③	④
22	①	②	③	④
23	①	②	③	④

問題 4

24	①	②	③	④
25	①	②	③	④
26	①	②	③	④
27	①	②	③	④

問題 5

28	①	②	③	④
29	①	②	③	④
30	①	②	③	④
31	①	②	③	④
32	①	②	③	④
33	①	②	③	④

問題 6

34	①	②	③	④
35	①	②	③	④
36	①	②	③	④
37	①	②	③	④

問題 7

38	①	②	③	④
39	①	②	③	④

にほんごのうりょくしけん かいとうようし

N3 ちょうかい

じゅけんばんごう
Examinee Registration
Number

なまえ
Name

<注意 Notes>

1. くろいえんぴつ(HB、No.2)でかいてください。
（ペンやボールペンではかかないでください。）
Use a black medium soft (HB or No.2) pencil.
(Do not use any kind of pen.)

2. かきなおすときは、けしゴムできれいにけしてください。
Erase any unintended marks completely.

3. きたなくしたり、おったりしないでください。
Do not soil or bend this sheet.

4. マークれい Marking examples

よいれい Correct Example	わるいれい Incorrect Examples
●	○ ◌ ◍ ◐ ◑ ●

問題 1

れい	①	②	③	④
1	①	②	③	④
2	①	②	③	④
3	①	②	③	④
4	①	②	③	④
5	①	②	③	④
6	①	②	③	④

問題 2

れい	①	②	③	④
1	①	②	③	④
2	①	②	③	④
3	①	②	③	④
4	①	②	③	④
5	①	②	③	④
6	①	②	③	④

問題 3

れい	①	②	③	④
1	①	②	③	④
2	①	②	③	④
3	①	②	③	④

問題 4

れい	①	②	③	④
1	①	②	③	④
2	①	②	③	④
3	①	②	③	④
4	①	②	③	④

問題 5

れい	①	②	③	④
1	①	②	③	④
2	①	②	③	④
3	①	②	③	④
4	①	②	③	④
5	①	②	③	④
6	①	②	③	④
7	①	②	③	④
8	①	②	③	④
9	①	②	③	④

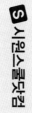

시원스쿨닷컴